設計研究方法（第四版）

Design Research Methods

管倖生　阮綠茵

王明堂　王藍亭　李佩玲　高新發

黃鈴池　黃瑞菘　陳思聰　陳雍正

張文山　郭辰嘉　楊基昌　楊清田

童鼎鈞　董皇志　鄭建華　盧麗淑

編著

全華圖書股份有限公司　印行

U0059576

序

近年來，國內設計相關系所先後成立，也開設了研究方法課程，有越來越多的設計研究者，在從事設計相關議題研究時，開始發現設計研究方法之需要性。雖然設計研究方法之重要性，已經漸漸的為設計研究學者所認同，但是坊間仍很少有關設計研究方法之教材。因此本書希望予對設計研究有興趣之學者，提供基礎性、全面性設計研究方法的介紹。

本書主要是提供設計研究有興趣之學者，入門的基礎知識。所以如果你是設計研究所博碩士班學生，正要進行一個研究，但不知道採用哪種設計研究方法較適合？或者你在學術界（或在研究機構）任職，你想進行一項實驗或調查，需要將實驗或調查所得資料整理或分析，發表在學術期刊上，本書也可能派得上用場。或者，你在產業服務，想要嘗試撰寫一份研究報告，分析一個問題，哪你也可能對此書產生興趣。雖然這本書不能保證你，一定可以通過博碩士論文考試，也不保證你的文章，一定會登在學術期刊。不過，這本書應該可以縮短你進入設計研究領域的學習時間。

此書共分六個部分。**第一個部分**介紹什麼是質性研究。因為**個案研究法**（Case Study）與**歷史研究法**（Historical Study），是最常見的二種質性研究方法，亦是最基礎入門課程，所以本書第一個部分先予以介紹。第一個主題將說明個案研究法之意義及操作型式。另一個要介紹之主題為歷史研究法，簡單的說，歷史研究法就是把個案研究的觀察時間拉長，由過去的歷史了解問題的產生與其中各種脈絡，研究者因而能夠知往鑑來，了解所研究事物之真象。**內容分析**及**文本分析**亦是質性研究中常見之方法，亦在此部分予以介紹。內容分析法是一種非介入性的研究，透過量化的技巧以及質性的分析，以客觀及系統的態度對文件內容進行研究與分析，藉以推論產生該項文件內容的環境背景及其意義的一種研究方法。文本在傳統概念下，是一種印刷書籍形式的產品。然而，文本不僅僅只是某種形式的「產品」，也包含了詮釋的「過程」，蘊含社會關係的一種揭露性的「思維」探究。文本分析需藉由閱讀後的論述來了解與解構，而論述（discourse）所探究的是對事物進行普遍的檢視及深度的考察，以求在完整的探索活動中，找尋出事物全面的可能意義。此部分最後一個主題，將介紹設計界廣為運用之**KJ方法**，此方法應用於資料歸類及激發創意時是一種非常便利及有效的方法。

第二個部分是介紹常用來蒐集資料的一種方法——**調查研究法**。調查研究法包括**觀察法、訪談法及問卷法**，首先介紹觀察法、接著介紹訪談法，最後才介紹問卷法。在介紹問卷法之前，先說明量表設計之意義及與特性及量表設計的技術，以量表設計的目的而言，可分為「測量特質」與「測量態度」二種。問卷調查往往以抽樣調查方式進行，所以有必要對**抽樣設計**進行系統性之介紹。最後介紹一種研究者最常用來蒐集資料的一種工具——問卷，介紹問卷設計原則及問卷調查進行的方式。

第三個部分將完整介紹設計研究領域較未重視之**實驗研究法**。實驗法是科學性的研究方法之一，主要在探討自變數對依變數的因果關係，是可以重複驗證的研究方法與歷程。介紹實驗設計的類型，以及如何維持實驗之信度及效度。

第四個部分將介紹設計研究領域常引用之**團體研究法**及**專家研究法**。包括**焦點團體研究法**及**德菲式、啓發式專家研究法**。焦點團體法是以某團體為對象針對某種共同的興趣話題，利用輕鬆和諧的談話方式，將訪談者的互動內容記錄而成，常用於對個人行為和態度測量的一種技術。德菲法是一種匿名式的集體決策技術，針對某一主題，詢問專家意見，經由一系列精心設計的問卷，並伴隨相關摘要資訊與先前問卷回應意見的提供，以系統化的方式整合群體專家的專長和意見之研究方法。啓發式評估法是使用性工程專家在評估使用者介面時，所提出之一種專家集體評估之一種技術。

第五個部分將介紹設計研究領域日漸受到重視的二種**整合性研究方法**。**行動研究**（Action Research）是一種極為強調將實際的「行動」與「研究」相結合的研究方法，在探究實務工作者本身的決策方式和實踐過程，並努力提出實務的改進方針，以促成專業上的提昇，或是獲得問題的解決。**紮根理論**運用科學的原則，例如歸納、演繹並用的推理過程，因此在質性的研究中被視為最科學的方法。

第六個部分將介紹**比較研究方法**及**彙總研究方法**。比較研究方法必須涵蓋二種或二種以上不同主體的現象進行研究，企圖從中尋找主體間之異同。彙總研究是根據初級研究的結果再加以整理，直接把各結果列表比較，或是進一步做統計分析。

本書各研究方法採以下方式予以介紹

一、 方法之定義與特性：簡述該方法之定義與學門領域所屬，並說明其方法之性質。

二、 源由：簡述該方法之產生背景（人、時、地）與其發展過程。

三、 研究步驟：依據執行該方法之所需資料、條件與執行之先後步驟程序作一詳細說明。

四、 應用範圍（案例介紹）：簡述該方法在其他領域中應用的情形及在設計領域中應用的情形。

五、 優點與缺點：簡述該方法在運用時有何優點、缺點與限制及對其研究有何影響。

六、 發展趨勢與可能性：依據該方法的性質於特性，在設計領域與其他領域進行研究運用時，未來發展的趨勢與轉換或修正之可能性作敘述與分析。

　　這本書屬於集體創作，始於四年前「設計研究方法論」課程中，來自全國各大專院校老師之參與規劃及撰寫，直至今天才初步完成。向所有期盼這本書誕生，並為這本書催生的所有朋友致敬，並感謝雲林科技大學游萬來副校長、陳俊宏教務長、設計學院何明泉院長多年來的指導，同時謝謝設計學研究所李傳房所長及所內各位教授的支持，讓我有機會在博士班開設「設計研究方法論」課程，另外也向參予撰寫此書之所有博士班師生，說一聲「你們辛苦了」，特別感謝全華圖書公司柯翠容經理給予這本書催促，以及編輯部余麗卿組長、編輯余孟玟小姐在編輯上之建議。再版過程中，編輯部各位先生及小姐諸多協助，個人致上十二萬分之謝意。

　　此本書當初希望借重不同師生專長，進行不同章節之撰寫，雖然每一章節皆由一位作者主筆，另一位潤筆及校稿，相信還有一些地方值得改進，還請設計界前輩及各領域研究方法學者專家，不吝指教。

管倖生

于雲林科技大學設計學院

2007年12月1日

目　錄

第二部分　調查研究法

第三部分　實驗研究法

第四部分　團體研究法及專家研究法

第五部分　整合性研究法

第六部分　比較研究法及彙總研究法

第十八章　比較研究法　郭辰嘉 300

第十九章　彙總研究法　童鼎鈞 310

第一章 研究的基本觀念

管倖生

　　設計領域之研究人員，如何辨別何種研究方法是適合於解決何種設計議題的研究方法？如何應用適合的研究方法，避免不適合的研究方法？為何特定研究方法僅適用於某一設計議題，而無法適用另一設計議題？上述問題常困惑著設計領域之研究人員。

　　故以下針對設計研究方法相關觀念予以介紹，希望能協助對設計研究方法有興趣的人士釐清觀念，進而深入了解。

所謂研究可以視爲人類爲了追求更廣泛及深入知識或解決各種問題的一種有計畫之活動。人類獲取知識的來源和解決問題的方法，可以概分爲以下四種：

1. 依照個人生活及工作經驗，訴諸於個人過去所經歷過的經驗；
2. 根據專家或學者之專業，依其所言，視爲眞理，遵行不悖；
3. 根據事物發生事實，邏輯推理，採用歸納統整方法或演繹推理方法，提出結論；
4. 採用科學方法，以假設或理論爲根據，應用演繹與歸納思考的歷程，獲致結論。

前三種方法，有時可以提供有用的知識和解決問題的方法，但往往不及第四種方法來得正確和可靠。因此，研究引用科學方法已成爲今日追求知識和解決問題的主要方法。經由這種有計畫之活動，人類的知識可以更爲豐富，領域可以更爲擴展。

壹、科學與科學方法

科學對現代人類極爲重要，但是大家對它卻常常發生誤解。大家常將科學視爲是某種學科的代名詞，或是將科學視爲是某種技術。在談到科學的定義時首先必須釐清科學並不是單純的一個技術或只是一門學科可以代表。也不能將科學只界定爲一種「有系統、有組織的知識」。科學應定義爲：以系統性的實證究方法，所獲得的一種有系統、有組織的知識。

上述對科學定義的重點不在於研究的對象與題材，而在於研究的方法。科學研究的題材可以是研究化學現象，也可以是研究設計議題，亦可以研究社會現象。因此，不論所研究的題材是什麼，只要採用系統性的實證研究方法，就算是科學。否則，便不能算是科學。例如對於人類購買消費行爲之研究，如採用問卷調查法來蒐集資料及分析資料，此屬於科學方法之一種。如採用神學、命相學等來加以分析，則不算是採用科學的方法。

科學的分類非常的多，但大致上可分爲三大類：(1) 物理科學；(2) 生物科學；(3) 社會及行爲科學。物理科學與生物科學所研究的都是自然現象，因此可以統稱爲自然科學，不過這二類科學所研究的自然現象有所不同，物理科學主要是無生命物體和物質的種種現象之研究，而生命科學所研究的是生命物體和物質的種種現象。

社會及行爲科學則主要包含：經濟學、政治學、歷史學、社會學、人類學、心理學、大眾傳播學及企業管理學等學科。設計學相關研究是社會科學的一種。所研究的題材，大多與現在社會中所發生的種種現象及問題有關，而此等現象與問題又往往涉及到人的行爲及行爲所產生的結果。

貳、研究的分類

不同的學者對研究之分類有不同之切入點，研究的分類在設計研究學術領域上有其必要性，好的分類方式確實有助於了解及學習，可以幫助研究者或學生，從各種不同角度了解不同類型之設計研究的特質。如果依研究的特性予以分類，大致可以將研究區分為以下四種：(1) 探索性研究：對現象或個體的行為加以**觀察**；(2) 描述性研究：對現象或個體的行為加以**描述**；(3) 因果性研究：對現象或個體的行為加以**解釋**；(4) 趨勢性研究：對現象或個體的行為加以**預測**。

一、探索性研究

對現象或個體的行為進行觀察是最基本的一種研究形式。所謂觀察研究是指在自然或人為控制的情境下，根據既定的研究目的，對現象或個體的行為做有計畫與有系統的觀察，並依觀察的記錄，對現象或個體的行為做客觀性解釋的一種研究。觀察研究需具備科學性，除了有系統與有計畫外，並需具客觀性及無偏差性，且觀察結果也可以數量化，且有良好的信度和效度。一般觀察研究的方法，依觀察情境不同區分為「自然觀察研究」與「實驗觀察研究」；依觀察的結構不同區分為「無結構性觀察研究」及「結構性觀察研究」；依觀察者與被觀察者的關係區分為「參與式觀察研究」及「非參與式觀察研究」。

二、描述性研究

描述性研究在設計研究中是相當常見的一種，它是描述某類現象或敘述某種事件的特質「誰（Who）、什麼（What）、何時（When）、何處（Where）、為何（Why）及如何（How）」的部分，也就是在描述什麼人、在什麼時候、在什麼地方、用什麼方法、做了什麼事及為什麼。描述性研究往往根據母群體中所選出來的代表性樣本，以「調查」的方式探求社會學變項（個人在其所屬的社會團體中之各種特徵，如：性別、年齡、收入、宗教、教育程度等）與心理學變項（包括個人的態度、意見、動機與其他各種行為等）的分配、比率及其彼此相互關係的一種研究法。調查方式以蒐集資料的方法不同區分為「問卷調查」和「訪問調查」；以調查的形式不同區分為「人員調查」、「電話調查」、「郵寄調查」和「網路調查」。

三、因果性研究

解釋性研究是基於所建立的觀念性架構和理論模式，解釋現象或個體「如何」及「為什麼」會產生某種行為。解釋性研究往往根據根據母群體中所選出來的代表性樣

本，以實驗方式進行，在妥善控制一切無關變項的情況下，操縱「實驗變項」（研究者所操縱的變項，又稱為「自變項」），而觀察此變項的變化對「依變項」（因這個變項的操縱而發生改變的變項）所產生的影響效果，以探求實驗變項和依變項之間的關係。例如：研究者企圖發現有些因素會影響西瓜產量，接著在進行文獻探討後，發現某些因素，例如：品種、土質、肥料、天候等因素均會影響西瓜產量。再接著就可進行西瓜產量之實證研究，並可能發現，所有的因素都會影響西瓜產量，只是程度不同而已。這時，其所建的模式便具有解釋的功用，它可用這些因素來解釋西瓜產量之不同。

四、趨勢性研究

基本上，趨勢性研究是由解釋研究進而推論得來的。如果能夠對已經發生事件建立因果關係模式，相對的就可以利用這個模式來推斷事件發生的未來狀況，這就是趨勢性研究。其主要的興趣在於探求由時間的經過而產生的改變，如果所探求的是屬於稻穀生長條件之各種特性的改變情形，如：不同品種、生長期間不同時期生長狀況之研究，則此種研究稱為趨勢研究。

有學者對研究依其理論或實務層面加以區分為「基礎理論研究」與「實務應用研究」。

㈠ 基礎理論研究

基礎理論研究或稱為「理論研究」，是針對目前未知或尚未普及化的知識領域進行探索性研究，通常基礎理論研究，並不探討實務應用層面的問題。例如：愛因斯坦之相對論研究、牛頓的萬有引力研究等。基礎理論研究也可稱為「知識研究」，當所涉及的研究問題深具未知性時，對於研究者的智慧及能力具有相當挑戰性。基礎理論研究工作常常牽涉到非常抽象性、專業性的觀念。目前雖然可能仍處於未知或發展階段，但未來如果發展趨於完整時，也可能可以應用在實務層面上，但設計學領域之理論研究，相對於以上理論研究之說明，不是那麼具未知性，往往只是一些原理及原則之架構。

㈡ 實務應用研究

顧名思義，實務應用研究是將研究的成果應用於實務上，以解決欲探討的相關問題。設計相關研究屬於應用科學研究領域之一環。因為設計相關研究的目的在於解決目前設計相關工作上面臨的問題，進而對於設計人員工作和設計管理政策制定有所指引。在設計學的領域中實務應用研究涵蓋的範圍很廣泛，包含了人文、藝術、設計、科技、運算、管理等。

參、研究方法與研究方法論

一般的設計研究可以分為二個層次：「研究方法論的層次」與「研究方法的層次」。在設計研究領域所探討之研究方法論議題，主要涉及的是設計研究方法的基本假設、邏輯及原則，其目的在探討設計研究活動的基本特徵。至於設計研究方法所探討的議題，主要涉及的是某種設計研究工作所採用的程序或是步驟。

因此，設計研究方法論所指的是所有設計研究在方法上的共同基本特徵；而研究方法的層次較研究方法論為低，它所指的是進行研究時所實際運用的程序。

因為各學門的研究方法可能互有不同，所以不同學門所採用的研究方法也會有所不同，主要是由於其所研究的對象不同，例如：數學與化學之不同，或是不同領域對各種社會現象之議題有不同的切入點。因此，不同領域所探討之問題的性質及議題亦會不同，各領域的研究不見得一定會採用相同的研究方法，但卻必須要符合方法論上的若干基本要求，否則，其研究的客觀性便會受到質疑。

肆、設計研究程序內容

一般設計研究程序，大致可以包含以下八項：

1. 發現及界定研究題目；
2. 進行文獻探討；
3. 建立理論架構及研究假設；
4. 進行研究設計；
5. 選擇研究方法；
6. 進行資料蒐集；
7. 進行資料分析；
8. 撰寫研究結論與建議。

一、發現及界定研究問題

一般所謂研究問題，是指當事物所呈現實際現況與理想現象之間有所差距，且該差距足以造成重大影響者稱之。在發現及界定研究問題時必須考慮該問題是否：

1. 符合客觀條件？
2. 具可行性？
3. 具原創性？

任何設計學研究在發現及界定研究問題時，必須考慮此研究結果對於設計學相關理論或設計創作實務是否有貢獻？凡是符合客觀條件且具可行性，尚未有人研究，而又對設計學研究有所貢獻，且原創性高之議題，均可作為設計學研究問題。另有些議題雖然原創性不是那麼高，且已有人研究，如果可以從不同面向切入探討或採用不同方法進行研究，亦可作為設計學研究問題。研究問題如果牽涉到需要進行大規模實證性研究，或者需要花費較多時間及金錢，研究者必須客觀考量個人能力、時間及財力等條件，分階段執行或者再界定研究問題之範圍。

一般而言，某個議題可以形成研究問題時應考慮以下因素：

1. 該問題範圍須明確；
2. 該問題須清晰界定；
3. 該問題真正是問題；
4. 該問題被大家重視；
5. 該問題有可能解決；
6. 該問題無個人偏見。

某個議題經過審視，概略符合以上六項因素後，研究者約略可以決定研究題目，一般之原則為「XXX客題（族群）在XXX主題上之研究」，有時再加上副標題加以說明或界定範圍。例如：「從涉入程度觀點探討感性意象差異之研究——以巧克力商品包裝為例」，或者「不同族群於博物館網站介面操作之研究——以國立自然科學博物館為例」。

二、進行文獻探討

決定研究問題之後，必須廣泛參考與研究問題相關之文獻。文獻探討的重點：首先就研究相近的議題之相關文獻加以簡要陳述、說明及整理，然後就研究中可能用到之分析或統計方法予以陳述，如果有需要亦可對先前研究之結果及所使用分析或統計方法做小結。

對於相關文獻的討論，應說明各文獻之研究設計及研究結果，扼要提出文獻中各相關研究之發展經過，但是敘述內容務必秉持提綱挈領原則，精簡歸納，讓閱讀者一目了然。有時亦可探討文獻中各相關研究之研究範圍或研究理論架構，說明各學者之研究議題、方法的異同，並提出研究者之看法。另在小結處，綜合歸納各研究文獻及現有研究方法，並說明各種研究方法的優點與缺點，以供研究設計參考。

三、建立理論架構及研究假設

設計學中的任何理論架構或模式，都是對所欲研究的特定設計學領域之議題的抽象解釋。該理論架構或模式，可能包含一組或多組具有相關性或因果性的變數，以系統性及綜合性加以說明及解釋。理論架構或模式所涉及的變數及各變數相互之間的關係，可能來自先前的研究發現，如果此類研究尚未發展相當完整之前，也可能來自觀察或訪談，甚至是研究者個人直覺的判斷或邏輯的推理。此階段所提出的理論架構或模式，雖然尚未經研究驗証，但是在此理論建構過程中，仍需要參考先前相關文獻，配合個別研究的目標，加以整合提出。

一般在陳述研究之理論架構時，應包括：(1) 主要的研究變數；(2) 各變數的定義與操作性定義；(3) 各變數間關係的說明。研究之理論架構是研究的核心，在研究流程中必須將理論架構說明清楚。研究流程及理論架構，一般採用圖形方式呈現，並以箭頭表示各變數之間的關係，何者是獨立變數，何者是相依變數，如有中介變數亦需要陳述說明；各變數之間是因果關係，或僅是具相關性而已亦需要說明。理論架構之訂定，最好能參酌相關理論與先前相似研究成果，當然也可以加上部分個人的想法。

各變數的定義與操作性定義非常重要，唯有嚴謹的操作性定義，才能建構良好的衡量工具。設計學領域某些問題，甚難以操作性定義加以量測。但是各研究中某些變數之操作性定義，應盡可能予以合理性定義。

研究假設是一種未經證實的陳述或通則，研究假設的提出不是憑個人主觀看法憑空杜撰，而是根據研究理論架構，先假想各變數之間具有某種關係，以利研究進行。研究假設的提出，最好參考相關的文獻，如果沒有類似研究，也可根據相關理論或個人觀察提出相關研究假設。研究假設是研究的探討重點，一般研究假設不必詳細陳述，只需要提及重要項目即可；研究假設與統計驗證假設提出的方式不同，統計驗證假設，是以否定方式提出「虛無假設」（Null hypotheses），藉此肯定變數之間的特性；而研究假設的文字，則以肯定句為主。例如：「設計師3D空間概念與人物造形能力之間具相關性」，其統計驗證假設陳述，是以「設計師之人物造形能力並不會因3D空間概念不同而不同」來表示。

四、進行研究設計

研究設計是研究之重點必須詳細說明，以便讀者能充分了解整個研究中心思想與研究過程。研究設計是以研究之理論架構及研究假設為基礎，加以適切規劃及設計，發展出整個研究步驟。一般研究設計之內容，包含：抽樣計畫、工具或問卷設計、作業實施計畫及資料分析計畫。

㈠ 抽樣計畫

抽樣計畫之工作內容包含：

1. 確定母體：對目標母體的特徵或屬性明確說明，建立抽樣架構，劃定母體界限，預先規定抽樣誤差的最大容忍限度。

2. 抽樣設計：依據抽樣誤差的最大容忍限度去決定樣本的信賴限界及信賴係數，據此計算決定樣本的選擇及樣本大小。

3. 蒐集樣本資料：指示訪問人員或觀察人員如何選擇及確認樣本單位、預試抽樣計畫、選樣及蒐集資料。

4. 評估樣本結果：計算標準差的大小以及檢定統計顯著性，或是比較樣本結果（黃俊英，1985，PP. 278-279）。

研究對象（母體）之選擇、研究對象特質、研究樣本之抽樣方法、觀察、調查或實驗過程、研究樣本分配及研究樣本大小等，在研究設計中需要詳細陳述及說明。為何選擇此母體？理由為何？是否受到某些條件限制？研究對象之分配比例，可以依人文特質、人口統計變項、社會條件、性別、年齡、家庭結構、教育水準、職業、經濟社會地位予以列示。

抽樣方法如何？為何採取此種抽樣法？樣本比例是否符合母體分配比例？是否符合統計推論原理？樣本數目大小、調查方式、有效問卷多少等，在進行抽樣規劃時需要詳細考量及確認。

㈡ 工具或問卷設計

研究設計中往往需要說明儀器、設備、工具、問卷或量表之製作。觀察、調查及實驗之研究中常常需要使用量表，量表編製方式與評分方法亦需要予以說明。雖然測量學者已發展出相當多不同測量量表，評估適合設計領域應用的工具，亦是相當重要的課題，不同研究議題有不同的需求。

量表信度及效度是研究一致性與有效性的基本要件，一個周延的研究，問卷或量表必須經過預試過程，驗證量表之信度、效度水準。「信度」是指量表評量結果的一致性或穩定性；「效度」指評量工具測出其所欲測量的特質程度。在研究成果撰寫時，一定要將使用何種信度、效度測量法？該研究問卷或量表測量結果之信度效度程度多少？基準信度、效度係數又為何？分別加以敘述及比較。假如問卷因為預試信度、效度不高，而重新修改，亦應在論文裡，將原先量表及經修正後之量表一併列出。

以問卷方式進行之設計學研究為數眾多，問卷設計的良否？成為研究是否成功的關鍵。唯有良好的理論架構及研究假設，才能夠設計周延的問卷，問卷設計除了必備細節之外，還需評估問卷中量表的信度與效度，問卷文字陳述也必須順暢及題意清楚，才不會讓受測者誤會題意。

㈢ 作業實施計畫

作業實施計畫主要的內容，針對研究進行時所需之經費、人力、時間等工作或相關支援及訓練，進行系統性之規劃，以利研究設計進行並順利完成。

㈣ 資料分析計畫

此階段可以將資料分析可能用到之統計方法，搭配上一階段量表或量測工具，事先進行綜合計畫，當取得調查結果後，再進行資料分析。例如：

1. 單一變數敘述性分析：次數、平均數、標準差、變異數分析等。
2. 二個變數分析：相關分析、等級相關檢定、卡方檢定等。
3. 多個變數分析：如多元迴歸分析、因素分析、集群分析等。

㈤ 選擇研究方法

在進行研究設計的同時除需有理論架構，尚須決定研究所使用之方法。一般學生在此極容易將研究設計與研究方法混為一談，雖然研究設計與研究方法之間具有某種關聯，但是卻是二個相互獨立之內涵。二者以不同的面向來陳述研究欲進行之過程。在研究設計中可區分為抽樣計畫、工具或問卷設計、作業實施計畫及資料分析計畫。但從選擇研究方法之角度則比較偏重於前述設計之進行方式問題，尤其偏重於方法之差異。

依研究對象為少數單一個體或大量多數樣本，研究方法可區分為個案研究及多案研究二種。在個案研究中常採用之分析方法除較特別之模擬法外，多案研究和個案研究均可使用實驗法及其他常用之調查法、訪談法、觀察法（上述三者可稱為「一手資料」）、二手資料法、內容分析法及歷史文獻等。而所有研究方法（個案法或多案法）又均包含工具設計、抽樣設計等工作在內。

㈥ 進行資料蒐集

研究人員應根據研究目的及研究假設，將所需之資料一一列舉。資料通常可分為初級資料與次級資料，一般如有合適可用之次級資料，應先應用，如無合適之現有資料，則需要進行初級資料蒐集，在決定進行資料蒐集前，應先決定應用哪些工具來蒐集資料？往往需要從以下三個面向切入：

1. 了解調查對象。
2. 決定抽樣方法。
3. 觀察、調查或實驗。

研究者必須先掌握調查母體的特性，才能決定抽樣方法。以應用調查方法之研究為例，一般抽樣方法可分為「機率抽樣」與「非機率抽樣」，前者包括簡單隨機抽樣、系統抽樣、分層抽樣、集群抽樣等；後者包括判斷抽樣、立意抽樣、便利抽樣、配額抽樣及雪球抽樣等。樣本選定之後，可採郵寄訪談或人員訪談等方式進行調查。當採用人員訪問時，訪問員的行前訓練，以及施測時如何與受訪者互動，使受訪者願竟接受訪問，皆是要注意的重點。

(七) 進行資料分析

資料蒐集之後，一般經過編碼（Coding）、鍵入資料（Key in），依據研究之架構與性質，或量表之特質，進行資料或統計分析。一般資料分析之進行可包括四部分：

1. 根據調查資料所獲得的發現予以陳述。
2. 將調查結果與研究假設進行比較分析。
3. 將調查結果對研究架構或理論之影響予以分析。
4. 將調查結果與其他研究進行比較分析。

資料分析時，可以將研究成果以統計表格或圖形予以表示，並於內文中說明其涵義；其次，將研究成果與研究假設比較，判定那些接受或那些拒絕研究假設。一般而言，與研究假設相符的成果，較易解釋，與研究假設不符的發現，也應嘗試說明或推測可能之理由。研究成果與研究假設相符的發現，除了對研究理論架構予以肯定之外，對於理論系統或知識建立均注入新的案例予以證明；反之，研究成果與研究假設不符的發現，必須修正研究理論架構，或重新檢討甚至再重新規劃新的研究。

由於設計學所研究的課題，是以（人類）—（設備）—（環境）三者之間相互關係為探討主軸，甚難歸納出超越時空的普遍陳述、通則與理論，但是經由個案實證資料的不斷驗證，應可找出一般化陳述、系統性通則與理論或趨勢性。如此設計學研究方能達成科學研究之精神及目標。

從嚴謹實證科學觀點而言，設計學領域中仍有一片天空，一致性的普遍陳述、通則與理論尚不多見，但是一般概括性或趨勢性陳述、通則與理論，仍有助於描述、解釋設計學領域相關議題。由於大家的投入使得知識可以累積，研究設計的功能及理論建構得以確立。

(八) 撰寫研究結論與建議

設計研究領域論文中結論部分之撰寫通常包括二部分：

1. 扼要說明研究發現與先前研究之比較。
2. 根據研究成果及事實發現提出實務性建議。如果依研究需要亦可以加入第三部分。
3. 提出後續研究建議。

一般論文之結論部分可以重複將主要研究發現簡明敘述，並與研究假設的異同（或先前研究文獻）進行比較，同時根據該研究發現修正先前研究之理論架構，該研究所提出之修正架構必須明列於結論，並將具顯著性相關變數，予以條列表示，讓閱讀者一目了然。因為設計是一種整合性之知識，此領域之研究論文，更應在結論部分將研究成果在具體實務方面之應用予以提出，以彰顯此研究之貢獻度。

一般論文之結論部分包括提出研究發現及實務性建議二者即可。而後續研究建議主要說明研究過程的一些人力、時間或經費限制及困難，與從該研究中發現在未來相似研究裡，應可採取的研究方向。假如該研究結果與過去相關研究發現有些不同，此部分可能由於文化、歷史背景的差異，研究方法、抽樣計畫、評量工具之選擇，受訪者合作意願或理論架構不完整等因素所引起，應進行逐步檢討，以作為未來研究的改進參考。一般研究的成果需要逐次累積，個別案例之實證研究，研究變數之探討不可能涵括太多，而且研究對象也不可能包括全部的母群體，所獲得研究成果僅是在特定時空中，所研究特定變數的經驗，因此研究者在結論中需提出對未來研究內容與方向之建議。

第一部分

質性研究

23

第二章 個案研究法

董皇志

　　個案研究顧名思義是從單一個案開始探索事物的初端，故研究者多半選擇個案研究作爲第一個研究方案。黃光雄教授如此形容：「個案研究設計就像是一個漏斗，研究前端是寬闊的一端——研究者搜尋可能成爲研究主體或資料來源的對象與地點、可能的研究落點與布下研究大綱，然後進行資料蒐集、檢視與探索資料，並決定研究進行的方向。隨著工作進行逐漸收攏對焦，形成問題，此時研究活動縮小到特定的研究場域、對象主體、素材課題、問題與主題。從廣泛的探索開始，挪向較具體直接的資料蒐集與分析」。（R. C. Bogdan, 2002）

壹、定義、目的與特性

一、個案研究之定義

在探討方法論之前,先認識「個案」(case)的涵義。其一,個案是對真實狀況的一種描繪。狹義的個案是指個人;廣義的個案可以是一個家庭、機構、族群、社團、學校等。個案通常是用文字書寫的,透過其描繪的狀況乃會刺激讀者的思考,使讀者認清事實的真相如何、問題何在以及如何處理。簡單地說,個案是一項事實或一組事件,提供一個或一連串的問題使讀者思考,並嘗試去解決的一份資料。個案被看成一項引發思考、判斷和正確行動的工具。其二,個案是許多相關事實的說明,提供問題的狀況,以待尋求解決問題的可行方案。(陳萬淇,1995)

「個案研究」(case Study)指對特別的個人或團體蒐集完整的資料,然後再對問題的前因後果做深入的剖析。

其一,個案研究是為了決定導致個人、團體,或機構之狀態或行為的因素,或諸因素之間的關係,而對此研究對象做深入研究。(王文科,2002)

其二,個案研究是對單一個案做縝密的研究,廣泛地蒐集個案的資料,徹底的了解個案現況及發展歷程,予以研究分析,確定問題癥結,進而提出矯正的建議,其首重於個案發展的資料分析。

其三,若說個案研究像實驗法,但非僅於呈現樣本(sample),目的乃是要擴展與推論理論(分析式概化,analytic generalization),卻又異於只把頻率計算出來(統計式概化,statistical generalization)。亦有一說,研究標的是要做「概括性(generalizing)」,而非「特殊性(particularizing)」的分析。

其四,個案研究的本質,在所有個案研究類型中的主要傾向,是其試著闡明一個或一組「決策」為何會被採用、如何來執行及會有什麼結果。上述所言之「決策」框架內主題可以用「個人、組織、過程、計畫、鄰里、機構或事件」取代之。

其五,個案研究是針對一個單獨的個人、團體或社會,所進行的表意式檢視。主要的目的雖然是在於描述,但也可以試著提出解釋。例如:針對一個特定原始部落民族所做的人類學描述,或是對一個現代企業進行組織結構的社會學分析,以及政治學者檢視一項特定的政治活動。

總之,個案研究就是對一個場域、單一個體、文件資料儲存庫或某一特定事件作鉅細靡遺的檢視(R. C. Bogdan, 2002)。個案研究是指採行各種方法蒐集有效的完整資料,對於單一的個人、事件或社會單位做縝密而深入研究的一種方法。故個案研究多偏重於探討當前的事件或問題,尤其強調對於事件之真象、問題形成的原因等方面作深刻而周詳的探討。

二、個案研究之目的

所謂個案，必是有問題的事件，所以把「個案法」（case method）稱為「問題法」（Problem method）。其一，為能使研究者提出解決問題的可行方案，每個個案都應該有一個或數個中心問題，這些問題可能相當明晰，或可能不甚明顯，謂之「潛在問題」，則必須經過研究分析後才能顯示。其二，個案法有其務實面向，不盡是羅列問題，更能解決問題的有關資料周延。一般而言，個案內容只做客觀描述，不做主觀的評論。整理個案研究之問題取向及目的性，羅列如下：（陳萬淇，1995；王文科，1994）

1. 描述與分析情境、事件或過程。由特定情境中的參與者所說出的議題或過程，提供詳細的描述與分析。

2. 提供建立假設的來源，可以發展概念或模式。許多研究者認為，個案研究不能作為考驗假設或建立結論的方法，但不失為試探與發現取向的研究。

3. 確認政策問題與解決問題。主要是要解決個人、個案、事件、社群的問題。

4. 提供具體的實例，貢獻在於量化研究先驅及大規模研究方案。從個案研究所獲得的具體實例，可以更容易幫助了解、歸納、分析所發現的普遍性原則，與協助詮釋較狹隘的焦點研究。

5. 評鑑方案之具體化。評鑑是組織內有系統的研究，使革新或方案能發展成為更富結構性設計之前的價值判斷。質性研究的個案研究易於評鑑雙方之溝通，及彰顯組織之成果、過程與價值。

故一個好的個案研究之內容應呈現出：(1) 表明研究的主題；(2) 說明問題的狀況，俾於找出問題的原因；(3) 應能陳述可供決策使用之資料，俾利提出解決問題的方法；(4) 個案應有作成決策的要求；(5) 能協助個案潛能充分發揮；(6) 能提昇組織機構的績效。（陳萬淇，1995）

三、個案研究之特性

通常，將個案研究類屬於質性研究（qualitative research），以及「探索/敘述/解釋」當中之敘述性研究（descriptive study），即描述和形容某些特殊事物和特徵的研究設計。在學術研究裡多將個案研究類屬於一種實徵（實證）研究（empirical inquiry）（R.K. Yin, 2001），是質的研究、詳盡深入、正確地描寫、非正式手續。對於特性區分為「學術」及「實務」二項探討之。其一，學術特性如下：

1. 對象是單一的組織體，但探求的變項或情境卻可以包含很多，故為縝密且集中於個體的深入研究。

2. 蒐集個案資料可採取多種的方法，且資料的範圍可以很廣。

3. 注重分析工作。

4. 注重診斷補救。

5. 知識之歸納推理合乎科學原理。（R. K. Yin, 2001）

其二，以個案之務實觀點討論，從事個案研究的人員，必須自行了解個案的事實狀況、蒐集重要的相關資料、發掘可能的問題、發展可行的行動方案、進行分析比較，並從中選擇以解決問題。鑑於此，一篇適合討論的個案研究利於彼此溝通與工作應用，其實務特性如下：（陳萬淇，1995）

1. 探討性：研究者要探索事實、掌握事實、了解事實，除了要對個案的現有資料進行分析，並蒐集有關的事實資料外，還要認清事實、衡量事實、將事實分類、辨明事實之間的關係。

2. 診斷性：解決複雜問題時，特別強調資料蒐集以定義問題、決定解決問題的目標、衡量與問題有關的因素、決定因素間的關係等。個案的問題多屬複雜的問題，因此研究者在尋求問題時，不僅需要以邏輯與系統的方法來思考，也要有良好的判斷力。

3. 可行性：經過事實探討，提出了問題之後，我們就必須針對問題提出解決的方法或途徑，此種方法或途徑就稱之為「方案」；而這些「方案」必須是可以執行的，而且是可得到預期的結果，稱為「可行方案」。

4. 比較性：在做成「決定」之前，先要對各個方案做分析與比較，衡量其正反效果，評估其利與弊，這樣才能做成較客觀、合理的決定。

5. 確定性：個案研究是一種多面向的活動。事實探討，使了解實際狀況；問題診斷，使認識需解決的問題；方案設計，使得到解決問題的方法或途徑；方案比較，使能對方法或途徑做一理性的分析。最終，還有一項工作，就是從各種方法或途徑中選定一個方案。

以下舉例說明特性差異，例一，相同而單一研究對象，因研究學門、研究面向與其涵構（或者說背景、關係，context）之差異性，呈顯出研究結果的迥異。應用實例詳見本章**柒、應用實例範例一**——江坤勤碩論，與歐峻宏、蔡奇睿、黃威傑以及蔣文德等人碩論，皆是以誠品書店為個案研究對象，採取的理論觀點不同，所探討之面向就有不同的詮釋結果。例二，採詮釋性的設計理論建構，先有假設之理論構架，再以案例研究法之實例對象進行理論之通則性歸納與印證，如**柒、應用實例範例二**——葉慧君碩論。例三，亦有先進行眾多個案研究之累積與通則性歸納，梳理出務實面向之問題導向之研究，如**柒、應用實例範例三**——林景勳碩士論文。

貳、個案研究法的源由

個案法，在法律和醫學知識的傳授上，早就成為基本的教學工具之一。法律的名詞稱個案為「案例」或「判例」，醫學的名詞則稱其為「病歷」。

1870年美國哈佛大學法學院首先創用個案法，目的在於訓練學生思考法律原理原則。1908年哈佛大學企業管理研究所創設之首任院長Edwin F. Gay是位經濟學家，認為企管教學應可仿傚法學院的教學方法，Gay稱做「問題方法」（Problem Method），自此哈佛大學設置個案發展單位，使用鉅額金錢與人力從事管理個案撰製工作，實施教學效果優良。1920年代W. B. Donam出任哈佛企管研究所主任，背景是政治和法律教學經驗豐富的律師兼商人，鑑於法律學門所採用的個案教學法具有獨特優點，即進行一項學術建設計畫，敦促其所屬教授，從企業活動中直接蒐集資料，擬訂新的教材，鼓勵教授蒐集有關市場交易、工商財務及其他方面的個案，並從事工商業的實驗工作。因此，「實地研究」這個觀念，在社會學方面研究人類行為的個案已收到了效果。

1937年哈佛大學設立一個委員會，除促進個案研究之教學，亦致力介紹「個案報告」之寫作。個案報告之標準的結構，包括作者需簡要地提出問題、考慮各種解決方案、最後決定採取的解決方案及總評等。1948年在哈佛大學教授們的領導，成立美國五所大學跨校際之個案發展委員會，並獲得卡內基基金（Carnegie Corporation）的經費支助。1951年委員會的會員，擴展到其他大學，於是乎新的社團被命名為「大學校際個案教學組織」。1952年發行一本「個案彙編」，由Harold Stein主編，以後的個案就由阿拉巴馬（Alabama）大學出版組刊行。1957年從福特基金會得到一筆補助費，使此項個案計畫得以繼續，並將個案研究的範圍拓展到其他的學習領域。（陳萬淇，1995）

其他學門亦應用個案研究，例如：心理學的皮亞傑（Jean Piaget, 1896～1980），以及精神病學的弗洛伊德（Sigmund Freud, 1856～1939），弗洛伊德是運用個案研究法於精神病學的先驅，就其處理精神病人而言，發現一致的經驗模式，認為病人能夠回憶自己在兒童及年輕時代發生但已遺忘良久，有關創傷性或與性有關的意外事件。

在臺灣，社會科學學門於1972年8月政治大學企業管理研究所推展個案教學法，成立「臺灣企業單位管理個案研究計畫」，經由歷屆企研所碩士班從事管理個案的撰製及出版「臺灣企業管理個案」，目前國內大專院校相關管理科系及研究所，多有引用該管理個案實施個案教學。至於設計學門有建築學者何友鋒於1988年倡議個案研究應可仿傚企管與法律學門之應用在建築教育之施行，董皇志於2001年亦對應用「案例研究」於建築設計教學之可行性與所需要之案例檢核表做一建立工作。（董皇志，2001）

參、研究方法與流程

一、研究方法

依其一般研究的特性仍然是從問題著手，或說是先覺尋好主題，隨著主題而展開研究設計，進而資料蒐集與資料分析的反覆過程，於其間，相同處之歸納整合，或相異處比對殊異，依其邏輯序列建立起解釋，最終以一個適合傳達（溝通）的報告形式將結果（知識）周知。暫列研究的階段與工作內容如表2-1：

表2-1　個案研究的階段與工作內容　（R. K. Yin, 2001）

研究階段	研究工作內容
研究設計	1. 策略設計（Strategy Design） 2. 方法設計（Method Design） 3. 程序設計（Procedure Design） 4. 研究設計的品質判準（信度效度）
資料蒐集	1. 資料來源 2. 蒐集的技巧 3. 蒐集的原則
資料分析	1. 一般性策略（基礎） 2. 主要分析技術 3. 次要的分析技術
撰寫結果報告	1. 書寫的對象 2. 書寫的結構作類型區分

㈠ 研究設計

所謂「研究設計」：(1) 獲取所需情報之方法與程序的詳細計畫書；(2) 資料蒐集、測量與分析而構成的藍圖；(3) 所構想之研究進行的計畫、結構與策略，以獲得研究問題之答案。研究設計應包括四個主要的工作事項：（陳萬淇，1995）

1. 策略設計（Strategy Design）
2. 方法設計（Method Design）
3. 程序設計（Procedure Design）
4. 研究設計的品質判準（信度與效度, reliability and validity）

進行研究設計本然要呈現出一組邏輯的敘述，故利用一些邏輯來測試一個研究設計的品質判準，測試的概念有四項：(1) 可信任性（trustworthiness）；

(2) 可靠性（credibility）；(3) 可證實性（confirmability）；(4) 資料相依性（data dependability）。個案研究是實徵的社會科學研究，以上概念測試則以研究之信度與效度作為品質測試標準。研究的效度與信度有五項：

1. 構念效度（construct validity）：對所進行研究的觀念，建立起正確的操作性衡量方法；

2. 內在效度（internal validity）：建立一個因果關係，並與虛無關係作區別（強調在解釋性或因果研究）；

3. 外在效度（external validity）：建立一個研究結果可以被概化的範圍；

4. 詮釋效度（interpretive validity）：個案研究不宜以量的角度來評判其品質，而改用詮釋的觀點來處理，用以判斷詮釋研究者知識觀點的真實性；

5. 信度（reliability）：說明如資料蒐集操作過程，可以重複實施並得到相同的結果。表 2-2 則列出其使用操作與其適用之研究階段。

表2-2　效度與信度之操作與適用的研究階段　（R. K. Yin, 2001）

效度與信度	在個案研究的操作	適用的研究階段
構念效度	使用多重證據來源 建立一個證據鏈 請關鍵資料提供者檢視個案研究報告的草稿	資料蒐集 資料蒐集 寫作
內在效度	進行類型比對 進行建立解釋 進行時間序列分析	資料分析 資料分析 資料分析
外在效度	在多重個案研究中使用複現邏輯	研究設計
詮釋效度	研究報告的有用性 研究脈絡的完整性 對於研究情境的態度以及敏銳度 報告對於讀者是否具有吸引力	資料分析 寫作
信　　度	使用個案研究的計畫書 發展個案研究資料庫	資料蒐集 資料蒐集

(二) 資料蒐集

依照資料來源、蒐集的技巧及原則，分別說明之：（R. K. Yin, 2001）

1. 資料來源六種：(1) 文件；(2) 檔案記錄；(3) 訪談；(4) 直接觀察；(5) 參與觀察；(6) 實體的人造物。

2. 蒐集技巧六種：(1) 組織與管理的研究；(2) 觀察的技巧、參與觀察；(3) 人類學方法；(4) 臨床心理學；(5) 計畫評鑑；(6) 歷史研究的技術及文件的使用。

3. 蒐集原則三種：(1) 使用多重的證據來源；(2) 建立個案研究資料庫；(3) 發展一連串的證據鏈。

(三) 資料分析

可區分為一般性策略（基礎）、主要分析技術及次要的分析技術，分別說明之：

（R.K.Yin, 2001）

1. 一般性策略（基礎）：先了解分析之對象主題（what），以及為何（why）、如何（how）進行分析的優先順序。資料分析包含檢視、分類、列表或是用其他方法重組證據，以探尋研究初始的命題。其進行之策略有二：

   (1) 依賴理論的命題。
   (2) 依個案的描述架構發展。

2. 主要分析技術：適用於單一或是多重個案研究的設計，著重於個案研究時，建立內在效度與外在效度問題。分析技術有四類：

   (1) 類型比對（pattern-matching）
   (2) 建立解釋（explanation-building）
   (3) 時間序列分析（time-series）
   (4) 程序邏輯模式（program logic model）

3. 次要的分析技術：

   (1) 分析嵌入式的分析單元
   (2) 重複的觀察
   (3) 進行個案調查——跨個案的次級分析

(四) 撰寫個案研究的報告

可依其書寫的對象與書寫的結構做類型區分：

1. 書寫的對象（書寫式報告的種類）有四種：

   (1) 古典的單一個案研究。
   (2) 將古典單一個案的敘述變更為多重個案的敘述。
   (3) 包含多重個案研究或單一個案研究，但不採傳統的敘述方式。
   (4) 僅做多重個案研究不對個別個案分章敘述。

2. 建立個案研究寫作的結構（王文科，2002），一般分為六種：

(1) 線性分析的結構（linear-analytic structures）：步驟為研究問題的描述→使用蒐集與分析資料的方法→發現結論與獲得啟示。大多數的實驗科學期刊都是採用這種寫作結構，特別是主要讀者為研究領域的同僚或是論文考試委員時，這可能是一個較有利的寫作結構。

(2) 比較的結構（comparative structures）：將同一個案研究二次或是二次以上，對相同的個案採用替代性的描述或解釋。重複的目的是要顯示事實和不同研究模式結果的符合程度，事實上這種反覆的結構通常用於類型對比分析。

(3) 編年的結構（chronological structures）：按個案的年代順序分期（例如早期、中期、晚期）提出報告。

(4) 理論建立的結構（theory-building structures）：各章節的寫法或是順序，以遵循形成某種理論的邏輯而編排。

(5) 懸疑的結構（suspense structures）：個案研究的直接「答案」或是「成果」出現在首章，其他各章則用來解釋該章的發展。

(6) 非循序的結構（unsequenced structures）：章節順序的編排並不顯得特別重要，只要足以描述個案研究即可，且各別章節的描述力求周全為妥。各類型之寫作結構與適用性如表 2-3：

表2-3　書寫的結構與適用性（R.K.Yin, 2001）

結 構 的 類 型	個案研究的目的（單一或是多重）		
	敘述性	探索性	解釋性
1. 線性分析的結構（linear-analytic structures）	◎	◎	◎
2. 比較的結構（comparative structures）	◎	◎	◎
3. 編年的結構（chronological structures）	◎	◎	◎
4. 理論建立的結構（theory-building structures）		◎	◎
5. 懸疑的結構（suspense structures）			◎
6. 非循序的結構（unsequenced structures）	◎		

二、各種研究流程

第一種：R.K.Yin之個案研究方法與流程 （R.K.Yin, 2001）

定義和設計	1. 發展理論	
	2. 選擇個案、進行資料蒐集	
準備、蒐集、分析	3. 執行第一個個案研究	(1) 進行第一個個案研究之資料蒐集 (2) 資料分析
	4. 執行第二個個案研究	(1) 進行第二個個案研究之資料蒐集 (2) 資料分析 (3) 與第一個個案對行比對、歸納等分析
	5. 執行其餘的個案研究	YES —— 繼續進行 NO —— 回饋，修正上述理論或者研究方向
分析與總結	6. 引出跨個案之結論	
	7. 修改理論	
	8. 發展政策上的涵義	
	9. 撰寫跨個案報告	

第二種：陳萬淇之觀念模型（方法與流程） （陳萬淇，1995）

個案（要素）	1. 表明研究主題
	2. 陳述事實資料
	3. 說明問題狀況
	4. 要求作成決策
研究（方法）	探索性研究　診斷性研究　可行性研究　比較性研究　確定性研究
目的（結論）	結論或建議

說明
1. 探索性研究——探討事實。
2. 診斷性研究——尋求問題。
3. 可行性研究——設計方案。
4. 比較性研究——分析方案。
5. 確定性研究——建議方案。

第三種：個案研究的流程 （吳妮晏、賴香君，2002）

研究設計	1. 研究設計五步驟	(1) 研究問題。 (2) 研究命題。 (3) 分析單元。 (4) 連結資料及命題的邏輯。 (5) 解釋研究發現的準則。
	2. 評斷研究設計品質的準則	(1) 概念。 (2) 方法。
執行	3. 個案研究設計之類型	(1) 單一個案設計——分為整體設計和嵌入設計 　①成熟理論的關鍵性個案。 　②極端或是獨特的個案。 　③揭露式個案。 (2) 多重個案設計 　①整體設計。 　②嵌入設計。
	4. 準備工作	(1) 培養個案調查者所需要的技巧。 (2) 特定個案研究實施之訓練。 (3) 發展研究的計畫書，包含四大部分： 　①個案研究計畫概述。 　②實地實施程序。 　③個案研究問題。 　④個案研究報告的指引。 (4) 進行先導的個案研究。
資料蒐集的準備	5. 資料來源	(1) 文件。 (2) 檔案紀錄。 (3) 訪談。 (4) 直接觀察。 (5) 參與觀察。 (6) 實體的人造物。
	6. 蒐集資料	原則： (1) 使用多重的證據來源。 (2) 建立個案研究資料庫。 (3) 發展一連串的證據鏈。
分析資料	7. 一般性策略分析	了解要分析什麼以及為什麼要分析的這個優先順序。常用方式有： (1) 依賴理論的命題。 (2) 發展個案的描述。
	8. 主要的分析技術	(1) 類型比對（pattern-matching） (2) 建立解釋（explanation-building） (3) 時間序列分析（time-series） (4) 程序邏輯模式（program logic model）

撰寫結果	9. 確定報告的讀者報告	讀者的可能範圍： (1) 相同領域中的研究者。 (2) 政策制定者、實務界人士、社群領袖以及其他非專業人士。 (3) 特殊團體，例如學生的博碩士論文考試委員。 (4) 研究贊助者。
	10. 利用個案研究溝通	通常，單一個案的描述和分析是爲了傳達一些普同現象的資訊。報告本身也應該要反映出適合讀者需求的重點、細節、寫作的形式等。避免以讀者需求爲導向的研究報告撰寫，而常犯錯誤是以研究者自我觀點來撰寫報告。
	11. 確定寫作的種類	(1) 古典制式的單一個案研究。 (2) 將古典單一個案的敘述變更爲多重個案的敘述。 (3) 包含多重個案研究或單一個案研究，非傳統的敘述方式。 (4) 僅作多重個案研究不對個案個別分章敘述。
	12. 建立寫作的結構	(1) 線性分析的結構。 (2) 比較的結構。 (3) 編年的結構。 (4) 理論建立的結構。 (5) 懸疑的結構。 (6) 非循序的結構。

第四種：個案研究的流程（本研究整理，2003）

研究設計	1. 表明研究主題	乃爲所構想之研究進行之計畫、結構與策略，以獲得研究問題之答案。爲獲取所需情報之方法與程序的詳細計畫書。其工作事項： (1) 策略設計（Strategy Design）； (2) 方法設計（Method Design）； (3) 程序設計（Procedure Design）。 重要是表明其特徵、關係與歷程爲何。
	2. 說明問題狀況	多數個案研究屬於問題導向的層次，故描述問題與確定問題的狀況。
	3. 研究目的與性質	(1) 探索性研究——探討事實。 (2) 診斷性研究——尋求問題。 (3) 可行性研究——設計方案。 (4) 比較性研究——分析方案。 (5) 確定性研究——建議方案。

第二章 個案研究法

36

研究設計	4. 發展理論	(1) 選擇個案：研究單位之選取。 (2) 設計資料蒐集：可用之資料來源、使用何種方法蒐集資料。
建立個案資料	5. 資料蒐集	執行第一個個案研究→撰寫個別的個案報告。 執行第二個個案研究→撰寫個案報告。 執行其餘的個案研究→撰寫個案報告。 依資料來源、蒐集的技巧、蒐集的原則而執行之。
建立個案資料	6. 資料分析	組織與分析所得之資料，資料分析的技術： (1) 一般性策略（基礎） 　①對象主題（what）？爲何（why）進行？如何（how）進行？ 　②依賴理論的命題。 　③發展個案的描述架構。 (2) 主要分析技術 　①類型比對。 　②建立解釋。 　③時間序列分析。 　④程序邏輯模式。 (3) 次要分析技術 　①分析嵌入式的分析單元。 　②重複的觀察。 　③進行個案調查——跨個案的次級分析。
撰寫結果報告	7. 撰寫個案研究的報告	依其書寫的對象與書寫的結構做類型區分（書寫式報告的種類）： (1) 古典制式的單一個案研究。 (2) 將古典單一個案的敘述變更爲多重個案的敘述。 (3) 交叉個案分析，有利跨個案比較。包含多重個案研究或單一個案研究，但不採傳統的敘述方式。 (4) 僅做多重個案研究，不對個別個案分章敘述。
撰寫結果報告	8. 撰寫跨個案報告	(1) 引出跨個案的結論。 (2) 修改理論。 (3) 發展政策上的涵義。
撰寫結果報告	9. 要求作成決策	

肆、應用範圍

一、運用個案研究之相關學門

使用個案研究作為研究策略較常見於社會科學學門，但是人文學門（文史哲）、設計學門與教育學門等，亦有見之：

1. 政策、政治科學，以及公共行政研究。
2. 社群心理學和社會學。
3. 組織與管理的研究。
4. 城市和區域規劃研究，如：方案、鄰里或是公共機構的研究。
5. 社會科學學門中進行的碩博士論文研究：企業管理、管理科學或社會工作等學術或專業的領域。

二、個案研究之研究面向

在研究面向所呈現之：

1. 敘述性（descriptive）個案研究，與處理誰（who）、何處（where）的問題有關。描述涉入（intervention）與涉入發生時的實際生活背景。
2. 解釋性（explanatory）個案研究，處理如何（how）與為什麼（why）的問題。解釋實際生活中涉入的因果關係。
3. 探索性（exploratory）個案研究，處理是什麼（what）形式的問題有關。用以探索所要評鑑的涉入活動，而這些活動並沒有一組明確、單一的結果。
4. 評鑑研究（evaluation research）之應用有五：（R.K.Yin, 2001）
   (1) 解釋實際生活中的涉入的因果關係對實驗或調查研究策略而言。
   (2) 描述涉入與該涉入時的實際生活背景。
   (3) 描述方式在一個評鑑中說明某特定主題（說明型個案研究）。
   (4) 探索所要評鑑的涉入活動，而未有明確或單一結果。
   (5) 可能是一種後設評鑑（meta-evaluation），對評鑑研究再進行的研究。

三、個案研究之應用面向

以下說明個案研究之五種應用類型與其內容：

1. 歷史上組織的個案研究（historical case studies of organization），用以追溯過去某時代某組織的發展情況。通常要借重晤談、觀察或文獻達成。

2. 觀察的個案研究（observational case study），集中於研究某對象（或組織）在某一期間的交互作用情形。通常以參與觀察做為資料蒐集的方式。

3. 生活史的個案研究（life history），是針對某一事件的首創者之故事為內容，通常是對單一的個人進行多方面的晤談而取得資料。

4. 情境分析的個案研究（situational analysis），即從所有參與某特定事件者的觀點來研究該事件。

5. 臨床的個案研究，用以了解特別型態的個人，以臨床的晤談、觀察或運用測驗等工具，對受研究者作深入的了解、洞察其問題、指陳可能處理途徑。

6. 因應學習的個案教學，案例研究是一種以社會觀點及實際經驗為基礎的教學法，模擬真實的作業程序來教學，幫助學生有效地認識更多實務內涵、設計程序與設計哲學，使理論與實務的訓練並重。案例研究是藉著對真實案例的分析，去了解設計的過程、結果及其影響性。若能以較客觀的資料，將現實中的一些複雜的因素，如：時間、財務、政策與社會條件等加入設計決策的思考中，充實學生對設計問題的認識，並能培養同學自動學習與獨立思考的方式，應屬「案例研究」（陳格理，2000；何友鋒，1988）。

伍、優點與缺點

一、優點 （王文科，2002；黃光雄、簡茂發，1986）

1. 當樣本來源及數量受限時，個案研究法仍可對少數的樣本進行探討。

2. 研究步驟簡單與條理井然。

3. 針對資料蒐集，當可運用各種方法，將資料蒐集齊備。

4. 分析徹底，能深刻檢討人物、情境之間的重要變項、歷程與互動關係。可避免一般研究法對於樣本本身僅具片面表層的印象。

5. 可形成正確判斷，建立切合實際盼望，從而發展具體可行的問題解決方案。在自然的情境下，研究結果具高度的應用性。

6. 為進一步研究的假設來源奠定基礎。

7. 軼事或範例有其價值，可為解說概括化統計發現，提供有利的佐證。

二、缺點 （王文科，2002；R. K. Yin, 2001；黃光雄、簡茂發，1986）

1. 個案研究很難作科學的類推（或統計的類推），故缺乏普遍性。整體而言較缺乏嚴密性，研究結果不容易類推至其他個案與較難進行複雜的統計分析。
2. 易流於主觀偏差，致使模稜兩可的證據與偏誤觀點影響到研究方向與結論。
3. 確定與個案相關的因素相當困難，往往花費漫長的作業時間，得到的卻是大量而無法清晰閱讀與理解的資料。
4. 研究者知識基礎及在變項選擇上的問題，趨向於強調變項的「壯觀性」，而不側重其「重要顯著性」的做法，似宜斟酌。
5. 個案研究結果，可能誤將只是相關的關係，視爲因果關係。

三、發展趨勢與可能性

對於理想與可行之個案研究範型（paradigm），提出下列特徵：（王文科，2002；R. K. Yin, 2001）

1. 個案研究必需是有意義的。
2. 個案研究必需是「完整的」——關於範圍、蒐集的證據、可限制控制下的完成度。
3. 個案研究必需考慮其他的觀點（替代性觀點）——尤其是探索性與敘述性個案更需如此。
4. 個案研究必需顯示足夠的證據與中性表達。
5. 個案研究必需以動人的方式撰寫。文字力求清晰，具有感性與激發性，引發讀者興緻。

陸、與其他研究法之比較

透過表2-4，對於個案研究法及其他研究法在研究對象（行爲事件）之操控與著重之時間點比較：（R. K. Yin, 2001）。

1. 個案研究法比對於實驗研究法，則不對研究對象進行操弄。
2. 個案研究法比對於歷史研究法，在時間點上則依附於現實狀態，而歷史法並非如此。
3. 個案研究法比對於檔案研究法，個案研究法依附於現實狀態，而檔案法不一定。

表2-4 個案研究法與其他研究法之比較

研究策略	探討研究問題的形式	需要在行為、事件上操控嗎？	是否著重在當時的事件上？
實驗研究法	How如何？Why為什麼？	是	是
調查研究	Who什麼人？What是什麼？ Where在哪？How many有多少？	否	是
檔案記錄分析	Who什麼人？What是什麼？	否	是／否
	Where在哪？How many有多少？		
歷史研究法	How如何？Why為什麼？	否	否
個案研究法	How如何？Why為什麼？	否	是

柒、應用實例

> **範例一：臺灣地區書店產業連鎖化現象及其策略議題之探討，以金石堂、誠品為例。**
>
> 江坤勳（1993），王士峰指導。南華大學出版事業管理研究所，碩士論文。

一、摘要

　　書店本身就是個文化傳承與延續的重要媒介；尤其在連鎖書店時代的興起之後，書店這個議題更被廣泛地討論。連鎖書店擁有廣大店數，正代表著行銷通路的豐富資源與優勢。傳統獨立書店在品牌老字號的影響力下，仍有為數不少高忠誠度的顧客群，但空有悠久歷史的品牌印象卻不敵連鎖書店帶給消費者瞬息萬變的驚奇與更好的服務品質。因此本研究的研究目的如下：

1. 以金石堂和誠品為個案來探討不同連鎖書店所採行之經營策略。
2. 歸納連鎖書店未來經營之觀察方向。

　　平心而論，與書店議題相關之研究大多從消費者消費偏好的角度來檢視連鎖書店的經營手法，少有從策略的面向來研究。而本研究運用六大構面分析模式來逐一檢視連鎖書店身處擁擠又瞬息萬變的書店產業環境時所採取之經營策略。透過文獻資料的蒐集與分析，再加上與個案的互動取得一手資料，來探討金石堂與誠品的經營環境與對未來的規劃。進一步指引出金石堂與誠品的經營策略與未來走向，以維持自身現在與未來的競爭優勢、願景及面對問題時的應變能力。因此本研究之流程為對金石堂與

誠品做經營策略方面的深入描述與分析，再藉由個案研究的方式來了解並分析金石堂與誠品在未來對於經營策略的規劃藍圖，最後做成結論。

二、研究法論點

從策略面向來進行研究與分析，透過文獻研究與個案研究進行，並提出可行之經營策略作結。

41

範例二：敘述性設計方法應用在繪本創作之研究。

葉慧君（2002），楊裕富、呂永富指導。雲林科技大學視覺傳達設計研究所，碩士論文。

一、摘 要

繪本最大的功能是說故事的功能，其藉由圖畫和文字共同陳述故事，所以如何說一個引人入勝的故事，是繪本創作最大的課題。在繪本相關的研究中，以文字說故事的理論眾多，用圖畫說故事的探討尚不多見，所以本研究意圖建構用圖畫和文字說故事的手法與模式，也就是繪本「敘述性設計方法」的建立。此外繪本創作需製造出符合讀者文化背景的符碼，才更能適當而正確的傳達內容，所以有關設計編碼、解碼的「設計文化符碼」理論在繪本創作中更顯得重要。

因此，本研究藉著「設計文化符碼」及「敘述性設計思維」的理念，建立繪本「敘述性設計方法」的理論通則，並將此建立的理論逐一檢視「向左走、向右走」、「森林裡的秘密」、「大猩猩」、「穿過隧道」、「莎莉，離水遠一點」、「野獸國」等六本作品說故事的方法，其圖文交錯的意義、圖像的象徵意涵及隱藏的敘述性，而以「向左走、向右走」繪本為探討的重點。最後根據解析的理論，由研究者進行創作，以資驗證。結果發現「設計文化符碼」、「敘述性設計思維」具有可實際操作的意義。

二、研究法論點

屬於理論建構（敘述性設計方法）之研究取向，經由個案研究之樣本（幾米作品）歸納其通則性與驗證之，再循此理論做一繪本創作與驗證其可行性。

> **範例三：戰後臺灣建築國際合作之探討。**
>
> 林景勳（1999），楊逸詠指導，中國文化大學建築及都市計畫研究所，碩士論文。

一、摘要

　　回顧臺灣二戰後50年之建築領域發展與進步，無論在建築設計或營建技術上的累積，對一個現代主義建築發展遠較西方起步慢的臺灣而言，藉由國外力量來累積建築的進展，自是一個不可避免的現象。所以在討論臺灣現代建築發展過程時，國際合作的力量實為一不可忽視之重要影響因素。

　　本研究以建立戰後迄今的建築國際合作基礎資料（案例）為首要工作，並從臺灣政治經濟社會發展的脈絡中，加以分析比對，進而得到國際合作在不同時代背景下所形成的影響與合作的原因與模式等。在國際合作的影響方面有四，分別是「影響一：建築設計的示範」、「影響二：建築技術的累積」、「影響三：建築工程品質的提昇」與「影響四：壓縮新建築概念與技術形成的時間」等。在合作原因與模式三，分別是「企畫設計階段」、「施工營造階段」、「顧問諮詢階段」等。經由這些探討可以得知國際合作的影響面、合作的模式與發展演變等。

　　為了探討國際合作影響的型態與層面，乃提出國際合作之影響類別分析，分別是「點狀式」、「線狀式」與「面狀式」國際合作，並就各影響類別舉出代表性例子。一方面剖析國際合作影響的形式，二方面探討國際合作的影響經驗。期藉本研究對戰後臺灣建築國際合作發展探討，對後續研究在國際合作發展、國際合作模式與未來面臨新時代國際合作課題方面有所助益。

二、研究法論點

　　類如紮根理論（thinking around），先經由多重個案研究之累積與通則性歸納，按著時序與工作流程，梳理出影響型態與擴散層面。

參考文獻

1. 王文科（2002）。**教育研究法**。臺北：五南。

2. 王文科（1994）。**質的教育研究法**。臺北：師大書苑。

3. 何友鋒（1988）。**個案研究——應用在建築教育之初探**。臺北：建築師全聯會，建築師雜誌，PP.67-71。

4. 吳妮晏、賴香雪（2002）。**個案研究法**。http：//blue.lins.fju.edu.tw/～su/rm91/rm-case.htm。輔仁大學圖書資料學研究所「研究方法與論文字法」（蘇諼教授開設）。

5. 陳格理（2000）。**試論用後評估在建築設計教學上的重要性**。繼承與創新——華人建築教育學術研討會，香港：香港中文大學，PP.196-201。

6. 陳萬淇（1995）。**個案研究法**。臺北：華泰。

7. 黃光雄、簡茂發（1986），**教育研究法**。臺北：師大書苑。

8. 董皇志（2001）。**「案例研究」在建築設計教學應用之檢核表建立**，中華民國建築學會主辦，第十三屆建築研究成果發表會論文集（A-02）。高雄：正修技術學院。

9. Earl Babbie ed，李美華譯（1998）。**社會科學研究方法（上、下）**。臺北：時英。

10. Robert C. Bogdan, Sari Knopp Biklen ed，黃光雄譯校（2002）。**質性教育研究：理論與方法**。臺北：揚智。

11. Robert K. Yin ed. , Case Study Research ： Design & Methods，尚榮安譯（2001）。**個案研究法**。臺北：揚智。

第三章 歷史研究法

陳思聰

　　歷者，指已經過去的事實；史者，指記載過去事蹟的書籍。歷史包含二種意義，一是指過去的事實，一是指紀錄。過去的事實是歷史的客觀存在，是不變的、整體的；紀錄是歷史的文字表現，是可變的、片段的。Robert Jones Shafer（1980）曾詮釋歷史為：過去的事件、實際發生之事、事件的紀錄或敘述。歷史研究已經發展出一套方法和概念，研究者蒐集與評估過去事件的證據，就研究主題進行有意義的討論。因此歷史研究可以從錯綜複雜的歷史事件、紀錄中，發現事情的因果關係與發展方向，做為了解過去、現在與預測未來的基礎。

壹、概述

臺灣較早的研究論文經常單獨使用歷史研究法做爲學術研究的方法，如曹炯鎭（1985）的碩士論文：「中韓二國古活字印刷技術之比較研究」；姚村雄（1997）的期刊論文：「日據時期美術設計中之臺灣原住民圖像」。晚近則發現許多研究者會結合多種研究方法探討研究主題，這種從多個面向研究的方式更能客觀的呈現研究的結果，如張雅惠（2000）的碩士論文：「古俄羅斯教堂建築的象徵意義之研究」，以歷史研究法爲主，配合歷史比較法與深入訪談法。黃麗娟（2001）的碩士論文：「臺灣圖文傳播科技發展歷程之研究」，以歷史研究法爲主，文獻探討與專家深度訪談爲輔。劉怡君（2001）的碩士論文：「艾米爾・賈列之玻璃藝術研究」，包含歷史研究法、風格造形研究法、圖像學研究法、歸納分析法。洪秀峰（2001）的碩士論文：「網域名稱與商標紛爭解決之研究」，包含歷史研究法、文獻分析法、比較研究法。陳如楓（2003）的碩士論文：「陳玉峰廟宇彩繪藝術之研究」，包含歷史研究法、田野調查法、訪談法等。

貳、歷史研究法的定義

歷史研究法有人稱「歷史法」、「文獻回顧法」、「歷史文獻回顧法」或「歷史文獻法」。從理論層面來看，歷史研究法是一種研究歷史及其演變經過的方法，若是從技術層面來看，歷史研究法可以探究任何過去所發生的事實。歷史研究法的英文名稱除了 Historical method 之外，也有人用 Historical research、Historical study、Historical approach、Historical analysis 等名稱，其意義大致相同。

表3-1　相關學者對「歷史」的定義一覽表

學者	年代	出處	歷史的定義
梁啓超	1956	中國歷史研究法	史者何？記述人類社會賡續活動之體相，校其總成績，求得其因果關係，以爲現代一般人活動之資鑑者也。
呂思勉	1974	歷史研究法	歷史者，研究人類社會之沿革，而認識其變遷進化之因果關係者也。
王爾敏	1977	史學方法	歷史者，人類留存之重要活動紀錄，足以參酌而以了解過去與未來者也。
杜維運	1980	史學方法論	歷史是往事（以往實際發生的事件）、往事的紀錄與研究往事的學術。

學者	年代	出處	歷史的定義
Robert Jones Shafer	1980	A Guide to History Method	歷史一詞有數種意義。首先，歷史指過去的事件，及實際發生之事。其次，歷史一詞意味著事件的記錄或敘述。最後，歷史一詞意味著一門學科，一個研究領域，它已經發展出一套方法和概念，透過這些方法和概念，歷史學家蒐集過去事件的證據，評估證據，並就研究主題進行有意義的討論。
周甘逢	1995	歷史研究法	所謂歷史；簡言之，就是指「往事」或「往事」的紀錄，包含二種涵義，一指事實，一指紀錄。
謝寶媛	1999	歷史研究法及其在圖書資訊學之應用	歷史是研究往事的學術，是過去所發生的事實及其演變經過，經由記載，以作為現在殷鑑的一門學問。

　　既然談歷史研究法，我們先來了解一下什麼是歷史？各家對歷史的說法略有差異，茲將相關學者對歷史的定義列表（表3-1），讓讀者能從各種角度去了解歷史。

　　歷史研究法只能透過當時留下來的檔案文件、遺物，或是訪問參與或目擊事件發生當時的相關人物，企圖盡可能完整且正確地重建過去，解釋事件何時發生、如何發生、為什麼發生。所以歷史研究法是有系統地蒐集和評估歷史資訊，以描述、解釋和了解過往所發生的活動或事件，無法像實驗法一樣操弄或控制研究變項。歷史研究法的定義各家說法略有差異，茲將相關學者對歷史研究法的定義列表（表3-2），以利比較。

表3-2　相關學者對「歷史研究法」的定義一覽表

學者	年代	出處	歷史研究法的定義
朱智賢	1957	教育研究法	歷史的研究法者，乃搜尋歷史上的事實，以解釋歷史上的因果，而推出歷史上的原理的一種方法而已。
Gilbert J. Garraghan	1957	A Guide to History Method	歷史研究法可以定義為一個原則和規則的系統性組織，使更蒐集歷史的來源材料有效率，並能批判評估，以書面形式提出綜合性的結論。
呂思勉	1974	歷史研究法	歷史的研究法者，尋求歷史真理之方法也。言其步驟，則先之以史料之蒐羅及考證，次之以事實之斷定及編排，終之以專門之著作，而史家之能事乃畢。

學者	年代	出處	歷史研究法的定義
楊鴻烈	1975	歷史研究法	凡人對於現在或過去社會上種種事物的沿革變化有了解的必要。而即蒐集一切有關的材料，更精密地去決定其所代表或記載的事實的眞偽、殘缺或完全否定，然後再用極客觀的態度加以系統化處理，使能解釋事物間的相互關係和因果關係，以透澈明白其演進的眞實情形及所經歷的過程，這樣便是所謂的「歷史研究法」。
William Wiersma	1986	Research Method in Education：An Introduction	歷史研究是一種將過去事件以關鍵性的提問產生精確的描述與解釋的過程。
周甘逢	1995	歷史研究法	歷史研究法是系統蒐集與客觀評鑑往昔事實的資料，俾能考驗有關事件的因果、成效或趨勢，以利解析現狀及預測未來。
L.R.Gay	1996	Educational Research：Competencies for Analysis and Application	歷史研究是系統性收集與客觀評價過去相關的資料，以檢驗假設相關的形成原因、影響或趨勢，這些可以幫助我們解釋當下發生的事件，也可推測未來的事件。
謝寶媛	1999	歷史研究法及其在圖書資訊學之應用	所謂「歷史研究法」是研究過去所發生的事實之方法。歷史研究法是運用科學的方法，蒐集過去的事實，考證其正確性和價值，加以系統地分析綜合，以嚴謹的態度尋求其變化與因果關係，並加以合理的解釋，以重建過去，並作為當代人的指導和未來的借鑑。
張紹勳	2001	研究方法	所謂「歷史研究法」是指有系統的蒐集及客觀的評鑑與過去發生之事件有關的資料，以考驗那些事件的因、果或趨勢，並提出準確的描述與解釋，進而有助於解釋現況以及預測未來的一種歷程。

參、歷史研究法的目的

　　歷史研究的目的是運用科學的方法，發現與陳述過去所發生之事實眞相，提供了解當今的制度、措施和問題的歷史背景。並融合不同時期的觀點，合理詮釋其新的意義與價值，發現與驗證其因果關係，以作爲預測未來活動的基礎。

肆、歷史研究法的特性

歷史研究法對於過去史實的分析與探究，都具有以下的特性：

1. 時間的特性：沒有時間的因素，就無法構成歷史。任何事件的起源、興盛、衰退或消失，都有其時間的軌跡可尋。歷史研究可以時間為軸心，將史實分類與定位。
2. 空間的特性：沒有空間因素，則歷史就無法呈現物件的面貌。事件的發生必然牽涉到一定的空間大小與地理位置。歷史研究也可以空間為軸心，將史實分類與定位。
3. 互動的特性：社會上所發生的事件，沒有一件事情可以獨立存在的。人與時間、空間之間相互影響，互動愈多，事件中各種因子的關係就會愈複雜。
4. 變化的特性：事件一直受到不同時間與空間的影響，自然產生許多變化，尤其在人類社會中的事件，極少是固定不變的。

伍、歷史研究法的實施步驟

歷史研究法的實施步驟並不是一成不變的，往往會因為新的資料或發現而修正研究者原來的假設或改變其研究過程。歷史研究法的實施步驟如下：

一、選擇研究題目

因為研究問題本身的複雜性各異，產生許多不同的研究方法去解決不同的問題。歷史研究法也是需要找尋合適的題材，才能發揮其解決問題的功能。如拾、應用實例範例一，姚村雄（1997）探討「日據時期美術設計中之臺灣原住民圖像」，就是一個適合歷史研究法的題材。

二、界定研究問題

既然針對適合的題材選擇好題目，必然有待解決的問題。對於研究中的各個問題，都要儘量詳細地加以描述，如果有混淆之虞者，還需要特別定義之。

三、資料蒐集

歷史研究者是要依靠非常眾多的初級事實，也就是一般所稱的「一手資料」，其來源有四種：

1. 眼見為證的事實。
2. 實際留存的物件，例如：個體、物件、文物遺物、實際位址等。

3. 文字與影音紀錄資料，包括政府文件、未發表文章、日記、信件、回憶錄、照片、錄音、影片剪輯資訊等。

4. 口述資料，直接訪談與事件相關人物的談話資料。

對於歷史研究法所需要的資料蒐集，應該涵蓋較大範圍，並取自多種不同的管道，如：親臨現場、訪談、錄影、錄音，蒐集相關文件、物件、影像等，即使是二手資料也有一定的參考價值。研究發現之結果亦能藉由交叉驗證（三角驗證法）方式，提昇研究之正確性。此外，可以建立「年表」與「地理表」，提供原始資料給後續研究者。

四、資料分析與鑑定

資料分析可分為外在鑑定與內在鑑定二種。外在鑑定就是考證資料的性質，以確定資料的真偽或完整性。而在內在鑑定方面，就是考驗資料的內容，以確定資料內容的可靠性和意義。

五、資料整合與解釋

歷史資料經過內外在評鑑後，確定為真實而可靠的，則成為歷史研究的證據或史料，這些證據本身的意義是相當有限的，必須加以合理地組織和解釋，才能對研究問題提供有意義的答案。

因果關係的推論在歷史研究中是很重要的，雖然研究者無法證明過去某一事件是引起另一事件的關連性，但卻可以清楚地假定歷史事件發生順序的因果關係。在推論因果關係時，研究者常強調各種不同的相關因素，如：某重要人物的行動、意識型態、外在環境的演進、地理、經濟和心理的因素等。研究者知道歷史事件的潛在因素愈多，愈有可能發現其因果關係。

根據歷史的證據建立普遍原則，為了能建立普遍原則，歷史研究者必須增加資料樣本數量，盡可能找尋初級資料與次級資料，愈多愈好；如歷史證據有限，則研究者應限制其普遍原則的解釋範圍。

六、研究發現

根據研究問題蒐集相關資料，加以分析鑑定、整合與解釋，得到以往歷史記載所沒有的結果，或對於某一事實有突破性的因果推論，就是研究者的研究發現，也是研究的價值所在。

七、撰寫研究報告

撰寫研究報告是整個研究工作的最後一個步驟，撰寫研究報告的形式，一般而言包括下列幾項：

1. 緒論：說明研究動機與範圍。

2. 文獻探討：探討其他研究者，對於同一問題的解釋與研究結果，並基於此而提出假設或待答問題。

3. 研究方法與研究設計：敘述本研究所採用的方法，如：歷史資料蒐集方法，歷史資料的種類和鑑定的方法。

4. 資料的分析與解釋：這是研究報告的主體部分，敘述必須條理分明、有組織，使讀者易於掌握重點。歷史研究的型態可分為橫斷面研究與貫時性研究。橫斷面研究只能了解某個時期的發展，而貫時性研究則有助於了解發展趨勢。

5. 研究發現與結論：將前面所述及的部分，簡明扼要地敘述，並進一步提出一些有關的問題，以啟示他人和後續研究者的深思與研究。

在此，筆者將歷史研究法的執行步驟分為三個部分：研究設計、歷史分析、撰寫報告。研究設計包含選擇研究題目與界定研究問題，歷史分析包含資料蒐集、分析與鑑定、整合與解釋。撰寫報告包含研究發現與撰寫研究報告。茲將以上內容整理成為歷史研究法研究步驟的流程圖（圖3-1）：

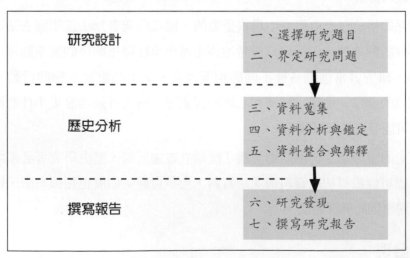

圖 3-1　歷史研究法研究步驟的流程圖

不同的研究主題也會影響實施的步驟，筆者將各相關研究者對於歷史研究法的實施步驟加以整理，並表列出來（表3-3）。

表3-3　相關學者對於歷史研究法實施步驟之整理

學者	年代	出處	歷史的定義
趙雅博	1969	哲學新論	1. 事實的研究。 2. 歷史的批判。 3. 綜合觀察。 4. 研究報告的編撰。
呂廷和	1978	教育研究法	1. 史料的蒐集。 2. 材料的評鑑。 3. 綜合觀察。 4. 研究報告的編撰。
郭生玉	1981	心理與教育研究法	1. 選定問題。 2. 蒐集史料。 3. 鑑定史料。 4. 建立假設。 5. 解釋和報告研究的發現。
正中書局編審委員會	1984	教育研究法	1. 史料的蒐集。 2. 史料的鑑定。 3. 史蹟的論次。 4. 史論的編製。
賈馥茗、楊深坑	1988	教育研究法的探討與應用	1. 形成研究問題，確定研究題目。 2. 蒐集史料。 3. 考證史料。 4. 整理史料。 5. 理解與解釋史料。
蔡保田等	1989	教育研究法	1. 選定研究題目。 2. 擬定研究大網。 3. 蒐集史料。 4. 鑑定史料。 5. 解釋、分析與綜合資料。 6. 撰寫研究報告。
中國教育學會	1995	教育研究方法論	1. 問題擬訂。 2. 資料蒐集：主要資料和次要資料、記錄與遺物。 3. 資料鑑定：外部考證、內部考證。 4. 報告撰寫。

學者	年代	出處	歷史的定義
周甘逢	1995	歷史研研法	1.問題的假設。 2.問題界定。 3.資料的蒐集。 4.資料分析：外在與內在鑑定。 5.資料整合與解釋。 6.撰寫報告。
謝寶媛	1999	歷史研究法及其在圖書資訊學之應用	第一階段：研究設計（建構研究問題，選擇研究程序）。 第二階段：歷史分析（調查：釐清一般事實與歷史事實；綜合：解釋與詮釋歷史原因）。 第三階段：撰寫報告（緒論、文獻探討、研究方法、資料分析與解釋、研究發現與結論）。
王文科	2001	教育研究法	1.界定研究問題。 2.蒐集與評鑑資料：外在鑑定、內在鑑定。 3.綜合資料。 4.分析、解釋以及形成結論。
張紹勳	2001	研究方法	1.由核心問題開始。 2.詳述領域。 3.蒐集證據。 4.評論證據。 5.確認模型。 6.說明內容。 7.撰寫腳本。

陸、歷史研究法在設計領域的應用

1. 建構設計相關領域的歷史發展歷程：每一個領域皆有其發展背景與歷程，設計相關領域可利用歷史研究法整理舊有的資料。這些資源讓後續研究者能夠以較短的時間了解這個設計領域的發展與影響，進而快速的深入研究主題，繼續研究發展。

2. 即時建立設計相關資源：有些設計資源如果沒有即時建立，可能會永遠消失。如：臺灣一位製作招牌五十幾年的老師傅，至今年歲已高，必須要在他有生之年，蒐集其口述及相關資料，保存其手稿，以留下珍貴的設計資源，供後代參考。

3. 釐清設計相關領域因果關係：經由建構的歷史資源與發展歷程，可以探尋其概念的發展過程和設計思路，從中發現其具有前後因果的關係。

4. 作為推測設計相關領域未來的依據：掌握了設計的因果關係以及發展的規律，以便做為了解現在和預測將來的基礎，提供未來設計可能的願景。

柒、歷史研究法的優點

1. 歷史研究法以客觀的方法蒐集事實，不加論斷，符合科學的精神。
2. 歷史研究法對於時間的運用，有較大的自由；對於資料的取捨，有較多的選擇。
3. 正反面的史料或史實，必然產生衝突或排斥作用，利用這類衝突和排斥，作重新的調整和安排，可以了解更深遠的意義。
4. 歷史研究法之普及，可以累積知識，促進學域發展。
5. 歷史研究法所得的推論，可以作變革的引導，進行更精細的研究。藉由綜合幾十幾百年的歷史事實，而可尋出變革的大勢。
6. 歷史研究法可以提供成敗得失的教訓，可以說明現狀的淵源，可以陳述共同的過去，暗示共同的未來，更可以擴大我們的眼野與願景。
7. 歷史研究法在某些限度以內，可以幫助我們了解過去、重建過去、解釋現在及推測將來。

捌、歷史研究法的缺點

1. 歷史研究法的絕對限制：(1) 觀察範圍之限制；(2) 觀察人之限制；(3) 觀察地位之限制；(4) 觀察時之情形限制；(5) 知覺能力之限制；(6) 記憶之限制；(7) 記憶工具之限制；(8) 觀察者之道德限制；　證據數量之限制；　傳訛；　亡佚等。
2. 歷史研究的相對限制：(1) 因絕對限制而生之謬誤，且未經發覺者；(2) 偽書及偽器之未經發現者；(3) 史料無誤但因史家判斷之不精密而導致錯誤而未經發覺者；(4) 事實之解釋，後世所證明為謬者，先時或曾認為真理。
3. 歷史研究法只是一種間接的，而非直接的觀察，研究者無法親自觀察過去所發生的事件。
4. 歷史研究者無法直接控制變項和操縱重要的變項，往往以個人的觀點選擇史料和解釋史料。
5. 研究者永遠無法得到完全的資料，因此可信度很難斷定。
6. 歷史研究者無法研究全部的人物、情境、事件或物體，而只能研究小樣本的歷史現象，如：過去部分的文件和遺物，這些資料可能不足以代表全體，或沒有代表性，所以建立普遍原則，勢必有困難。

玖、「歷史研究法」與「個案研究法」之比較

1. 「歷史研究法」是建立在「個案研究法」的基礎上。
2. 「歷史研究法」是指有系統地蒐集及客觀地評鑑與過去發生之事件有關的資料，以考驗那些事件的因、果或趨勢，並提出準確的描述與解釋，進而有助於解釋現況以及預測未來的一種歷程。
3. 「歷史研究法」提供在其他方法論（實驗法、調查法等）所沒有辦法提供現象的觀點，歷史研究法反應了文化的環境和觀念學的假說，加上長期經濟、社會及政治力的深入觀察與了解，創造它們成為現象的基礎以及主要決策者所扮演的角色。
4. 「歷史研究法」是長期而綜合性的，「個案研究法」則是針對某一事件做探討。

拾、應用實例

> **範例一：日據時期美術設計中之臺灣原住民圖像。**
> 姚村雄（1997）。臺中市：商業設計學報，第二期，PP.11-20。

一、研究動機

　　日據時期由於日人統治者基於政治上的需要，仍對臺灣原住民地區實施各階段的「理蕃政策」，並經由日本人類學者之調查、記錄與研究，使長久以來以「蕃人」稱之的臺灣原住民面貌，有較清楚及正面的呈現。透過日本文化之引進，同時也輸入現在美術設計的觀念，具有「地域色彩」之原住民題材，則成為設計表現時常出現的圖像。筆者擬透過這些主題的分析與「原住民圖像」的運用，更可了解日人眼中之臺灣原住民的定位，以及如何透過設計以傳達臺灣原住民之意象。

二、研究目的

　　本研究目的為了解當時日人如何運用原住民圖像，以及如何透過原住民圖像反映出其殖民統治臺灣之心態與心中之原住民意象。進而了解當時美術設計發展及設計風格之流行，藉以建立設計的歷史資源，做為我們今日設計參考。

三、研究方法

　　本研究以日據時期臺灣美術設計中的原住民圖像為探討對象，以歷史研究法，利用文獻資料的整理分析，並針對美術設計中之原住民主題加以分析與歸納。

四、研究結果

本研究結果發現：(1) 在殖民統治環境下，臺灣原住民圖像常被統治當局作爲具有政治宣傳之工具，使用於各種對外宣傳媒體之設計當中；(2) 由於在「地域色彩」美術思潮的影響下，日據時期的美術家紛紛以表現臺灣本土色彩的創作爲主流。而臺灣原住民這種異於一般漢人之特殊族群，其生活型態、生活習俗、日常器物、藝術文化以及周遭的生活環境等，皆是臺灣最具特殊色彩，並成爲吸引當時日人藝術家之焦點，爲繪畫表現喜愛之題材。這種美術觀念，並且在無形中影響了美術設計，使原住民圖像成爲當時最具臺灣特色的設計元素；(3) 日據時期臺灣美術設計中常用的原住民圖像，包括有原住民之人物圖像、生活形態、生活器物、裝飾紋樣，以及特有之動、植物等各類常用的主題。透過這些設計主題分析研究，可以了解臺灣原住民之圖像特徵，並了解原住民在當時殖民環境中之角色、地位，以及日人殖民統治原住民之心態。

五、研究方法評論

本研究之題材非常適合使用歷史研究法，唯論文中並沒有介紹如何進行歷史研究法的步驟與執行過程。

55

範例二：臺灣圖文傳播科技發展歷程之研究。

黃麗娟（2001）。臺北市：國立臺灣師範大學圖文傳播學系，碩士論文（未出版）。

一、研究動機

迄今爲止，有關臺灣圖文傳播科技發展相關研究仍十分缺乏，多爲片段性的研究，而且至今尚未有相關學術研究論文對圖文傳播發展歷程進行探討。臺灣圖文傳播技術發展從手工雕版開始，歷經機械印刷、照相製版、電子分色、自動化生產到目前網路化、數位化生產流程，發展過程中受社會文化、政治、經濟、科技技術發展因素影響甚鉅；另外，圖文傳播產業面對新媒體的加入、全球化的趨勢等問題之因應，以及未來發展趨勢、發展方向等因素，都是值得深入探究的問題。

二、研究目的

本研究目的爲：(1) 了解臺灣圖文傳播科技發展歷程；(2) 了解外在環境對臺灣圖文傳播科技發展之影響；(3) 了解臺灣圖文傳播科技產業目前發展困境；(4) 了解臺灣圖文傳播科技未來發展機會及趨勢；(5) 了解臺灣圖文傳播科技未來發展方向。

三、研究方法

本研究以歷史研究法爲主，以事件發生時間的先後順序來探討圖文傳播科技發展過程，透過蒐集相關研究、政府出版品、主計處統計資料、產業調查報告等次級資料與訪問調查方式蒐集資料。以文獻探討與專家深度訪談爲輔，進行圖文傳播科學技術與產業發展的文獻探討。而專家深度訪談是針對圖文傳播產業發展現況及未來發展的議題，進行專家訪談，蒐集目前產業界及學界專家學者的意見，以了解產業未來發展趨勢、方向及機會。

四、研究結果

本研究結果發現：(1) 臺灣圖文傳播科技發展歷程，在光復前之印製流程以手工或手搖機械爲主；光復後自動化機械逐漸取代人力，朝更經濟、快速、高品質的目標發展；(2) 目前臺灣圖文傳播科技發展，因爲受到產業發展所遭遇到的困境如：市場太小、市場萎縮；設備過剩、同業惡性競爭；政府政策未重視；人才培育問題等，間接影響圖文傳播科技的應用與發展；(3) 臺灣圖文傳播科技發展趨勢受到產業經營趨勢、技術發展趨勢、產品市場趨勢等的影響；(4) 未來臺灣圖文傳播產業發展契機應在於外銷市場上的突破；(5) 臺灣圖文傳播科技發展，視奠定產學發展的需要，專業人才的培養、管理者新思維、政府政策的制定等因素所影響。

五、研究方法評論

本研究除了使用歷史研究法外，輔以文獻探討與專家深度訪談，恰當地補歷史研究法之不及，是其優點。

範例三：陳玉峰廟宇彩繪藝術之研究。

陳如楓（2003）。屏東師範學院視覺藝術教育學系，碩士論文（未出版）。

一、研究動機

在臺灣，廟宇是人民生活中心靈寄託的場所，其所裝飾之彩繪圖像在建築中具有分出空間主從、營造莊嚴氣氛、教化普羅大眾、祈求吉祥討喜、凝聚目光焦點之涵意，傳達出中國人的價值觀與對圖像的審美。目前彩繪作品逐漸消失、畫師凋零面臨傳承及保存上的問題，因此彩繪的研究記錄工作刻不容緩。另一方面當務之急是對於現今老一輩的彩繪工作者的研究記錄較缺乏，因此對於本土彩繪畫師保存良好的作品，應儘速透過第一手訪談、圖像採樣、紀錄等方式，全面建立傳統彩繪匠師的研究資料。

二、研究目的

本研究目的為：(1) 探究廟宇傳統彩繪匠師陳玉峰之生長背景與學藝過程，為其彩繪作品做一詳實的記錄；(2) 分析廟宇傳統彩繪匠師陳玉峰現存廟宇彩繪作品之內涵、表現形式、施作技法與藝術價值；(3) 提出對廟宇彩繪之推廣與後續研究之建議。

三、研究方法

本研究以歷史研究法探究臺灣傳統廟宇彩繪發展演變的關係及臺南府城當時彩繪背景與匠師流派；同時根據陳玉峰所遺留下來的手稿、畫稿和後代子孫及學生回憶敘述等歷史資料，解釋、分析、鑑賞、評價陳玉峰作品。接著採用田野調查法現場觀測、實地拍照、紀錄結果，將陳玉峰現存廟宇彩繪作品的保存現況、年代、題材、數量等相關資料，做詳實的記錄與分析，把最真實的一面做有系統的整理。最後以訪談法，藉由訪談陳玉峰所傳學生，對其彩繪作品做更深入的了解，另一方面能驗證田野調查的結果及研究發現，並補足文獻資料中的遺漏之處，釐清相關問題，更能將陳玉峰所生長的時代背景、流派傳承及創作理念做詳盡的整理，以作為研究分析之依據。

四、研究結果

本研究結果發現

1. 形式分析
   (1) 版面：①於門神彩繪的版面上，以滿版構成；②壁堵彩繪較多留白空間，以營造出整幅畫作的空間感；版面構成也儘量避免左右對稱、大小均分的形式，以免太過呆板。
   (2) 構圖：①善於運用人物安排形式，凝聚目光焦點；②善於以人物比例大小區分地位尊卑；③善於運用人物動向，烘托畫面氣氛及畫面張力；④善於運用人物以及景物位階的高低，營造空間感；⑤善於以整體布局的形式與比例，達到均衡的美感；⑥善於運用布局方式擷取引申之涵義。

2. 技法突破
   (1) 大膽使用間色，除了以六大基本色系突顯建築特色為原則，並在其中加入了間色的使用，突破了一般認知並達到創新的藝術理念。
   (2) 提昇色相彩度，調整上色順序，提昇門神主體的色相彩度，為廟宇門神彩繪開創了新的格局。

(3) 在泥牆灰壁堵上嘗試運用泥塑浮雕加彩繪的新技法，使傳統壁畫突破二度空間的平面感，而有呼之欲出的立體視覺效果。

3. 美學鑑賞

(1) 形式美學：用「誇張前景法」、「明暗襯托法」的後退性的構圖方式，將前後距離拉大，造成「後退」的感官效果。在線條上表現出「繪畫性」的線條風格。在布局上以對角線構圖方式，呈現出「開放性」的整體效果。

(2) 中國美學：在陳玉峰眾多的人物畫作中，其神態與眼神皆傳達了顧愷之「傳神論」的精神，尤其以門神畫作中武門神的神態最為傳神，與謝赫「六法」中的「氣韻生動」不謀而合。

(3) 工藝美學：其彩繪藝術符合工藝美學之特質，價值在於隱藏在作品之後的深層意義。

4. 歷史定位

(1) 時代意義：陳玉峰為傳統藝術的薪傳者，所遺留作品反映過去臺灣民間文化特色，為臺灣彩繪歷史上第一代本土彩繪藝師。

(2) 個人成就：①符合文化傳承之價值；②其彩繪藝術具有內在價值；③具有草創畫稿之能力；④作品已達到精湛技術之層級；⑤引領廟宇彩繪之意念；⑥突破傳統彩繪之窠臼。

五、研究方法評論

本研究除了使用歷史研究法外，輔以田野調查與訪談法，恰當地補歷史研究法之不及，是其優點。

參考文獻

1. 王文科（2003）。**教育研究法（七版）**。臺北：五南。
2. 王爾敏（1977）。**史學方法（初版）**。臺北：東華。
3. 中國教育學會（1995）。**教育研究方法論（三刷）**。臺北：師大書苑。
4. 正中書局編審委員會（1984）。**教育研究法（初版六刷）**。臺北：正中書局。
5. 朱智賢（1957）。**教育研究法（初版）**。臺北：正中。
6. 呂廷和（1978）。**教育研究法（四版）**。臺北：臺灣書局。
7. 呂思勉（1974）。**歷史研究法（初版）**。臺北：五南。
8. 杜維運（1980）。**史學方法論（三版）**。臺北：杜維運。
9. 周甘逢（1995）。**歷史研究法**。教育研究第四期，PP.87-91。
10. 洪秀峰（2001）。**網域名稱與商標紛爭解決之研究**。中國文化大學法律學研究所，碩士論文。
11. 姚村雄（1997）。**日據時期美術設計中之臺灣原住民圖像**。臺中市：商業設計學報，第二期，PP.11-20。
12. 張紹勳（2001）。**研究方法（修訂版）**。臺中：滄海。
13. 張雅惠（2000）。**古俄羅斯教堂建築的象徵意義之研究**。淡江大學俄羅斯研究所，碩士論文。
14. 賈馥茗、楊深坑（1988）。**教育研究法的探討與應用（初版）**。臺北：師大書苑。
15. 郭生玉（1981）。**心理與教育研究法（初版）**。臺北：大世紀書局。
16. 蔡保田等（1989）。**教育研究法（初版）**。臺北：復文圖書。
17. 梁啓超（1956）。**中國歷史研究法（一版）**。臺北：中華。
18. 黃麗娟（2001）。**臺灣圖文傳播科技發展歷程之研究**。國立臺灣師範大學圖文傳播學系，碩士論文。
19. 曹炯鎮（1985）：**中韓二國古活字印刷技術之比較研究**。國立臺灣大學圖書資訊研究所，碩士論文。
20. 楊鴻烈（1975）。**歷史研究法**。臺北：華世。
21. 趙雅博（1969）。**哲學新論（初版）**。臺北：啓業。
22. 劉怡君（2001）。**艾米爾・賈列之玻璃藝術研究**。屏東師範學院視覺藝術教育研究所，碩士論文。

23. 陳如楓（2003）。**陳玉峰廟宇彩繪藝術之研究**。屏東師範學院視覺藝術教育學系，碩士論文（未出版）。

24. 謝寶媛（1999）。**歷史研究法及其在圖書資訊學之應用**。中國圖書館學會會報第62期，PP.37-44。

25. Gilbert J. Garraghan（1957）. **A Guide to History Method**. New York：Fordham University Press.

26. L. R. Gay（1996）. **Educational Research：Competencies for Analysis and Application.** NJ： Merrill.

27. Robert Jones Shafer ed.（1980）. **A Guide to historical Method, 3rd ed**. Homewood, III： The Dorsey Press.

28. William Wiersma（1986）. **Research Method in Education： An Introduction**. Boston： Allyn and Bacon.

第四章 內容分析法

盧麗淑

　　「內容分析法（content analysis）」是針對社會製成品做解析的一種研究取向（游美惠，2000）。根據此說法延伸至我們的日常生活當中，舉目所見皆是設計活動為了滿足人類的需求與舒適的生活，而針對使用者、使用目的，以及使用場所的不同，將造形、色彩、材質等要素做一計畫性的組織與表現，致使在我們的生活周遭，「從名片到店頭招牌」或「從迴紋針到臺北101大樓」等，隨處可見因「設計」而產生的「社會製成品」。另外有學者提出「內容分析法」是社會科學領域重要的研究方法之一，而「設計研究」是人文與社會科學領域中新興的一個研究領域，因此可將「內容分析法」應用於設計研究中的各種面向，以得知被研究物的環境脈絡與其所包含的意義。

壹、前言

追溯「內容分析法」的起源，早自十八世紀中葉即有此研究技術，大戰期間主要是由社會科學家開始發展，目的在於了解大眾傳播媒體的準確度（Krippendorf. K.，1980），直至二十世紀開始便陸續發展於大眾傳播、社會學、新聞學等研究領域中，並先後被運用於語言傳播與非語言傳播之相關研究中，因此可以說它是社會科學領域重要的研究方法之一。此研究方法主要是針對文件內容做出有效推論的一組程序，這些推論的消息是關乎於訊息的接收者和傳送者，或者訊息的內容本身；而推論的方法，則隨著研究者本身對理論或實質研究的偏好而有所不同（Robert P. Weber，1989）。現今對於內容分析法的應用，大都適用於任何形式的傳播媒介或是一種人為形塑完成的社會製成品，範圍廣泛，例如：書籍內容、報章雜誌的論述、詩詞寫作、歌曲含意、繪畫表達、演講內容、信件內容、新聞報導、學術期刊論文，以及法律條文與相關制度等。因此，我們均可藉由這些人為形塑完成的製成品，進行成品內容解析，並推導出被研究物的環境背景與其所包含之意義。

貳、內容分析法之定義、特性與演進

內容分析法是針對社會製成品做解析，換言之，是對過去已存在的事或物進行探究與了解，所以又可稱之為「文獻分析」或「資訊分析法」，是研究者不介入事物中的一種研究，在許多的研究領域中，常常必須透過文獻分析以獲得資料，所以內容分析具有其價值性。內容分析法的定義，因不同學者所持之角度不同，而產生不同的看法。有關此方法的定義、特性及其演進與發展過程等內容，在此整理各專家學者之說明，如下所述：

一、定義

1. Krippendorf. K.（1980）：內容分析法是一種藉由資料推論其脈絡，既可重複操作又有效的研究技術，其認為內容分析的目標，便在於可重複操作又具效度的方式，分析各文本群中的指涉活動。就如同研究視覺影像一樣，主要是試圖了解文本的象徵性質，亦即文本的組成要素，是指涉一個更寬廣的文化脈絡（Gillian Rose，2006，視覺研究導論——影像的思考）。

2. Brent & Anderson（1990）：內容分析就是文件的內容與字面意義，系統而客觀地進行定量的敘述性研究的一種方法，用來分析的文件包括了文學寫作、法律、會

議討論紀錄、報章雜誌論述、學術期刊論文、演講稿、遺囑、神話傳說、日記、信件、歌詞、定性研究之觀察筆記，以及問卷與訪問紀錄等（席汝楫，1997，社會與行為科學研究方法）。

3. Robert P. Weber（1989）：內容分析法能夠產生一種文化指標，並指明信仰、價值、意識型態，或其他文化系統之狀態（林義男譯，1989）。若根據政治公文或其他文件，則文化指標的研究可以測出單一的社會、機構、團體或其他社會組織，如何關心不同的事務。

4. 楊孝濚（1991）：所謂內容分析法是指具體的大眾傳播媒介的訊息，尤其是針對文字形式的報紙或雜誌內容所作的分析。亦即對一個明顯的傳播內容進行客觀、有系統與量化描述的研究方法。

5. 簡晟峰、陳秀涵（1999）：一般而言研究資料的蒐集有直接的與間接的二個途徑，直接的如：觀查（observation）、訪問（interview）、問卷（questionnaire）等；而間接的途徑則是從現成的資料著手，從現有的相關文件（document）及檔案（archives）中蒐集所需資料。內容分析法，即屬於間接途徑的一種研究方法。內容分析法亦可稱之為資訊分析（informational analysis）或文獻分析（documentary analysis），是一種具有量化色彩的研究方法。

6. 游美惠（2000）：內容分析、文本分析和論述分析，都是一種針對社會製成品做解析的一種研究取向，但是其功能與解析觀點不盡相同，在研究實務上的應用也有各自的長處與限制。

7. Cartwright（1953）：內容分析與編碼可以交換使用，指以客觀的、系統的，以及量的描述任何符號的行為（王文科，2003，教育研究方法）。

8. Berelson（1954）：內容分析是一種以客觀的、系統的，以及定量性的描述明顯的溝通內容的研究技術。所謂客觀性是指在研究過程中，每一個步驟的進行都必須基於釐定明確的規則和秩序；系統性使指內容或類目的採用和捨棄，必須符合始終一致的法則；定量性則是指分析內容可按規則對擬定之類目和分析單位加以計量，用數字比較符號文字出現的次數（王文科，2003，教育研究方法）。

9. 王文科（2003）：內容分析亦稱「資訊分析」或「文獻分析」，主要在解釋某特定時間的某現象之狀態，或在某段時間內該現象的發展情形。

10. 洪文瓊（1978）：社會科學家利用內容分析法間接觀察研究人類的行為。初期內容分析應用，大體限於語言文字所記載的內容，如：報紙、雜誌、文獻、文學作品等，後期發展則廣及非語言的傳播內容，如：音樂、藝術品、建築、時尚等，這些以非語言的符號來表徵的內容，不失為研究人類行為的良好線索。

11. 歐用生（1991）：透過量化的技巧以及質的分析，以客觀及系統的態度對文件內容進行研究與分析，藉以推論產生該項文件內容的環境背景及其意義的一種研究方法。早期內容分析主要是對大眾傳播媒體之明顯的傳播內容的分析，目的在於了解該傳播媒體在說些什麼，而目前內容分析更深入地探討「潛在的意義」，例如：教科書或設計書籍中所傳達之意識型態的分析。

綜合上述各專家學者的看法，內容分析法主要是針對已有的事物，透過質性的分析與量化技術，並以非介入的形式及客觀與系統性的態度來進行相關內容的研究與分析，以得知此事物之內容的環境脈絡與其所傳達之意義。因此在設計研究的領域中，我們將可藉由此方法來探究由設計所產生的相關社會製成品，其與所處的社會背景之間所產生的意義，例如：視覺影像、海報傳達、廣告設計、店頭招牌，以及建築物等內容的傳達與屬性分析等。

二、特性

內容分析是一種客觀性、系統性以及數量化敘述傳播內容的一種研究方法（Bernard Berelson, 1952），因此內容分析法具備了客觀化、系統化、數量化以及明顯化之研究特性（施美玲譯，1997，大眾傳播研究方法；吳紹群，2002，內容分析法與圖書館學研究）。相關特性敘述如下：

1. 客觀性（Objectivity）：客觀性是科學的基本要求，內容分析法的「客觀性」指的是對資料詮釋、編碼的時候，並不是完全憑研究者的解釋，而是先制定一致性、系統性的規則，如此才能確保在不同時間，由不同人員做出的結果可以是一致的。

2. 系統性（Systematic）：「系統性」，其主要目的企圖是使真相有浮現的機會，與「客觀性」是一體二面。研究步驟的設計均須要按照嚴謹的規則而來，有了系統性的編碼規則，如此才能確保研究的信度。

3. 數量化（Quantitative）：內容分析法的特色就是可把內文轉化成數字，亦即將質性資料轉變為數量化的形式。數量化應用的層次是依所用的測量與所問的問題而定，大部分是依賴次數、百分比以及卡方值，有些則使用母數檢定，像T檢定、迴歸以及因素分析等。

4. 顯明性（Manifestly）：研究傳播內容及其帶來的影響，可能藉由使用些符號或藉著字眼的寓意來暗指內容性。亦即傳播的過程中有隱藏的一面，當過濾與解釋資料後，有時可發現不只顯明的事物，也會發現隱藏的或先前不顯明的事物。

三、內容分析法的演進和發展

內容分析法的產生，實受到二方面的影響：一方面是由於其他學科研究方法的進步，另一方面則是某些實際應用的需要。以下簡述有關內容分析法的發展與演進過程（洪文瓊，1978），條列如下：

1. 初步發展：二十世紀的二〇年代是內容分析法的初步發展階段，發源地在美國哥倫比亞大學新聞學院，先是比較各報用於報導外交或體育等新聞的篇幅，後來進而比較不同傳播媒介所傳達之內容，甚至應用到文學批評方面，以分析不同作者，不同時期的文學作品。

2. 奠基時期：到了三〇年代，政治學者Harold D. Lasswell採用內容分析法於宣傳與民意的研究上；社會學家Sorokin用之於分析圖書、音樂、文學、哲學的作品，探討西方社會和文化的變遷；社會學家Paul F. Lasarsfeld用之於廣播的研究，此法亦用於內文可讀性之研究，此時期可說是內容分析法的奠基時期。

3. 成熟時期：第二次世界大戰期間美國政府由於事實上的需要，曾廣泛運用此法，針對國內外大眾傳播內容作不同目的的研究分析，由於此時期的研究熱潮，促使商業性的內容分析以及討論內容分析分法與技術的專著相繼出版，故在1940年代可以說是內容分析法的成熟時期。

4. 廣泛應用：到了1952年Bernard Berelson做了一批判性的調查研究，寫了一本「Content Analysis in Communication Research」（Glencoe III：Free Press, 1952），對內容分析作了一次集大成的評介，此後此研究方法廣泛地被運用在社會科學研究領域。

參、內容分析的「六W」與類別

一、內容分析的「六W」

根據拉斯威爾（Lasswell, 1952）與霍斯帝（Holsti, 1968）所提的六個因素之傳播模式——「誰用了什麼方法？把什麼訊息？傳給誰知道？且又為了什麼？」。即「誰（Who）」、「說什麼（What）」、「給誰（Whom）」、「如何（How）」、「有什麼影響（What Effect）」，以及「為什麼（Why）」此傳播六模式。而內容分析則主要是以傳播過程中的訊息內容為主要分析對象，針對傳播過程中的「六W」（歐用生，1991），以探究傳達者要將什麼訊息傳達給接收者，並探究為什麼要傳達此訊息，以及如何傳達與最後產生了什麼效應等（表4-1），以完整地解讀被研究之事物內容的環境背景與其所包含之意義為目的。

表4-1 內容分析在傳播過程中的「六W」（歐用生，1991）

項　目	定　義	說　明
誰（Who）	訊息來源	探討作者本身的能力、特徵或作者背後的意識型態與價值體系。
說什麼（What）	訊息內容	探討內容在不同時空的變化、作者本身的特徵與內容的關係；以及內容符合某些外在標準的程度。
說給誰（Whom）	訊息接收者	探討是否對不同的訊息接收者有不同的傳播意涵，例如：對男學生與女學生是否有不一致的傳播內容。
如何傳播（How）	訊息傳播技巧	內容分析的對象不限於文字，尚可包含非文字的部分，例如：圖片、錄影帶，可以利用非口語的表達來分析對象所眞正想傳達的意圖。
有什麼影響（What Effect）	訊息效果	探討訊息傳播後所產生的影響性。
爲什麼（Why）	訊息傳播理由	了解作者背後的動機。

二、內容分析的類別

內容分析的類別是與其研究目標相關，各種研究的類別在其研究範圍與概括層次上將有所區分（王文科，2003），相關概念如下所述：

1. 概念分析（conceptual analysis）：主要是爲了釐清某一種「概念」，可針對概念的精義或一般意義進行描述或確認概念的不同意義，或在各種例子中描述概念的適當用法。

2. 編纂（edition or compilation）：文獻的編撰與出版可依年代順序保留下來，對往後的研究將有所助益。

3. 描述性敘述（descriptive narration）：對某事件作一描述性之敘述，可依年代告知來龍去脈的故事。敘述的重點雖然是在於描述事件的細節，但事實上，它是故事的延續性與流程的綜合。

4. 詮釋性分析（interpretative analysis）：將某事件與該期間內其他事件的關連性相互結合的做法，該類分析包括同時發生的經濟的、社會的與政治的事件，亦即對該事件的研究不採孤立而是在較寬廣的脈絡中，進行分析。

5. 比較分析（comparative analysis）：把當時與其他期間相關事件的相似性與差異性作質性的比較分析，這種分析可以標示一致的趨勢、一系列獨特的情境，或開展新方向。

6. 普遍化的分析（universal analysis）：透過學理的或哲學的分析，提供普遍的詮釋。歷史的例證、過去趨勢的規則，以及事件的順序所提議的命題，皆可用來解釋教育相關事件的進程。

肆、內容分析法的研究架構與實施步驟

一、研究架構

內容分析法的進行可分為幾個階段進行。根據一般研究的程序必須是先釐清想要研究的問題，或確定好研究的主題，並隨著主題而發展研究設計，進而蒐集資料與分析資料，內容分析法的研究步驟亦需如此，本文在此將研究的流程與步驟敘述如下（圖4-1）（王文科，2003，教育研究方法）：

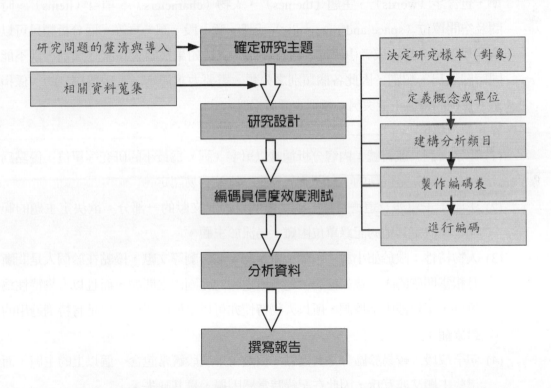

圖4-1　內容分析研究程序（本文整理）

二、實施步驟

㈠ 確定研究主題

　　此階段主要先確定研究主題與設定此研究目的，例如：研究廣告影片中的人、事、物構成，或廣告文案中的意識型態。

㈡ 蒐集資料的方法

1. 研究對象的抽樣：抽樣的對象可以是個人，也可以是具體實物，例如：調查設計科系學生的背景或是海報、廣告影片等。首先要形成一個抽樣的架構，再依抽樣程序遴選出研究之樣本。

2. 研究單位（units）與類目（categories）的訂定：即界定類別。研究的分析單位與類目必須明確定義操作型定義，以設計教科書為例，分析單位是一種選擇的標準，包含字（words）、主題（themes）、人物（characters）、項目（items）、時間及空間單位（space and time units）或課、章、段、詞、頁等。而分析類目可以依照學理來分類，或者由研究者自行發展。資料如果被歸入在某一類別，就不能同時歸入另一類別，因此各個類別之分類，需要力求周延、互斥與獨立的（係指某一類別的價值不能與另一類別的價值相似）。

3. 界定記錄單位

   (1) 單字（詞）或符號：內容分析通常以單字（詞）為最小的研究等單位，優點為單字（詞）是間斷的，有明確的界定，比較容易認定。

   (2) 主題：主題涉及道德目標，或文獻的目的或文獻的一部分。欲決定主題的範圍，比決定其他的記錄單位困難，易流於主觀。

   (3) 人物特性：限於如小說、戲劇、電視劇、電影劇等文獻，優點在於個人是間斷且相當明確的，不致如編譯主題時遭遇到的範圍內之問題，而且以人物特性為單位，不致被數字控制，所以人物特性亦可以是好的單位，只是有特別適用的對象罷了。

   (4) 句子或段：較易於區分是其優點，但是句子或段經常包含一個以上的主題，而這些主題又非互斥，因此在記錄時常感困擾，是其缺失。

   (5) 項目：當許多文獻待，比較時句子或段仍屬小單位，此時以項目作為分析的單位。

4. 脈絡單位：就任何的記錄單位來說，如不考慮該單位所在的脈絡，可能難以或不可能確定其所屬的類別。因而研究者常選擇脈絡單位，脈絡單位是包含記錄單位在內的較大單位。

5. 計數系統：研究者決定類別、記錄單位，以及脈絡單位後，需進一步決定量化資料的方法。

  (1) 簡單的二元編碼：主要是標示某類別是否在文獻中呈現。此種簡單記錄某一類別是否存在，是屬於質的資料分析而非量的資料分析。

  (2) 類別在文獻中出現的次數：了解某類別呈現的準確次數比僅知該類別是否出現來得有價值。

  (3) 某類別在文獻中占有的空間或篇幅：可表示該類別的重要性。篇幅數量常依據某類別在報紙中呈現的空間，或在大眾傳播媒體（如：廣播或電視節目）中呈現的時間，已決定其輕重。

  (4) 陳述句子的強度。

(三) 決定分析對象

一般以隨機抽樣的方式選取較佳，但一般在進行抽樣時應注意母群體的完整性，例如：抽樣的對象是教科書則應包含教學指引。

1. 避免產生系統性的誤差。
2. 若母群體不多，則可考慮採用普查。

(四) 決定分析程序

最常用方法為使用絕對次數及相對次數，前者是指在資料中發現特定事件的數目，後者是指特定事件對全部事件的比例。例如：平均數、中數和標準差等描述統計，也可用來比較不同事件的發生情形。其次是區辨分析和類群分析，由於相關、簡單的交叉列表或卡方分析等技術適合分析類別的資料，因此在內容分析中常予以運用。

(五) 信度與效度的檢定

進行內容分析時，可以用信度與效度進行檢定，常用的信度指標有：工具信度、分析者信度；在效度指標方面有：表面效度、效標效度（王文科，2003）。

1. 信度指標
  (1) 把主題內容在不同時間內的二個或更多不同的相似文獻，作比較以查核其信度，謂之工具信度。
  (2) 把二個以上研究者在相同主題內容上的分析結果作比較，以查核其信度，謂之分析者信度。

2. 效度定義

(1) 表面效度：比其他的資料更具有表面效度。

(2) 效標效度：宜建立校標效度做補充。

3. 提昇信度之做法：將時間內的二點或更多點相似文獻間互相比較，以查核其信度，謂之工具信度。二個或二個以上研究者在相同時間點上的研究結果做比較，以查核其信度，謂之分析者信度。

4. 信度的考驗方式與流程（即該研究之評分者信度如何）

(1) 先求相互同意值Pi　$Pi = \dfrac{2M}{N1+N2}$　M：分析者之間有一致性的過錄決策

N1+N2=二者之間過錄決策的加總數

(2) 再求平均相互同意值P　$P = \dfrac{\sum\limits_{n=1}^{n} Pi}{N}$　N：相互比較次數

n：分析者人數

(3) 求信度R　$R = \dfrac{nP}{1+(n-1)P}$

5. 提昇效度之做法

(1) 使用第一手資料以提昇效度。

(2) 與其他類似資料對照以取得效標關聯效度。

(3) 文獻內容亦應具有建構效度。

伍、內容分析法之優缺點

一、內容分析法之優點

1. 研究對象如已無法接觸時（例如：作者死亡），內容分析是最適合之方法。

2. 特別適合於從事長期間的縱貫研究或趨勢研究，例如：探討有哪些報紙的報導之意識型態比較強烈。

3. 內容分析的記錄資料是直接且自然發生的，例如：日記，比較沒有經過人為的引申或修改。

4. 資料極為多元，可以包含正式文件、私人文件、統計、錄音帶、雜誌、報紙等，資訊豐富有利於研究進行。

5. 大規模或大樣本的調查，成本較低且較節省時間。

6. 多數的文獻多集中於固定場所（例如：圖書館），所以比較容易進行分析。

7. 許多文獻是由學有專精之士撰寫，比較可靠，品質也較郵寄問卷的品質為佳。

8. 內容分析的文獻大多早已完成，因此不致於會對既有的主題或內容有所影響。

根據上述，內容分析之優點大致可整理歸納六大點：亦即可接近原本難以接近的對象、可進行長期性的研究分析、可以抽選大樣本、成本低又較省時、所需的文獻內容大都早已完成、是非介入性的探究研究對象等。因此，可藉由此法進行探究設計領域的過去歷史與演變發展，或深入了解過去設計人物的背景與環境脈絡。

二、內容分析法之缺點

1. 個人的偏見：研究者基於某種研究目的，難免會有誇張與隨意編織，甚至夾雜個人的偏見，僅擷取作者認為好的事件，而將不被認定好的事件隱藏。
2. 資料不夠完整：可能會因時間而隨之遺失的部分，再也無法追究。
3. 寫作時的隱私成分：文獻的寫作可能含有隱私成分，使文獻的內容不完整。
4. 未記錄或已遭破壞：有些個案並未紀錄，或有紀錄而遭到破壞。
5. 可能產生抽樣偏差：例如：能夠在報紙上寫作專欄者，可能是專家以及文筆流暢之人，所陳述的觀點也可能僅偏重部分教育程度較高者之看法。
6. 欠缺非文字記錄：多數文獻為文字記錄，欠缺非文字記錄的輔助。
7. 文獻無一定的寫作格式：很難進行文獻與文獻間之比較分析。
8. 編碼的困難：文獻的內容或材料的差異，不容易被標準化。
9. 類目的分類可能斷章取義：易導致脫離了文字的脈絡。

　　根據上述，內容分析之缺點大致可歸納為：易因誤導而產生偏誤、資料上可能出現不完整、抽樣的誤差、文獻格式不一致、語言受限，以及編碼的困難等。因此，在引用此方法上因針對此缺點而謹慎處理相關之問題。

陸、內容分析法之應用範圍

　　內容分析法的應用範圍廣泛（表4-2），包括：廣告學、教育、傳播、公共關係、圖書館學、新聞學、護理研究等，在社會科學研究中幾乎已是一種可以無限應用的方法（洪文瓊，1978），內容分析法一方面亦可作為許多研究的基本方法，諸如：描述科學、享樂、政治、和人際關係的未來趨勢；揭示宣傳的主題；顯露不同的傳播媒介如何處理相同的資料；或可推論各國國民的態度、價值和文化模式等，一方面也可作為其他較直接的研究方法之補充，例如：研究「職業婦女的態度」，我們可以直接用問卷、訪問或實地參與觀察等進行研究，也可以對涉及此主題之雜誌、電視節目、報紙、電影或自傳等進行內容分析以為補充。另外在設計相關研究中的應用情形，大致上是以設計學與廣告學領域較為常見，例如：林慶利（2003），發表於「2003文化創意

產業研討會」之論文——「不同行業屬性商店招牌之色彩內容分析——以雲林縣斗六市太平路歷史街區再造計畫更新之招牌爲例」，以及余淑吟（2002），發表於廣告學研究期刊之論文——「動物圖像在平面廣告之內容分析」。就現今而言，此研究方法已慢慢由傳播領域延伸至設計相關領域中，因此在設計研究中，尙有很多有趣的議題與面向，均可以內容分析方法來探討某一設計議題與背景意義的進一步關係。

表4-2　應用範圍舉例說明

領　域	作　者	年　代	論　文　名　稱
設計學	莊元薰	2000	產品設計造形美感表現策略研究——以金屬家具設計爲應用實例
	張依眞	2002	片頭動畫首頁構成要素內容分析之研究
	葉青修	2002	臺中市社區規劃師制度施行經驗之研究
	林慶利 陳婉瑜	2003	不同行業屬性商店招牌之視覺資訊內容分析——以雲林縣斗六市太平路歷史街區再造計畫爲例
	林慶利	2003	不同行業屬性商店招牌之色彩內容分析——以雲林縣斗六市太平路歷史街區再造計畫更新之招牌爲例
	王啓榮	2003	取鏡角度與情緒表達關聯性之研究
	蘇昭銘	2005	臺灣文化創意產業網站內容分析
	張婉珣	2005	女性時尙雜誌版式系統之研究
設計管理學	賴昌彥	2000	科技政策網站內容分析之研究
	劉瑞先	2003	企業體內商業設計組織之管理研究
	呂韻秋	2005	拍賣網站顧客關係管理之互動策略研究
	王君玲	2005	動畫電影之價值認知結構研究
廣告學	陳招束	2000	臺灣廣告使用外國符碼之初探研究
	余淑吟	2001	廣告人物的表現互動——推薦人廣告爲例
		2001	臺灣廣告代理商之形象廣告內容分析
		2002	動物圖像在平面廣告之內容分析
	黃于玲	2001	新聞網站網路廣告訊息之內容分析研究
	謝慧燕	2001	電子郵件廣告訊息之內容分析研究
	陳文玲	2002	臺灣廣告學術研究面貌之初探
	李培蘭	2002	幽默廣告機制與形式分類之初探——以1997～2001年時報廣告獎平面類作品爲例
	施冰冰	2002	臺灣報紙競選廣告「推薦人」之研究（1989～2002）

領　域	作　者	年　代	論　文　名　稱
廣告學	謝翠荷	2003	外商廣告公司在越南市場（1992～2002）
	吳祉芸	2003	二岸品牌個性之跨文化比較——以報紙廣告爲例
	趙子欽	2003	廣告表現策略之跨文化研究——臺灣與日本得獎廣告之比較
廣告學	李培蘭	2003	幽默廣告機制與形式分類之初探——以1997～2001年時報廣告獎平面類作品爲例
	鄭佩芬	2006	國際觀光旅館雜誌廣告內容分析之研究
傳播學	車慶餘	1998	電視新聞暴力內容對臺北市國小學生影響效果之探討
	謝妙玲	2003	2002年臺北市長選舉候選人報紙競選廣告之研究——中國時報、自由時報、聯合報的內容分析
行銷學	江嘉瑜	2002	臺灣花卉電子商務網站內容之分析
新聞學	羅文輝 吳筱玫	1999	臺灣報紙頭版設計的趨勢分析（1952～1996）
	蕭　蘋 蘇振昇	2001	揭開風花雪月的迷霧：解讀臺灣流行音樂中的愛情世界（蘇振昇，1989～1998）
	黃睿迪	2001	2000年臺灣總統大選報紙負面競選廣告內容分析
	林憲志	2003	暴力漫畫內容分析之研究——以古惑仔漫畫《人在江湖》爲例
	陳弈宏	2004	臺灣報紙競選廣告政治符號分析（1989～2002）
	曾淑芬	2006	民進黨2000與2004總統大選競選廣告策略差異之研究
歷史學	閻沁恒	1999	現代史學發展的幾種趨勢
圖書館學	羅金增	2002	內容分析法與圖書館學論文寫作特點的研究
民意研究	鮑世瑋	1997	軍事院校電視招生廣告之內容分析與效果檢驗（1988～1995）
教育研究	吳璧如	2001	家長參與學校教育：實務工作者與學者看法之分析
	李家菁	2006	1994～2005年臺灣地區音樂教育研究論文之內容分析
幼兒教育	鄧蔭萍 何佩芬	1999	由兒童死亡概念探討圖畫書中死亡成分的呈現
	吳淑箐	2006	大班幼兒摘取圖畫故事書大意之內容分析——以童話類主題爲例
護理研究	鍾芬芳 余玉眉	2001	自然產之第二胎產婦的生產經驗
公共衛生	劉嘉年	1998	臺灣的衛生服務研究分析（1970～1995）

柒、內容分析與歷史研究法之比較

內容分析與歷史研究法，同樣都是從文獻資料中去找尋研究主題，並從中梳理出過去的事實或事實真相，以提供現況之參考並啓發未來的一種研究取向。同樣也是一種「非介入性」的研究方式，是在研究對象不受研究者干擾的狀況下，進行研究與分析，異於實驗法或參與觀察法等「介入性」之方法（Earl Babbi，1998；李美華譯，社會科學研究方法）。以下將簡述內容分析與歷史研究法之異同（表4-3）：

表4-3　簡述內容分析與歷史研究法之異同

	內容分析	歷史研究
研究定義	「鑑古知今展未來」。評鑑過去、解釋現況、預測未來，是一種非介入性的研究。	「鑑古知今展未來」。又稱文獻分析或資訊分析法，是一種非介入性的研究。
研究目的	將語文的、非量化描述的文獻轉變為量化的資料（質與量並重）。	求得眞事實、予以新意義、予以新價值、供人的活動之資鑑（偏重質性的解釋）。
研究特性	是一種「質」「量」並重的研究方法。	偏重「質」的分析、解釋，以釐清事實真相。
研究價值	不只是針對傳播內容作敘述性的解說，而且推論傳播內容對於整個傳播過程所發生的影響。	歷史研究的目的在將過去的眞事實予以新定義或新價值，以提供現代人活動資鑑。
研究範圍	在社會科學研究中幾乎已是一種可以無限應用的方法，例如：教育、廣告學、傳播、公共關係等領域。	文獻的分析研究、書目的研究、法規的研究等。
研究人員	1.研究者本身。 2.編碼人員（2～3位）。	學者或研究者本身。

捌、應用實例

範例一：國際觀光旅館雜誌廣告內容分析之研究。

鄭佩芬（2006）。靜宜大學觀光事業學系，碩士論文。

一、研究動機

有鑒於過去國際觀光旅館廣告研究鮮少，以及雜誌廣告對於企業行銷策略上具有明確的市場定位與讀者區隔的特性，本研究將目標鎖定在國際觀光旅館的雜誌廣告進行分析，冀望研究結果能做為業界與學界於旅館行銷之參考依據。

二、研究目的

主要是探討國際觀光旅館雜誌廣告的內容，以內容分析法分析國際觀光旅館雜誌廣告內容的基本資料分布情況與發展趨勢，並從國際觀光旅館的經營型態和所在區域，以及其刊登之雜誌種類和刊登年代，分別探討對於廣告內容之產品種類、表現方式和訴求方式之差異情況。目的條例說明：

1. 分析不同的國際觀光旅館屬性和其所刊登廣告之雜誌類別對於版面構成要素之文字訊息傳遞上之差異。
2. 探討不同的國際觀光旅館屬性和其所刊登廣告之雜誌類別對於版面構成要素上之圖像訊息傳遞上之差異。
3. 驗證不同經營型態的國際觀光旅館會選擇不同的雜誌類別刊登廣告。

三、研究方法

此篇文章研究方法，主要是以內容分析方法為主，並進行量的分析與質的分析，研究樣本蒐集自1996年～2004年間，國際觀光旅館刊登於28種雜誌上的廣告共1,341張，經刪除重複內容之雜誌廣告446張後，獲得有效樣本895張雜誌廣告。藉此方法，分別探討對於廣告內容之產品種類、表現方式和訴求方式之差異情況。

四、研究結果

雜誌廣告刊登數量以北部地區最多；連鎖經營者刊登的廣告數量高於獨立經營者，刊登的雜誌種類則是以商業雜誌最多，而文字加圖像則是廣告版面主要採用方式；此外，國際觀光旅館會選擇在特定雜誌種類中刊登特定的產品訊息，如：婦女雜誌多刊登有關婚宴、年菜訊息；旅遊雜誌則是提供旅遊者住宿客房等優惠訊息；商業雜誌主打商務住房、會議和尾牙春酒主題。在廣告內容版面構成要素的訊息傳遞上，主標題產品內容最常以未特定的方式呈現；內文則是出現客房的數量最多；主圖則偏好以沒有特定內容的其他圖像取代餐飲或者客房的產品；次圖者出現餐飲圖像較多。主標題和主圖部分採用隱喻式的比例高於直喻式，而內文和次圖則是出現直喻式的比

例顯著高於隱喻式。主標題和主圖多喜好採用情感訴求的方式，但內文和次圖則是採用理性訴求的方式。此外在雜誌的選擇上，無論是獨立經營或是連鎖經營的國際觀光旅館，皆以商業雜誌為刊登廣告之首選。

範例二：不同行業屬性商店招牌之色彩內容分析──以雲林縣斗六市太平路歷史街區再造計畫更新之招牌為例。

林慶利、陳婉瑜（2003）。2003文化創意設計研討會論文集。

一、研究動機

綜觀目前內政部營建署補助之城鄉風貌計畫，大多偏重於環境硬體設施的規劃，以強化城鄉景觀風貌的塑造，如：電纜地下化、地磚舖設、綠化植栽與照明設計等工程，雖然對於招牌也做了統一規格的設計，但更新招牌後之商店，如何透過色彩之表現，以達到招牌區別行業、傳達訊息和裝飾門面的功能，則值得進一步研究。

二、研究目的

本研究擬參酌相關招牌設計理論和城鄉計畫，針對太平老街一期完工所更新之商店招牌，進行色彩之內容分析，並評估不同行業屬性商店之招牌，與色彩之應用與搭配上是否具有關連性；並期望藉由本研究之探討，可作為未來老街再造或形象商圈規劃，在進行招牌設計之色彩計畫時一項參考的依據。

三、研究方法

本研究以雲林縣斗六市太平路歷史街區再造計畫更新之招牌為探討對象，採內容分析法（Content Analysis），對119家不同行業屬性之商店招牌進行色彩內容分析。

四、研究結果

由研究結果得知：

1. 招牌之行業屬性中，以從事衣著配件類之相關行業所占比例最多（34.5%），共計41家；其次為提供醫療保健服務之行業（19.3%），計有23家。

2. 招牌色彩之配色數中，以三個顏色（30.3%）與四個顏色（25.2%）相互搭配者較多，而以六個（含）顏色以上為搭配者所占比例最少（8.4%）。

3. 招牌底色之處理，以單一色彩為配置者所占比例最高（91.9%），其中又以白色與紅色為底者最為普遍。

4. 招牌底色與店家名稱字體之色彩配色，以紅底白字和白底紅字之搭配居多，再者依序為綠底白字、白底黑字、藍底白字與紅底黃字等。

5. 卡方之獨立性檢定結果顯示，不同行業屬性之招牌與其底色處理手法和店家名稱字形之色彩具有顯著性之差異（α=5%），表示變項之間並不獨立，而互有關連性。

範例三：臺灣網路花坊廣告策略之現況調查研究。

楊淑晴（1999）。廣告學研究，第12期，PP.89-116。

一、研究動機

由於網際網路的發展為企業帶來新的商機，WWW成為一項新的行銷利器備受企業所重視，隨著這股風潮，在國內有越來越多的花卉業者也切入線上服務的新領域，但回顧網路行銷的文獻，針對特定主題或行業深入分析網際網路對行銷廣告策略影響的文獻確實不多，所以引發研究動機。

二、研究目的

隨著網際網路的發達，在國內有越來越多的花卉業者切入線上服務的新領域，建構虛擬商店與開創新的行銷通路與廣告宣傳，希望能藉由此一新媒體宣傳自我形象，進行行銷活動，提供消費者更好的服務以期能在網路上為花卉尋求利基。所以本研究主要目的在於分析此類業者在WWW資訊呈現上的應用現況與特性，並根據初步研究結果，進一步探討花卉業者運用網際網路對銷售、服務、行銷及廣告策略之互動發展，以提供業者一些建議。

三、研究方法

採用內容分析法探討網路花卉服務業者，在WWW資訊呈現上其廣告訊息策略有何差異。

1. 單位化：以WWW上的企業網址為一分析單位，所登錄的類目為廣告行銷策略類目，以每一個衡量變數作為一個子類目。

2. 樣本選取：主要研究對向是以「臺灣網址」為主；樣本蒐集的時間點上是以1998年6月下旬為基準點；網站頁數需為二頁以上。所以共得50多家網路花坊，但由於有修正在更修頁面所以將之剔除，最後取得46家為最終樣本。

3. 編碼與資料濃縮：先依研究目的建構類目，形成研究之編碼表，並聘請二位大學生擔任編碼員，編碼前進行訓練。

4. 信度分析：若編碼員對所有分析單位意見一致，則表示其間之相互同意度高，信度自然也較高。Kassarjian（1977）認為信度若高於85%即可接受，若低於80%則研究的信度會遭受懷疑。本研究經計算後，二位編碼員之相互同意度為95%，編碼信度為94%。

四、研究結果

在WWW資訊呈現上，網路花卉業者所採用之主要廣告策略有些微差異。「呈現出服務的相關產品內容」、「利用某種標誌或形象與該該服務相連結」是網路花卉者所採用的主要策略，而在「舉出證據增強顧客對該服務的信心」、「呈現出員工顧客」，以及「表現出員工之受訓課程」等項目，是網路花卉業者資訊呈現時較少採用的策略。顯示網路花卉業者在廣告訊息策略上有趨於一致的現象，沒有深入考慮廣告策略區隔之概念。

範例四：1982至1999臺灣瘦身廣告研究——多面向的研究。

張錦華（2000）。廣告學研究，第 15期，PP.67-114。

一、研究動機

臺灣在九〇年代大量出現的瘦身廣告，似乎已經成功的轉變了世紀末的人們對身體形象認同，而關於女性的身體形象之認同以被「瘦就是美」的迷思所掌控，甚至產生了許多令人擔憂的後遺症。因此本研究企圖說明瘦身廣告的內容與數量為何？並且建構了什麼樣的論述與訴求？同時更企圖探討：在意識型態抗爭的社會場域中，抗爭論述的內容又是什麼？政府規範的內容又是什麼？以及瘦身廣告是否在抗爭的過程中有所調整？這些廣告內容的變化與社會情境以及文化脈絡之間又有什麼關聯？

二、研究目的

針對媒體對當代社會文化之建構、社會環境、廣告產製與內容進行分析及詮釋，以了解媒體廣告如何製造瘦身風潮，及探討媒體如何建構瘦身廣告之相關論述。

三、研究方法

此篇文章之研究方法主要是採用多面向的分析方式，同時進行量的分析與質的分析，其理論根基為符號學分析、女性主義批判等，並藉由內容分析法將整個流程分成二大階段，首先是先分析瘦身廣告的產製狀況，此包含了法規、社會歷史變遷等層面的討論；其次是廣告的內容及訴求，並配合社會情境加以解析和批判。主要樣本數是以民國71年～88年共18年之間的瘦身廣告為樣本。

四、研究結果

可將瘦身廣告分為三個主要時期：即民國82年以前是「成長期」、82年～84年是「巨量期」、85年～86年是「調整期」、87年～88年進入「規範期」。另外進一步分析廣告內容的變化，可發現成長期的廣告大多是以強調公司形象和美貌迷思為主；而巨量期的廣告則大量增加馴育技術和科技設備的訴求，同時還收編女性運動之概念，也增加了女性自主之迷思；調整期的廣告則明顯減少了美貌迷思、自主迷思與自我馴育的論述，大幅增加科技設備、先進的生化療法等訴求；規範期的廣告、科技設備訴求的數量明顯減少，馴育技術訴求也降低許多；廣告業主在不能玩弄科技迷思的情況下，又開始增加了自主迷思，此外公司形象的訴求也明顯的大量增加。

參考文獻

1. 王文科（2003）。**教育研究法（七版三刷）**。臺北：五南。

2. Robert P. Weber著，林義男譯（1989）。**內容分析法導論**。臺北：巨流。

3. 余淑吟（2001）。**臺灣廣告代理商之形象廣告內容分析**。商業設計學報，Vol 5，PP.195-214。

4. 余淑吟（2001）。**廣告人物的表現互動──以推薦人廣告為例**。商業設計學報，6月。

5. 余淑吟（2002）。**動物圖像在平面廣告之內容分析**。廣告學研究，Vol 18，PP.97-121。

6. 車餘慶（1998）。**電視新聞暴力內容對臺北市國小學生影響效果之探討**。傳播文化，Vol 6，PP.135-166。

7. 吳紹群（2002）。**內分析法與圖書館學研究**。圖書與資訊學刊，40：PP.47～61。

8. 林慶利、陳婉瑜（2003）。**不同行業屬性商店招牌之色彩內容分析──以雲林縣斗六市太平路歷史街區再造計畫更新之招牌為例**。2003文化創意設計研討會論文集。

9. 吳璧如（2001）。**家長參與學校教育：實務工作者與學者看法之分析**。教育研究集刊，Vol 47，PP.185-214。

10. 洪文瓊（1978）。**內容分析法簡介**。國教之聲，Vol 11：4，PP.21-26。

11. Michael Singletary著，施美玲譯（1997）。**大眾傳播研究方法**。臺北：五南。

12. 席汝楫（1999）。**社會與行為科學研究方法（初版二刷）**。臺北：五南。

13. 陳文玲（2002）。**臺灣廣告學術研究面貌之初探**。廣告學研究，Vol 19，PP.01-33。

14. 張錦華（2000）。**1982至1999臺灣瘦身廣告研究──多面向的研究**。廣告學研究，Vol 15，PP.67-114。

15. 游美惠（2000）。**內容分析、文本分析與論述分析在社會研究的應用**。調查研究，Vol：8，PP.5-42。

16. 楊孝濚（1991）。**傳播研究方法總論（四版印刷）**。臺北：三民。

17. 鄭佩芬（2006）。**國際觀光旅館雜誌廣告內容分析之研究**。靜宜大學觀光事業學系，碩士論文。

18. 楊淑晴（1999）。**臺灣網路花坊廣告策略之現況調查研究**。廣告學研究，Vol 12，PP.89-116。

19. 歐用生（1991）。**內容分析法**。載於黃光雄、簡茂發主編教育研究法。臺北：師大書苑。

20. 劉嘉年（1998）。**臺灣的衛生服務研究分析**。中華公共衛生雜誌，Vol 17：6，PP.512-520。

21. 鄧蔭萍、何佩芬（1999）。**由兒童死亡概念探討圖畫書中死亡成分的呈現**。幼兒教育年刊，Vol 11，PP.83～119。

22. 鮑世瑋（1997）。**軍事院校電視招生廣告之內容分析與效果檢驗（1988～1995）**。民意研究季刊，Vol 200，PP.151-175。

23. 閻沁恒（1999）。**現代史學發展的幾種趨勢**。政大歷史學報，Vol 16，PP.237-247。

24. 蕭蘋、蘇振昇（2002）。**揭開風花雪月的迷霧：解讀臺灣流行音樂中的愛情世界（1989～1998）**。新聞學研究，Vol 70，PP.167-195。

25. 鍾芬芳、余玉眉（2001）。**自然產之第二胎產婦的生產經驗**。護理研究，Vol 9：1，PP.65-P75。

26. 簡晟峰、陳秀函（1999）。**內容分析法**。http：//www.lins.fju.edu.tw/modules/news/。

27. 羅文輝、吳筱玫（1999）。**臺灣報紙頭版設計的趨勢分析（1952～1996）**。新聞學研究，Vol 59，PP.67-90。

25. 羅金增（2002）。**內容分析法與圖書館學論文寫作特點的研究**。圖書館雜誌（大陸），2002.05，PP.33-36。

26. Earl Balli，李美華譯（1998）。**社會科學研究方法**。臺北：時英。

30. Gillian Rose.，王國強譯（2006）。**視覺研究導論——影像的思考**。臺北：群學。

31. Krippendorf. K.（1980）. **Content Analysis：An Introduction to its Methodologies**. London： Sage.

第五章 本文分析法

陳雍正

　　文本（text）這樣的字彙與概念，Ricoeur（1991）提出「所有用書寫固定後的東西」，用來強調載體；英國學者M. A. K. Halliday及R. Hasan則定義成一個「語意的單位」；另外，有些文法學者把它看做是「一連串句子的集合」；Jameson（1981）則認為，我們要研究的不是客觀實證的物體（例如：一篇文章、報導或一本小說），而是如何「構成」的方式與過程，也就是去思索文本如何形成最後我們所看到的文本特定風貌（林芳玫，1994）。事實上，以這樣的思考邏輯來說：文本是由製碼者透過特定的方式所組構而成的。因此，文本分析的一項重點便是在找出這些文本製造的「特定方式」來，並藉由閱讀後的論述（包含了詮釋與批判）來了解這些特定方式所形構的文本其可能的意義。

壹、「文本」的界定

一、何謂文本

從意義上而言，我們將「大於句子」的語言組合體，或者是結構組織本身稱之為「文本」；通常指的是一種以印刷刊物或書籍形式的產品。然而，在研究分析的角度看來，「文本」不僅僅只是藉由某種形式存在的產品本身，同時包含了「詮釋」的過程，並且對於其中所蘊含的關係進行分析探究。

在符號學和詮釋學的研究之中，「文本」即超出了印刷刊物和語言現象的範疇，可以是存在於任何時空中的符號具系統，這樣的概念我們可從法國的解構主義哲學家雅克・德希達（Jacques Derrida）的解釋中得知，除了文學、哲學、神學等，甚至於一個社會的文化形態乃至於整個世界，都可以視為一個大文本。羅蘭・巴特（Roland Barthes）則提出「文本」是多重意義與多重詮釋的，任何「文本」都並非單一訊息，而是一個多向度的空間，是許多意義網絡上的一個集合點，與四周的關係錯綜複雜無一定向，而在這些文字交疊的集中點上的是讀者而非作者本身。

貳、探索「文本」意涵

夏春祥（1997）指出：從文學的脈絡下來說，文本（text）是從作品（work）逐漸發展演變過來的。而在羅蘭・巴特所寫的「從作品到文本」（From Work to Text）一文中則指出「文本和作品的差異，在於作品是實際存在的，占據書實體的空間的一部分，而文本則是一種方法論的範圍」；從作品和文本的定義分析，說明了它們之間最基礎的特性與差異。而更進一步的來說，「文本」可以說是一個由語言所構成的抽象空間，只有在閱讀活動中才可以介入，才能夠體會；可以只局限於一篇作品，也可以在範圍上涵蓋了數篇的作品。

「文本」的存在，公開地表達出與作品同時共存的一些隱藏於作品內容以外的事物。而文本分析的目的，便是除了分析作品的文字內容與意義之外，更包含了分析在作品的文字內容以外的「事物」。這些「事物」包括作者透過文字所欲表達的表象意義、作者受到社會環境影響所產生的預設立場、作者對於表達方式的選擇（如：為何不用其他的表現方式、語詞述說）等。「文本」使我們了解作品不僅僅在表象的語意、文法或句子結構或敘述的層面上而已，更包括了社會層面的觀念，例如：族群、

性別、階級、地位等因素的相互作用關係。也就是說，「文本」是以語言爲媒介，用來指出並說明某種隱含於其中的社會特性。

經由上述的說明我們可以理解，作品的分析是比較局限於作品內文中的語句、結構等，所建構的意涵，並且這些意涵必須要透過對作品要素有所鑽研的人，才能予以解讀並加以釋放。而文本分析則更向外擴張，包括了作品和作品以外的各種層面。

一、擴充「文本」意涵

如果研究學者將閱讀與解析文學作品的方法轉換來解讀社會現象時，那麼「文本」的意涵便被擴張到更廣的範圍。換句話說，不論是個人或社會的任何現象，都將可以被視爲文本（Hoggart, 1973）。所以，「文本」將不再只是著眼於詮釋印刷物類型的文學作品中的意義，還同時能夠呈現當時的社會現象。在這樣廣義的意涵下，文本分析的概念有助於我們將事物、現象客體化，並做爲研究對象。藉由詳細完整的分析，使得事件的意義獲得充分的彰顯。依此而言，任何事物都可以是「文本」，而成爲我們所要研究的對象。而研究者的工作，就是透過文本去建構出解讀的意義。而這就是Fairclough學者將文本分析細分爲：語言學的分析與互爲正文的分析中，所提及的「互爲正文性」。互爲正文性的分析便是欲掌握社會的因素及其與文本的互動，或者我們也可以說是欲連結社會結構與文本結構。

二、認識「文本分析」

在認識文本分析之前我們要先從「論述」談起，從羅蘭・巴特在1980年曾指出：「作品是用手來把握，文本則是透過語言來掌握；它只有在作爲論述（discourse）時才存在」。而所謂論述指的便是論證說明的形式，文本的意義就建立在這樣的形式及具象物之上。由此，我們可以看出文本與論述之間是存在著相互依存的關係。

論述亦可解釋爲「分析與詮釋」，就本質而言，文本分析是將文學作品拆解，並觀察文學作品其各部分與部分間是如何的組成與拼湊的；而詮釋則是將其分析的解釋與某些知識相互連結所產生的價值，例如；符號學、心理學、社會學、人類學…等。也就是各種不同理論可以從不同角度切入，從而對文本有不一樣的解讀結果。所以「文本分析」可說是論證說明的一種形式，也可以說是一種意義化的過程。每一個論述都有著其獨特的觀點，從文本概念的形成過程來看，各種不同的立場就從揭示文本的過程中產生，而從不同的立場之間便可以反映出不同的利益。

參、「文本分析」在研究的目的

一般而言，社會科學研究方法可以區分爲：實證、詮釋與批判這三大類型。而Tudor（1995）認爲，在實證與文本分析二種不同的方法中，文本更包含了詮釋和批判的意味，因爲從文本到論述的分析模式所形成的文本分析傳統，其目的是經過全新的意義建構，來凸顯出原有的論述與新論述不平等的現象，繼而建立起更多樣化意義的可能性，這同時也是批判取向研究的目的，不過新意義的建立是要靠詮釋及論述的不斷展開。由此看來，文本分析涵蓋了詮釋學和批判學，也可以說是以批判的目的豐富了詮釋學的內涵（夏春祥，1997）。

而在1988年Wolf則提到：「文本分析的方法假定媒介只是很多訊息和文本產製物的載具，因此分析的對象不是媒介及其作用，而是「符號客體」。對這些符號客體的研究，應有助於我們了解意義是如何建立，以及在何種社會環境下，什麼樣的訊息正被分享著。所以「文本分析」在研究上的主要目的便是透過論述與詮釋來了解「符號客體」訊息轉化成意義的過程。

肆、文本分析如何運作

在前章節中，我們曾提及文本分析的過程，需藉由閱讀後的論述來了解與解構。而論述所表示的是對事物進行普遍的檢視以及深度的考察，以求在完整的探索活動中，找尋出事物全面的可能意義。因此，從文本與論述的觀點來說，文本分析便是研究者對其所研究的主題，透過文本的基礎概念對外延或內含意義來進行切割，並將其概念轉化爲一文本客體之後進行討論，是一種以周詳方式闡明對象的重要方法。而討論方向或者該說是論述的面向，應該包含哪些層面呢？基本上論述的面向包含三個成分：

1. 立場：就是分析與探究事物和進行說明的出發點，突顯事實與眞實差異的重要關鍵，如果立場一致，那麼在論述時的力量便會增強，而針對文本主題在不同領域展開論述，將可使現實經驗更豐富論述的理論內容。
2. 不斷地反省與自覺：由於即使在同一論述裡，也不是同性質的世界，因此，「爲什麼如此？」的質疑會不斷地持續，而這展現出論述的歷史動力。
3. 理論思考與實踐取向之間的價值問題。

文本開展了解釋的空間並強調立場的重要性，這一點與一般對質化研究的認識有所不同；文本分析從將研究對象客體化便於思考掌握的角度來說，可以廣泛的應用於

解釋上，而為一般的社會科學研究過程所應用。在進行研究時，不管是量化資料（數據、統計），還是質化資料（會話記錄、歷史文件等），在最後的表達過程，都需要解釋來呈現說明與解釋其結果，文本分析便是在這個意義上突顯出它的重要性。

文本分析有系統地闡明了「立場」的問題，並以符合現代社會脈絡的合理化方式，強調價值客觀中立的不可能，繼而鋪陳了不同於傳統詮釋的解釋，這種解釋可以作為某一論述的部分，也因此不管獲取資料的方式是量化或質化，都不妨礙文本分析解釋的成立；也因此文本分析，不只是因為其發展的脈絡有益於質化方法的詮釋，它更有助於量化研究在統計結果上的討論，亦即所有的社會科學研究，在最後結果的討論上，必然可以應用到此一理論性的方法概念。

伍、文本分析的研究意義

在研究主題與對象的擴展上，文本分析有助於學科討論範圍的擴大，並在擴大中有可能透過新意義的不斷建立而開展出更有效的論述；也就是說，文本分析的重點之一便是建立新意義，對於以「意義建立和訊息分享」為核心觀念的研究自然有所幫助，展現更「濃厚」的描述，使得核心觀念的意涵可以藉此奠立深厚的基礎。

一、在研究主題上

在資訊發達的社會上，訊息的溝通傳遞已變得更加多元，表現的形式也愈趨於複雜，舉凡人們平常接觸到日常用品，或者是所處的環境，都可以說是承載著意義與訊息的媒介物質，這樣的概念便是由於文本的概念影響，擴大了研究者對於訊息處理與媒介的定義；Wolf（1988）也提到：「文本分析的方法假定媒介只是很多訊息和文本產製物的載具，因此分析的對象不是媒介及其作用，而是符號客體」；在這些符號、象徵的運作關係中，便有許多值得研究與探討的議題。

二、在研究方法上

對傳統的研究來說，尤其是在方法的層面上，文本分析與內容分析有所差異，文本著重於個人在詮釋內容時，受到社會環境、文化因素等影響，所形成的實際效果，而不是內容反映了什麼可見的特質；另外，文本分析是從人在意義中的主動建構而來；重視的是意義建構的整體性質以及社會文化的特色，並對主動詮釋的限制較小，文本分析對訊息來源的界定，不僅僅是在報紙、電視、電影等傳統傳播媒介所傳遞出來的訊息內容，更放寬視角打破了傳統研究對訊息及來源的界定，重視不管任何媒介形式所產生的訊息和閱讀者之間的溝通互動，加強了研究對現實事物的解釋力。

三、在未來研究發展上

在與現實的關係上，文本分析具有極佳的解釋能力，因為區辨出描述和詮釋的差別，文本分析不僅在詮釋過程中引進了社會文化因素的空間意涵，也突顯出時間意義在社會脈絡和詮釋過程中的作用，從這個層面來說，文本極有助於我們在意義的思考，也就是說對於一些有可能被研究者忽略的既存事實做出有意義的解釋，這對於深化研究的學術深度和基礎有著極大的幫助。

陸、應用實例

由於文本需要研究者對於蒐集的資料作較多詮釋與解析的工作，為了讓讀者理解一般運用文本研究的研究者是如何進行研究與規劃研究流程，本文選擇以下這個範例作為文本分析之參考範例，期望藉由下例讓讀者能粗略理解一般文本分析之過程。

範例一：許佑生同性婚禮新聞之框架、框架化及讀者詮釋分析。

李金山（1999）。世新大學傳播研究所，碩士論文（未出版）。

本研究係以1996年國內報紙對許佑生婚禮，也就是國內首次公開的同志婚禮之新聞報導為研究對象。主要是希望透過對於新聞內容的研究，從媒體對新聞事件的處理角度來審視，了解媒體選擇了那些視角以及媒體遺漏了那些層面。但是雖然分析媒體的論述內容可以了解訊息產製的意義，卻也只是單向的（unilateral）了解，畢竟傳播是雙向的（bilateral）過程。因此，唯有從另一方面也就是對閱聽人的解讀做分析，並探知新聞內容與閱聽人之間的互動情形，方可了解特定新聞事件的社會意義。本研究即企圖透過對文本分析與閱聽人的詮釋分析，了解許案的可能社會意義。

在文獻探討中，研究者提及部分傳播學者認為，文本意義是開放、多元的，文本的意義建構應該涵蓋閱聽人的解讀、詮釋，所以該研究對文本的意義分析將透過受訪者的視角共同完成。不過，閱聽人雖然有主動的詮釋力，但常因文本框架的關係而框限在特定範圍內呈現出詮釋的變異性，而就是在讀者這樣的意義建構參與情形下，我們更能指認出某些特定框架的社會意義顯著性（e.g.Streeter, 1989; Wolfe, 1992）。因此，該研究將透過讀者對新聞文本的詮釋，了解新聞框架與讀者框架間是否也有學者提出過的特定對應模式（e.g.Hall, 1977）。並希望從其中觀察受訪者個人在詮釋新聞時受到文本及個人特質的影響為何？又是否反映出什麼樣的社會現象？

一、研究過程與進行方式

研究過程中該研究者先從資料蒐集開始，蒐集對象與範圍如下：

(一) 新聞文本

該研究蒐集之剪報計新聞報導69則、新聞特稿8則、評論1則、外電報導4則，其他因本新聞議題延伸的相關資訊報導4則。剪報來源爲國家圖書館館藏國內各綜合性報紙，包括中央日報、中國時報、中時晚報、中華日報、自立早報、自立晚報、自由時報、臺灣日報、臺灣時報、臺灣新生報、民眾日報、青年日報、民生報、聯合報及聯合晚報等15種。

(二) 閱聽人資料部分

對於閱聽人的資料蒐集主要採取「焦點團體訪談法」與「個別訪談法」在抽樣對象的選擇上，考慮到一些與研究可能相關的變項上，如：同志受訪者與非同志受訪者等。至於團體成員間的的社會人口背景及熟識程度，則依Merton的建議，在研究者進行的8個訪談團體中，均以同質性高且彼此熟識的成員爲對象。另外，爲使資料能出現明顯的極端差異或更豐富的資訊，便於對照分析，特抽選可能會出現極端不同意見的受訪者，如：天主教徒與有傳播研究背景的新新人類。

該研究共進行8次焦點團體訪談，每個團體訪談時間大致都控制在4～5個小時內完成，訪談地點以受訪者的方便性爲考量並與受訪者協商後決定，大多以咖啡聽、茶館、有包廂的餐廳等地點爲主。所有討論內容除了已確認離題過遠且與本研究目的全然無關的部分之外，均予錄音。

二、初步資料分析

該研究在文本分析部分是以許佑生婚禮新聞報導爲分析對象，旨在尋繹其核心意義範圍及其建構方式，以了解媒體將此事件建構成什麼樣的特定風貌，其間反映出的是什麼樣的文化價值觀或意識形態。而在眾多的文本分析的方式中，研究者採取解析文本核心意義範圍、框限所在、框限來源，以及框架建構手法的方式，尋求研究之答案。文本分析項目如下所述：

(一) 新聞文本分析

1. 對於文本資料進行反覆性的閱讀：藉由這樣的反覆性過程，企圖在不同的時間內從自己的觀點，了解文本事物對自我是否產生意義？產生什麼樣的意義？

2. 找出新聞事件或新聞情節：在譯碼的過程中，需先區分出主要事件或情節，以便接著找出這些事件或情節的論點為何，才能進一步進行對資料做概念化的工作。只是在區分主要事件時，並非以單則新聞為分析單位，而是以段落，甚至是單一的陳述句來區分，因此需找出新聞事件或新聞情節。

3. 尋繹新聞事件或情節中的「主要論點」：新聞事件或情節中的「主要論點」可以說是本研究的基本分析單位，是由字、詞、句子、段落或其他的符號設計所組構而成，且透過這些基本單位表現出寫作風格及文本的主要意旨。

4. 尋找文本中應用之新聞專業意理：透過這些「新聞專業規則」使用之觀察，可以了解報紙如何操作這些規則，並從中尋繹新聞工作者的符號設計可能的代表意涵。

5. 為「框架」、「框架化」建構類目（命名）：該研究在文本方面的類目建構主要以「說什麼類目」（What is said）（羅元君，1999），及「如何說類目」（How to say）。因此，該研究基於研究的目的對於一些類似的陳述，按其上、下文義從其所屬的單則新聞中拆解下來，歸為相同的類目中。

(二) 閱聽人詮釋分析

1. 讀者對社會規範框架的詮釋。
2. 讀者對恐同框架的詮釋。
3. 讀者對衝突框架的詮釋。

三、深入分析

(一) 新聞文本分析

在初步分析後，研究者針對以下十五項做進一步的文本分析：(1) 整體事件報導概觀；(2) 各報新聞處理描略；(3) 媒體編輯處理呈顯之意涵；(4) 新聞文本隱含的框架；(5) 社會規範框架；(6) 恐同（同性戀恐懼，homophobia）框架；(7) 衝突框架；(8) 刻板印象框架； 情感框架； 新聞框架化（呈現策略）分析； 「規範框架」的框架化；「恐同框架」的框架化； 「衝突框架」的框架化；(14)「刻板印象框架」的框架化；(15)「情感框架」的框架化。

(二) 閱聽人詮釋分析

在閱聽人詮釋深入分析部分大致上研究者針對了以下六點做較深入的探討：

1. 讀者對社會規範框架的詮釋（對「規範」核心意義的詮釋、同志婚姻違反公序良俗？同志婚姻引發法律爭議？）

2. 讀者對恐同框架的詮釋（害怕同性戀造成流行、愛滋恐懼）。

3. 讀者對衝突框架的詮釋（對「形式對等」框架化的回應、對於「圖文分配不對等」形式的回應）。

4. 對刻板印象框架的詮釋（外在形象：男同志都有個模樣？社會地位：同志多才子佳人？內心世界：淒苦哀怨？）

5. 情感框架的詮釋（關於親情、關於愛情）

6. 讀者詮釋策略分析（推論、比喻、對照/類比、舉證）

7. 自我經驗的提用（權威化、類型化、情感/情緒的投注）。

(三) 綜合詮釋分析

除上述的新聞文本與閱聽人詮釋分析之外，研究者還針對讀者、受訪者之於研究做下列五點分析以便強化研究的嚴謹性：

1. 讀者對於文本各框架的詮釋。

2. 受訪者詮釋模式。

3. 影響受訪者詮釋的可能因素。

4. 文本與讀者間的互動。

5. 讀者詮釋機制。

參考文獻

1. 何天立（1998）。**說、聽、看MTV故事的方法：探索閱聽人與音樂錄影帶敘事觀點的互動**。世新大學傳播研究所，碩士論文。

2. 林芳玫（1994）。**觀眾研究初探——由「梅花三弄」談文本、解讀策略與大眾文化意識形態**。新聞學研究，第49集，PP.123-155。

3. 胡幼慧（1996）。**轉型中的質性研究：演變、批判和女性主義觀點**。質性研究：理論、方法及本土女性研究實例。臺北：巨流。PP.7-26、PP.223-237。

4. 施美玲（1997）。**質化研究**。臺北：五南。

5. 夏春祥（1997）。**文本分析與傳播研究**。新聞學研究，第54集，PP.141-166。

6. 臧國仁（1999）。**新聞媒體與消息來源?新聞框架與真實建構的論述**。臺北：三民書局。

7. Barthes, R.（1980）. **From work to text**. In Josv'e V. Harari（ed.）. Textual Strategies: Perspectives in Post-structuralist Criticism , PP.73-81, London: Methuen.

8. Derrida, J.（1981）. **Dissemination**. Chicago: The University of Chicago Press.

9. Tudor, A.（1995）. **Culture, mass communication and social agency**. Theory, Culture and Society, 12(1) , PP.81-107.

10. Wolf, M.（1988）. **Communication research and textual analysis: Prospects and Problems of theoretical convergence**. European Journal of Communication, 3, PP.135-149.

第六章 KJ法

鄭建華

　　學術界裡將研究簡單概分為「量化研究」與「質性研究」二大類，所謂「量化研究」是指在四、五〇年代，以抽樣調查和實驗為主要形成之量的研究方法，此類的研究者往往對數字的精確性情有獨鍾，透過數字的呈現，來解釋研究的現象。而質性研究直到六〇年代，才逐漸得到較為廣泛的認可，這類質性研究者偏好於豐富詳實的情境細節，透過深入觀察與歸納，對研究結果提出解釋（陳向明，2002）。

　　然而不論是量化或質性研究，都得必須針對研究中獲得之資料做處理，進而分析、歸納，提出研究結果。成中英教授認為任何一套完整的研究方法都應該包含有四個層次：第一是「體系」層次（即方法的根本），第二是「原則」層次（即原理），第三是「制度」層次（即規則、規範），第四是「運作」層次（即操作的具體技巧或工具）（朱浤源，2001）。本章節所介紹的KJ法，是一種把不同性質的資料和情報加以歸納整理的「統合性技巧」，在一般質性研究中，常被用來分析非數據之資料。因此在研究方法範疇中，應該可以定位為：研究中獲取資料的處理「方法」或「技術」。

壹、KJ法之定義與特性

KJ法最早源起於1965年日本人類學者川喜田二郎（Kawakita Jiro）田野調查的資料處理方法，後來被應用到經營管理領域，近來設計相關領域也開始應用此方法投入研究工作。透過表6-1不同領域學者所歸納的定義，可以清楚了解，KJ法是一種具有處理、統整不同性質資料的方法（技術）。

表6-1　KJ法定義彙整

研究者	年代	定義	資料來源
日本能率協會編著，沈士涼譯	1988	KJ法能完整地抓住看似無法歸納整理的許多事實內涵，藉著架構式的組織與統合，能發掘出一些新意義的「創造性技法」，因此KJ法可以說是一種把不同性質的資料和情報加以歸納整理之「統合性技巧」，這是一個強調由實踐衍生的「野外科學」、「現場科學」的研究方法。	KJ法應用實務
黃惇勝	1995	所謂KJ法，就是放棄先入為主的觀念，將凌亂多樣的事象，以一張卡片記載一個觀念性文字的方式表達，再依據卡片文義內容的類似性，由具體往抽象逐層統合，並以圖解顯示其結構性意義，以文章或口頭敘述其內容，如此反覆實施的一種思想及技法，是屬於「定性資料處理」的方法。	臺灣式KJ法原理與技術
楊靜	2002	KJ法是由日本人類學者川喜田二郎，在尼泊爾喜馬拉雅山探險，歷經多年田野調查，由實踐經驗所得而提出「W型方法論」（圖6-1）。該方法綜合了田野科學與實驗科學的精神，並加入文獻整理與推論分析並重的書齋科學概念，而創造出一種新的研究方法，取其作者姓名英文字首，簡稱KJ法。	圖書館入口刷卡操作行為觀察之研究

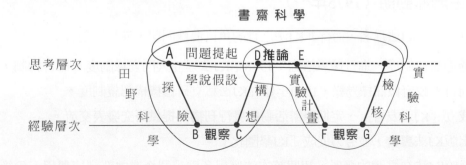

圖6-1　W型方法論概念圖　　　資料來源：楊靜《圖書館入口刷卡操作行為觀察之研究》

貳、KJ法源由與發展

KJ法是川喜田二郎年輕時代調查人文地理資料時，為了提昇資料處理能力或調查成果，所孕育發展的方法。此方法在日本發展過程，根據黃惇勝所著《臺灣式KJ法原理與技術》一書中，記載有三個主要階段。摘錄重點敘述如下：

一、技法醞釀期（1951～1965年）

川喜田二郎最早有KJ法的構想，源於1951～1952年間在日本奈良所進行的田野調查，在此調查中他深切體認到：傳統於筆記本條列式的文字記載方式，很難做到周延而有效的資料處理。於是嘗試以一張小紙張記載一個觀念事象，然後將眾多記載有觀念性文字的小紙張加以適當移動，結果發現這種方法可以有效地進行文字資料的處理，當時此方法被稱為「紙片法」。一直到1965年，「KJ法」的名稱正式才被確立，並延用開來。

二、播種推動期（1966～1975年）

此階段的推動工作以著作及研修活動為主要任務，內容概括有：

1. KJ法專書出版，如：《發想法》（1967）、《以經營為目的KJ法入門》（1971）、《團體KJ入門法》（1973）等。
2. 建立及實施研修體系：1967年起，輪流在各地進行KJ法研修工作，開設基礎課程供初學者課程訓練。
3. KJ法內涵的充實及發展：1970年成立川喜田研究所，增加其內涵與技術的多元發展。

三、主流運動期（1975年～）

為解決以KJ法為名，而行非KJ法之實的魚目混珠問題，進行活動有：

1. 透過法律制度，進行保障措施：1978年KJ法建立入門登錄制度，採合約制，隔年向日本政府做商標登錄，1980年建立KJ法私立研修機構認證制度。
2. 成立「KJ之友會」，定期舉辦活動與發行刊物，提供研究發表交流。
3. 出版KJ法專書，並努力促成「KJ學園化」。

至於KJ法在臺灣的發展，初期該方法應用多為公司企業內部訓練課程，爾後漸漸發展到品質管理、企業經營等應用層面。直到1992年中華創造學會成立，該組織倡導創造性的教育，引進KJ法作為創造思考的方法，藉由學會的推廣逐漸開展於其他領域。而設計領域近十年來也開始陸續應用此方法作為研究工具。

參、KJ法使用目的

KJ法在技法使用上是屬於定性資料處理方法，早期該方法處理的內容是以「語言、文字」為主的資料，在資料處理上採取二個關鍵性措施：一為「資料的外化」；另一為「資料的單元化」（黃惇勝，1995）。所謂外化指的是透過資料卡片化的操作，使得大腦思考運作得以跳出傳統藉大腦思維運作的框架。而資料的單元化則強調一張卡片一個觀念，情報資料被適當切割，使觀念得以單元化，由此跳出傳統藉由靠「設法量化」的限制。這樣的方法，其目的在幫助建立統整的基礎，對於非數據化的資料提供另一項分析工具。

也正由於KJ法具有切割資料或資料單元化，進而統整的機能，近來設計領域相關研究，也開始借用此方法的技術，來處理「非文字」的資料。如工業產品的造形分析、視覺設計的圖像分類等，其可達到之目的與功能約整理如下：

1. 透過資料的處理、分類，建立研究「量化」的概念，幫助質性研究做到趨於「客觀」。
2. 透過資料單元化，可以建立屬性接近的「集群」，並且針對集群從事分析，依此歸納集群中的樣本特性。
3. 建立集群的結構關連性，提供研究者描述整體結構之邏輯關係。

肆、KJ法實施步驟

KJ法依實施範圍可分為「狹義KJ法」與「廣義KJ法」（黃惇勝，1995），所謂狹義KJ法是指僅針對資料的處理與組合（圖6-2，第1～4階段），而廣義KJ法除了前述資料處理外，還包括取材之工作（圖6-2，含前階段1、2）。為使讀者對於KJ法操作上能更清楚其過程與程序，此小節中的圖例部分，補充筆者參與過的研究案（範例三）：「臺灣印象的調查研究」做為參考，配合圖例說明各個實施步驟。

一、主題的決定

KJ法的主要特色在於處理資料過程中，是採取「由下而上」的逐層統合之技術，因此對於資料繁多、事象多的主題是較適合使用KJ法。例如：事實現象渾沌不明，或需以結構化呈現的題目。「臺灣印象的調查研究」所要了解的是臺灣地區民眾對於目前臺灣的種種現象，所形成的綜合印象，其資料多且事項雜，頗適合使用該技法。

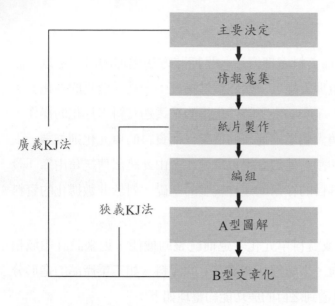

圖6-2　KJ法實施流程圖

二、情報蒐集

　　情報蒐集可透過內省、聯想、間接、直接蒐集資料等方法得到，儘量從不同的角度廣泛蒐集。「臺灣印象的調查研究」情報蒐集，是透過不同階層之街頭問卷，所得到其自身感受的「文字描述資料」。

三、紙片製作

　　對各種研究上所獲得之文獻資料、資訊等，以「具有獨立的、最低限意義的句子」精神，進行紙片內容製作。範例中是以開放式的問卷，讓被訪問者自由撰寫，待資料收回後，研究者仔細過濾問卷後，做出符合原意且具有「獨立的、最低限意義句子」的紙片；例如：「臺灣媒體爭收視率：內容多誇大、灑狗血、不可信賴。」

四、編組

　　編組的精神是由下而上逐層統整，其步驟首先是攤開、閱讀所有記錄的紙片，將屬性相同的抽出紙片外，進行第一次編組與命名。進行到所有資料都無法在編入任何一組時，即算小組的完成。編組中若有單張無法歸類的紙片，則應原封不動放著，並視為一個小組（圖6-3～6-4）。

　　接著以相同的要領進行中組、大組，甚至是超大組的編組工作，並爲每小組、中組、大組給予「名牌製作」（圖6-5～6-6）。進行紙片分組時，切勿「從大而小」的預設立場做分組，而是仔細閱讀、傾聽每一紙片的內容作適切的分組。整個編組完成，以不超過10組爲原則。

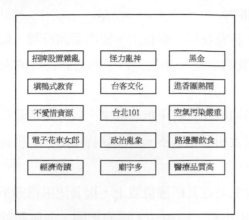

圖6-3　將紙片攤開，仔細閱讀紙片的內容做分類

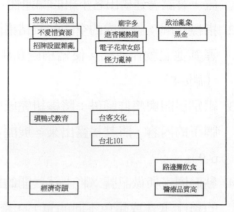

圖6-4　尋找類似的紙片排於紙片隊伍之外

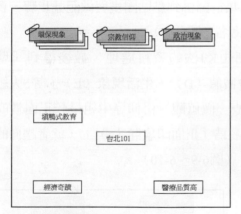

圖6-5　分組進行約2/3時，即可做名牌製作（以迴紋針將小組資料裝夾）

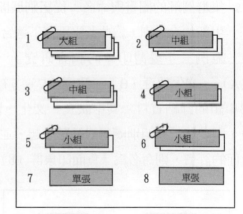

圖6-6　相同手法進行中組、大組之編組工作

五、A型圖解

　　一般設計類的研究，使用KJ法作爲資料分類，大都只進行到編組步驟即算完成，這可以說是簡易的KJ法操作。然而如果要進一步探究各組資料的彼此關係性，就必須依賴進行A型圖解的執行操作。所謂A型圖解，是指把已經編組完成的資料，做成構造

上一見即能理解的圖型，也就是製造「構造圖」的意思。此階段又可分：空間配置、指標圖解、組別展開與集群歸併、黏貼圈畫與做記號、集群圖解的圈畫與命名五個步驟（楊靜，2002）。

1. 空間配置：將編組結果所完成的紙片小組，反覆閱讀紙片上的名牌，利用擺放位置，嘗試著建構出各小組的關連性（圖6-7）。

2. 指標圖解：將完成的空間配置結構圖，抄寫在另一張紙上，使用箭頭符號、虛線等其他記號作連結，使結構圖藉由記號的串連，產生一目了然的關連性的閱讀（圖6-8）。

3. 組別展開與集群歸併：將編組完成的各組紙片資料，拆解開來，找尋被隱藏在名牌下的內容，將其揭露出來。展開宜從大組開始著手，進而執行中組、小組（圖6-9）。

4. 黏貼圈畫與做記號：將上述展開的紙片黏貼在其所屬位置上，接著使用粗細不同的簽字筆（或顏色不同的筆），圈畫出小組、中組、大組的範圍，並做記號填寫。

5. 集群圖解的圈畫與命名：從組別展開、集群歸併到黏貼圈畫與做記號步驟，會產生新的大組別，為此新組別寫下適合的命名（圖6-10）。

範例三「臺灣印象的調查研究」，藉由KJ法的資料處理，最後得到「環境（A）、文化教育（B）、政經（C）、社會價值（D）、生活現象（E）」等5大組、13中組的歸納資料。其中飲食、文化、醫療、價值觀、信仰等中組是較正面性的反應，因此將這些組別圈畫歸納在一起，並命名為「正面印象群（a）」，餘者趨向的是負面的評價，則命名為「負面印象群（b）」（圖6-9～6-10）。

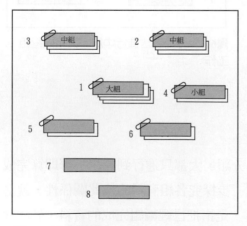

圖6-7　空間配置

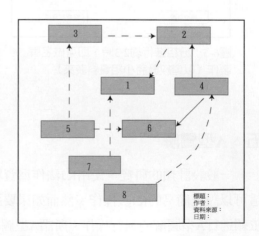

圖6-8　指標圖解

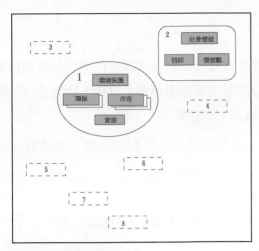

圖6-9　組別展開

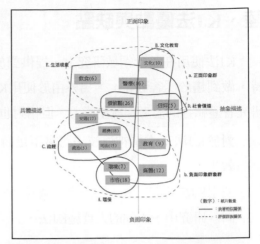

圖6-10　集群圖解的圈畫與命名

六、B型文章化

　　針對前一階段的集群命名與指標圖解等結果，排序出各集群的邏輯順序關係，並用簡潔詞句文章敘述切入問題核心，依序解讀各集群關係架構的意涵，爲整體統合出明確的論述體系。換句話說，即使用簡潔的文字來描述結構化圖表的重點。

伍、KJ法應用範圍

　　川喜田二郎先生所提出的KJ法，原本是用在處理田野調查時的大量文字資料，後來被應用到「管理」的領域，做爲經營管理的技巧，這點可從管理叢書的出版得知。例如：1974年清水忠夫發行的《企業內教育訓練實務便覽》，1978年後藤哲彥所著《人才培育實務》，1979年日科技連出版《新QC七大手法》以及1988年黃惇勝所著《創造性問題解決實務》等著作中，都可見到KJ法的單元介紹（黃惇勝，1995）。

　　由於KJ法本身就是一種具有創造性的問題解決方法，在國內也曾被應用到教育領域，用來教導學生進行創造性思考。近十年來，設計領域也陸續有人應用此方法作爲研究工具，用來處理非數據形的資料。例如：1996年洪嘉永教授「西文字體的意象調查研究」，2000年劉德威先生「民國八〇年代標章設計造形發展之研究」碩士論文，2001年鄭淳恭先生「立體造形材質在海報設計中之應用功能研究」，以及李根在先生「複數相加創意思考之開發研究」碩士論文，2002年楊靜教授「圖書館入口刷卡操作行爲觀察之研究」等學術著作都可看到KJ法的影子，其應用範圍可以說愈來愈廣泛。

陸、KJ法優點與缺點

KJ法使用在設計領域研究上，提供對於非數據形資料、情報，在進行分析與歸納時，做到趨於「客觀化」。另外由於使用KJ法通常需要處理龐大資料，因此也可訓練研究者邏輯性的思考與統整能力。但相對也有其下列缺點：

1. 對於KJ法基本精神與技法認識不足時，容易流於個人主觀之分類，無法發揮KJ效果。
2. 使用KJ法時間冗長，不一定一個回合就能完成。
3. 同一研究中，不同的人實施KJ法，其結果不一定相同（研究信度低）。

柒、結論與建議

透過上述對KJ法的探討，可以發現KJ法在研究方法論的定位上，應該是屬於資料處理的方法（技法、技術），在歸類上也比較傾向於「質性」研究。雖然KJ法早期多用於企業經營與管理的範疇居多，然而由於具有把不同性質的資料和情報加以歸納整理之統合性功能，也逐漸被應用於設計領域相關研究中，做為資料的處理。雖然在研究結果上的信度，以及實施時間冗長，仍然受到爭議；然而對於偏好豐富、詳實、情境細節的質性研究者而言，無疑也提供了另一項可用的工具。

但對於設計領域的研究者欲使用KJ法做非文字化（圖像資料）的編組分類，筆者建議不妨將「圖像」樣本，先行轉換為以「文字」為主的資料來操作，或許可以改善因受測者主觀的圖像閱讀，所帶來的研究困擾與爭議

另外值得一提的是，一個嚴謹的研究設計，研究者應該充分了解使用何種研究方法、研究工具來獲得所需資料以及進行處理，這是相當重要的。一個研究為了提高研究信度，可以採用不只有一種研究方法或技法搭配使用，例如：範例二「圖書館入口刷卡操作行為觀察之研究」，作者使用「環境行為觀察法」做為取得研究樣本資料之方法，而在資料處理上則使用「KJ法」來分析樣本，建立研究集群。這樣的搭配使用，對於研究者欲得到的結果，不僅增加了研究的嚴謹度，相對信度也會隨之提高。

捌、應用實例

範例一：立體造形材質在海報設計中之應用功能研究——以AGI三位設計師作品例。

鄭淳恭（2001）。臺南：複合文化設計觀設計學術研討會論文集，PP.435-444。

一、研究重點與目的

研究樣本主要採用「國際平面設計聯盟（AGI）」中，作品較具材質表現特色之成員：Gunther Kieser、Gunther Rambow、Holger Matthies三位設計師，共蒐集其立體海報作品75件，以KJ法進行歸納研究，分析其材質表現的因素與特點。

二、進行步驟

1. 作品選取：根據AGI三位設計師之作品專輯，經由臺灣藝大視傳與工藝系學生之鑑賞，挑出與材質有關之作品75件，作為研究樣本。

2. 紙片製作：將每件作品列印成7.5×5.5公分，裁剪成卡片。卡片左側為樣本圖案，右側則將其主題、年代、材質表現、組成材料、表面處理、加工方式、色彩表現、影像處理等資料，依序編號、冊頁出處以供辨識歸類。在分組時將卡片對折，書寫觀察結果時再打開寫於反面。

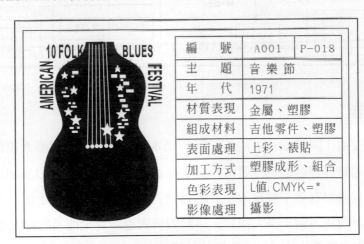

編　　號	A001	P-018
主　　題	音樂節	
年　　代	1971	
材質表現	金屬、塑膠	
組成材料	吉他零件、塑膠	
表面處理	上彩、裱貼	
加工方式	塑膠成形、組合	
色彩表現	L值. CMYK＝*	
影像處理	攝影	

圖6-11　樣本格式（卡片左側——圖片，右側——文字說明）

3. 作品編組：依KJ法之精神進行編組工作，共分得樂器、木頭、臉譜、動植物、手腳皮膚、類圓形、訊息符號等七大組（表6-2：A～G）。

4. A型圖解：找出群族間或各組之關係結構（表6-3）。

5. B型文章化：將整理、分析之結果，透過簡單說明，提出重要摘述。

表6-2　AGI作品的材質歸類簡表

	A.樂器		B.木頭類		C.臉譜		D.動植物		E.手腳皮膚		F.圓形類		G.訊息符號	
01	金屬薩克斯風	4	書本	6	金屬	4	馬鈴薯	4	手指緊握	3	圓臉	1	金屬	2
02	薩克斯風切割	2	紙張	4	女人	4	蚯蚓	11	手指	5	羽毛蛋	1	槍管壺	1
03	吉他	4		2	瑣碎	3	魚	1	腳	2	草球	1	泥土	1
04	小提琴	2			羽毛	3	豬耳朵	1			毛皮球	1	釘枕	1
05	塑膠薩克斯風	2			片狀黏貼	3								
06	木材製	1			切割	2								
07	黑白琴鍵	1			切片	2								
小計	16		12		21		7		10		4		5	

表6-3　A類（樂器）之展開圖，箭號表相互應對關係

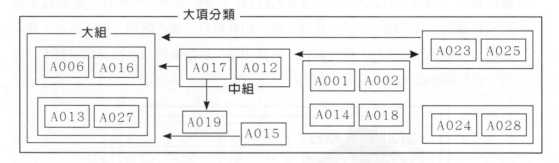

三、研究評論

　　此研究先採用「團體KJ法」的方式進行樣本選取（透過臺灣藝大視傳系與工藝系學生，共同挑選75件作品），作者再針對所挑選出的作品，運用KJ法加以編組，共得七大組。其研究重點在於了解樣本中有關材質表現的歸類與表現手法，對於所歸納七大組之間的集群關係，則未深入探討。這類的研究應該算是簡易的KJ法應用，其目的在於利用編組將非數據的資料做客觀的分類歸納。

　　然而此研究在紙片製作時，先行將「圖像化」的資料轉換為「文字化」，避免了圖像閱讀時的所產生的「變項間相互干擾」，真正藉由文字達到辨識與處理（不要忘了KJ法最原始處理的是文字資料），筆者認為此舉提供了設計相關的研究者，對於處理「圖像」資料的參考模式。

範例二：圖書館入口刷卡操作行爲觀察之研究。

楊靜（2002）。中華民國設計學會：設計學報，第七卷，第一期，PP.47-57。

一、研究重點與目的

　　此研究利用行爲觀察法與實地訪談記錄，以雲林科大圖書館之進館學生爲例，探討23個受測樣本在進入圖書館的行進路線與入口刷卡機界面操作的相關性，並以KJ法剖析介面操作行爲模式的類型及其集群關係。希望藉以了解人機界面操作之心理認知差異及操作行爲模式的集群特質。

二、進行步驟

1. 現場實驗調查：包括環境行爲觀察實驗調查計畫、行爲觀察實驗空間界定、刷卡操作行爲觀察實驗、刷卡者個別訪談記錄等四個階段進行。根據刷卡操作行爲觀察整理，作爲研究資料。

2. 操作行爲模式分析：此階段使用KJ技法處理資料與分析。進行步驟如下：

   第一階段「情報紙片化」：將樣本動作描述成「具有獨立的、最低限意義的句子」（圖6-12），例如編號1號的動作描述「行進速度慢條斯理，手持卡片往前看，並無注意卡片刷卡方向，耗時8秒」；所有紙片以此類推製作。

   第二階段「編組」：將行爲近似者編成一組，總結歸納分析出7種操作行爲模式的類型。

   第三階段「A型圖解」：以空間配置、指標圖解之步驟分析這7種類型，再以A型圖解之組別展開與集群歸併、黏貼圈畫與做記號、集群圖解的圈畫與命名等三個步驟，深入探討影響其操作動作快慢與順暢的表裡關係及其交錯關係涵構，結果歸納出操作順暢群（A）、操作不順暢群（B）、行動快速群（C）、行動緩慢群（D）4種集群關係（圖6-13）。

   第四階段「B型文章化」分析法：依序解讀各集群關係架構的意涵，爲整體統合出明確的論述體系。

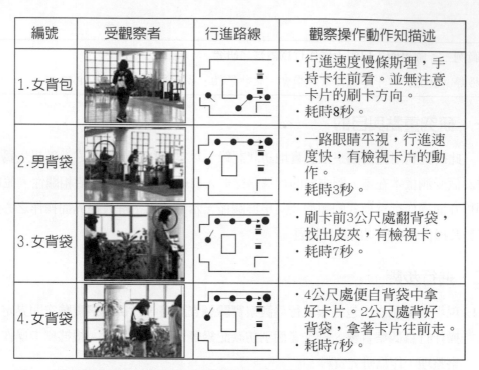

編號	受觀察者	行進路線	觀察操作動作知描述
1.女背包			・行進速度慢條斯理，手持卡往前看。並無注意卡片的刷卡方向。 ・耗時8秒。
2.男背袋			・一路眼睛平視，行進速度快，有檢視卡片的動作。 ・耗時3秒。
3.女背袋			・刷卡前3公尺處翻背袋，找出皮夾，有檢視卡。 ・耗時7秒。
4.女背袋			・4公尺處便自背袋中拿好卡片。2公尺處背好背袋，拿著卡片往前走。 ・耗時7秒。

圖6-12　行為觀察與界面操作個案紀錄表（摘錄部分）

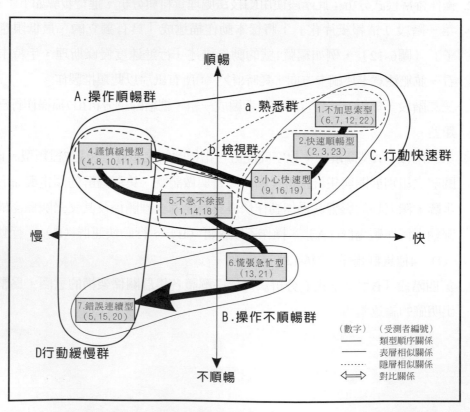

圖6-13　KJ法分析刷卡操作行為模式類型與集群關係圖

三、研究評論

此研究利用KJ法精神將蒐集所得資料，逐層由下而上統整出不同的集群進而解讀彼此關係，是筆者在設計相關研究中，少數看到應用較完整的案例。該研究藉由二種研究方法的搭配進行；「環境行為觀察法」取得研究樣本資料，再藉由「KJ法」處理資料、分析建立的研究集群，解讀各集群關係架構的意涵。如此的方法、工具相互搭配使用，對於不是數量化的質性研究，提供了具有客觀性之研究結果。

範例三：傳達臺灣印象的視覺符號研究——以臺灣設計師海報作品為例。

鄭建華（2005）。傳達臺灣印象的視覺符號研究。全華，PP.28-34。

一、研究重點與目的

本研究以臺灣本土設計師的海報作品為對象，研究方法採用「內容分析法」，針對所蒐集的107件海報樣本，以樣本中的「獨立符號」做為分析的最小單位化、歸類。希望藉此研究，了解臺灣本土設計師用以傳達臺灣印象的符號，並進一步分析、歸納這些視覺符號其類屬為何？

二、研究方法與步驟

資料分析以二階段進行：第一階段是「最小單位化」之建立，處理過程是將每張樣本之獨立「符號具」（Signifier）分解、紀錄，並製作表格統計其單位化符號出現次數。待第一階段的各項單元化建立後，輔以「KJ法」進行「分析類目」的第二次編碼工作，幫助縮小資料類目，以利資料分析解讀。

三、研究結果

第一階段的分類原則，是根據樣本獨立符號的外顯性，也就是Saussure的符號具論點做單位化建立之依據，統計結果共得78項符號，196個單位量。

然而內容分析之重點不在於材料的收集，更重要的是從原材料中，創造出新而有意義的變項以及其間的關連性（席汝楫，1999）。在第一階段的資料編碼處理，分別就研究樣本的107件設計師海報作品中，分解出用以傳達「臺灣」印象的各項視覺符號。然而由於資料量（最小單位化）達78項之多，為了能更進一步將所得資料作後續分析與解讀，乃借用具有將凌亂多樣的資料，歸納出不同「集群」的KJ法作資料歸納整

理，建構出內容分析法中的「分析類目」。透過歸類的資料處理，將資料歸類整理成10個以內的分析類目（表6-4），以利後續比較分析。

表6-4　設計師海報作品第二次資料編碼──使用KJ法建構分析類目

大島			中島		小島
分析類目	數量	類目相對百分比	分析類目	數量	數量
1.民（風）俗類目符號	45	22.9%	傳統器物	25	
			傳統技藝	20	
2.地理位置類目符號	43	21.9%	臺灣各地城市	25	
			臺灣地圖	18	
3.宗教信仰類目符號	38	19.3%			
4.社會現象類目符號	22	11.2%			196
5.節慶活動類目符號	21	10.7%			
6.美食小吃類目符號	11	5.6%	地方小吃	8	
			臺灣水果	3	
7.經濟產物類目符號	11	5.6%			
8.其他類（未能分類）	5	2.6%			

資料整理：本研究

　　透過KJ法的集群歸類，共歸類出8個分析類目。研究結果顯示：表現在屬於文化性的「民（風）俗」、「宗教信仰」類目性符號，較為本土設計師所鍾愛，其資料使用量合計達42.2%。其次是「地理位置」的類目性符號（如臺北、高雄城市等符號），也頗受到設計師的青睞，比重佔21.9%。總計此三個類目符號達64.1%，遠超過其他類目性符號。

參考文獻

1. 日本能率協會編著，沈士涼譯（1988）。**KJ法應用實務**。臺北：超越企管顧問股份有限公司。

2. 朱浤源（2001）。**撰寫碩博士論文實戰手冊**。中華科際整合研究會。

3. 李根在（2001）。**複數相加創意思考之開發研究**。臺灣師範大學，碩士論文。

4. 洪嘉永（1996）。**西文字體的意象調查研究**。成功大學學報，第30卷科技，醫學篇，PP.143-163。

5. 陳向明（2002）。**社會科學質的研究**。臺北：五南。

6. 黃惇勝（1995）。**臺灣式KJ法原理與技術**。臺北：中國生產力中心。

7. 楊靜（2002）。**圖書館入口刷卡操作行為觀察之研究**。設計學報，第七卷，第1期，PP.47-57。

8. 楊靜（2003）。**圖像認知的選擇意向及其行為模式之研究**。設計學報，第八卷，第1期，PP.51-64。

9. 鄭淳恭（2001）。**立體造形材質在海報設計中之應用功能研究——以AGI三位設計師作品為例**。臺南：複合文化設計觀設計學術研討會論文集，PP.435-444。

10. 劉德威（2000）。**民國80年代標章設計造形發展之研究**。臺灣科技大學，碩士論文。

11. 鄭建華（2005）。**傳達臺灣印象的視覺符號研究**。臺北：全華。

第二部分

調查研究法

第七章 觀察法

阮綠茵

　　觀察法在設計研究中是最基本、最普遍運用的方法，因此明瞭觀察的意義、特點、類型和方法，對於提昇設計研究水準具有重要的影響。

壹、觀察法概述

一、觀察法的定義

觀察（observation）是人類感知世界、認識事物最基本的心理活動。觀察的過程不僅止於看見事物的感覺，還包括思考所見為何的知覺過程。一切觀察都包含二項因素：1.感官感覺因素，最主要者為視覺；2.思維因素。廣義的觀察法包括借助一定的儀器或採用眼、耳、口、鼻、膚、體等官感測知周圍事物的方法，但本章只探討以眼睛為主的視覺觀察法。

科學性的觀察是研究者基於對事物現象的興趣，有系統地檢視事物發生的過程與人們的反應。觀察不但需要「仔細察看」，更得在自然存在的條件下，對自然與社會現象之發生過程和結果，有目的、有計畫地以人的感覺器官進行觀察，此種觀察有時候並需借助科學儀器進行。其中「自然存在的條件」指對被觀察對象不控制、不干預、不影響其常態；「有目的、有計畫」指根據設計研究的任務，對於觀察樣本、觀察範圍、觀察條件和觀察方法做明確的規範與選擇。運用於設計研究中的觀察法（Observation Method），即指這種科學性的觀察，非僅經由感官簡單察覺任何事物而已。

二、觀察法的特點

觀察法所進行的觀察是一種專門技術。觀察者必需對所要觀察的主題有基本的了解，觀察的目的要明確，觀察的對象應盡可能處於自然狀態下。觀察時要客觀且精確，並詳細記錄下與觀察目的相關的事實。為能精確地進行記錄，最好同時利用照相、錄音、錄影等儀器輔助，以供事後整理，進行分析。

觀察法具有主動性、選擇性、客觀性等三個特點，分述如下：

㈠ 主動性

設計研究領域的觀察與大眾所認知的觀察不同，並非簡單反射式的感覺，而是有目的、有意識的觀察與研究。一般要求能(1) 確定某個現象得以發生的條件；(2) 詳細描述所觀察的現象；(3) 科學性分析並說明所研究的樣本，亦即探究現象與其發展的條件之間的關係。因此觀察之前應依據設計研究的目的，先制訂好觀察計畫，包括確定觀察樣本、觀察條件、觀察範圍和觀察方法，以保證觀察能有目的地進行，如此方為自覺與主動的觀察。

(二) 選擇性

設計研究領域的觀察係用來明瞭發生的事實現象和知覺反應，故需由大量客觀事實中，選擇出合宜的典型樣本、條件、時間、地點去進行觀察，以研究典型事物的現象及其發生過程。觀察動作應始終聚焦於目的所在的主題，不為其他現象所分散，需盡量排除外界無關刺激的干擾，以維持注意力集中在經過選擇的樣本上，如此進行的觀察才能獲得預期的研究成效。

例如：進行設計學院學生之廣告設計能力的觀察，根據觀察目的可選擇不同類型的學生做為觀察樣本，再挑選出可反映設計能力的主要指標，如：創造力、美感、知識程度、學習力等。主要指標中又應選擇出典型指標如：創造力，及幾個主要二級指標如：廣告構想之數量、廣告構想之獨特性等。因此只要針對幾名經過遴選的學生，利用幾個廣告設計作業，進行創造力主要指標和幾個二級指標的觀察，就可達到科學性觀察的目的。

(三) 客觀性

觀察法是科學性的研究方法，所採取的觀察需要客觀，如此觀察所獲知的現象和過程，才得正確反映事實。經由觀察蒐集到的事實，是認識事物的依據，也是設計研究的基礎。為能讓取得真實材料的觀察具有客觀性，首先要確保觀察是在自然存在的條件下進行，絕對不能影響被觀察對象的常態，否則所觀察到的資訊，無法反映平常的情況。資料不具客觀性時，往往會導致錯誤的推論，因此觀察時應設法不要讓被觀察對象察覺到正在被觀察。

被觀察對象若意識到自己正在接受觀察，有可能會不自覺地迎合觀察者的期望而做出特定的反應。這種情況下，觀察者宜與被觀察對象建立良好關係，消減被觀察對象對接受觀察的敏感反應，讓被觀察對象處於正常狀態。

再者，觀察要能真實記錄現實情況，觀察時與記錄時觀察者均不可帶有任何感情色彩，及摻雜個人的喜好與偏見，否則就無法探討被觀察對象真實的情況。

第三，被觀察的事件需重複出現，以針對觀察的現象或過程進行反覆的觀察。因為只有能重複出現的被觀察的現象及過程，觀察才能具有客觀性。稍縱即逝的單一現象和過程，並不適合單獨使用觀察法進行研究。若事件不能重複出現，觀察就無法覆核，觀察結果便難以確定其是否為一種現象。

第四，要長期、連續、反覆地進行觀察，否則就不易分辨事物現象或過程哪些是偶然的、哪些是一貫的、哪些是表面的、哪些是本質的，哪些是片面的、哪些是全面的等。反覆觀察的次數愈多，愈能準確、客觀地獲知真實的現象。

貳、觀察法的類型

在設計研究中，觀察的型式應依據研究的目的、內容與樣本特性而有不同的調整，以下依觀察的方式分類加以說明。

一、依觀察計畫的原則區分

依觀察計畫的原則，觀察法可區分為「結構化觀察」與「隨機觀察」二種。

1. 結構化觀察：結構化觀察並非日常生活中隨性的觀察，而是系統性的觀察，指人們為認識事物的本質和規律，利用感覺器官或借助儀器，對所選擇的特定被觀察對象，就特定重點進行有計畫、有目的觀察，並作嚴格詳細的量化記錄之觀察方法。這是能為量化研究提供資料的一種研究方法。

2. 隨機觀察：隨機觀察通常發生於日常生活中，是隨機的自發性觀察，其觀察目的不明確，無特定被觀察對象，亦往往不確知觀察之進行。由於觀察無特定重點，因此記憶與事實之間易產生誤差，對觀察者所敘述觀察到的現象，無法嚴格要求其內容之真實性。在設計研究中，隨機觀察多用來調查對事實現象所得的知覺印象。

二、依觀察時間間隔區分

依觀察的時間間隔，觀察法可區分為「定期觀察」與「長期觀察」二種。

1. 定期觀察：訂定觀察次數與每次觀察之時間長度，在特定時段進行觀察。例如研究設計師從事設計活動時彼此之間的互動關係，研究人員可於設計案進行時，於每周或每天固定時間觀察一、二次，每次半個小時。如此累積到一定次數，再整理觀察所記錄的資料加以分析。

2. 長期觀察：在較長的時期內進行有系統的觀察，一般可長到數星期、數月或數年。許多心理學者對兒童心理發展所作的日記式或傳記式的記錄和分析，即採用長期觀察法。生物學家達爾文（Charles Darwin, 1809～1882）曾寫下超過一萬頁的日記，並基於他搭乘小獵犬號航程時所作的觀察日記（Burkhardt et al., 1987）資料，返回英國後分析結果推導出演化論，而出版有名的《物種源始》（Darwin, 1859）一書。長期觀察法因此亦叫「日記法」和「傳記法」。

三、依觀察的內容區分

依被觀察內容涵括層面，觀察法可區分為「定期觀察」與「長期觀察」二種。

1. 全面性的觀察：觀察設計人員在一定時期內從事設計活動時，彼此之間的互動關係，即屬於全面性的觀察。全面性觀察由於涉及層面較廣，因而觀察時間常常比較長。很多設計個案研究採用全面觀察法。

2. 重點性的觀察：就所選擇的主題，記錄被觀察對象在一定時期內進行某活動，或該活動過程中的某環節，或活動過程中的數個環節之行為。例如：觀察小學生在賣場選購販售物品時其注意的特點，或他們在美勞課中的心理表現，以及組隊參加設計競賽的學生，在集體設計實作活動中的心理特點，如：自覺性、組織性、紀律性等。

四、依觀察行為區分

依觀察者的行為，觀察法可區分為三種：（Boyle et al., 1987, P.202）

1. 系統化之自然觀察法：觀察者在一定時期內，長期且有系統地觀察被觀察對象在自然情境下做出之公開行為，並分項紀錄其行為、態度等。

2. 利用「投射技術」（projective technique）要求被觀察對象以第三人稱的方式思考，敘述在觀察者設定的情境下該第三者的行為

3. 假設為態度可影響實作之結果，故指派被觀察者實作特定任務，推論被觀察對象的態度，其亦即由實作評情意。

五、依觀察技巧區分

依照觀察技巧的差異，觀察法可分為10種類型，包含直接觀察、間接觀察、參與觀察、非參與觀察、實驗觀察、自然觀察、隨機觀察、系統觀察、抽樣觀察、追蹤觀察等，分類標準與特點說明列於表7-1。

表7-1 觀察方法的種類

分類標準	類型	特點
是否透過中介物進行觀察	直接觀察	經由眼、耳、口、鼻、膚、體等感官在事發現場直接觀察客體。
	間接觀察	感官透過儀器觀察客體，或對某事發生後留下的痕跡如：照片和錄影等，進行推測性的觀察。

分類標準	類型	特點
觀察者是否參與觀察對象的活動	參與觀察	觀察者加入觀察對象的團體中，程度不等地參與觀察對象日常活動，並記錄其行為與活動過程。
	非參與觀察	觀察者不參與觀察對象的活動，亦不干預其發展變化，客觀觀察並記錄觀察對象的行為與活動過程。
觀察的對象與環境是否有條件受控制	實驗觀察	觀察者對觀察環境、觀察對象、周圍條件等變項施加某程度的控制，採用標準化方式進行觀察。
	自然觀察	對觀察對象不加控制，在完全自然條件下觀察。
是否有目的或計畫進行觀察	隨機觀察	偶然且無目的又無計畫地發現事實並予記錄。觀察所得資料為片面的，不完整又無系統，科學性低。
	系統觀察	有目的且有計畫和規律地觀察與記錄特定時間內觀察對象的行為。
觀察的時期與頻率	抽樣觀察	於具有大數量樣本的母體中抽取若干樣本進行定向的觀察，包括時間抽樣、場所抽樣和階段抽樣。
	追蹤觀察	對觀察對象的發展與演變過程進行長期定向觀察。

參、觀察者的角色

依據觀察者（observer）參與活動的程度及是否透露觀察者身分，觀察者分別扮演四種不同類型的角色，以蒐集被觀察對象的資料。

一、完全觀察者

指觀察者（研究者）與被觀察對象無關，對於被觀察對象的行為與事件的發展不施加任何影響，也不參與任何活動，例如：外來的參觀者或調查人員。完全觀察者對於被觀察對象的行為與事件的發展不施加任何影響，因而也能獲得非常真實的第一手資料。但是由於完全觀察者只進行觀察而不參與，被觀察對象的行為或事件發展的過程，可能會有部分內容不在觀察者（研究者）的視線之內。因此完全觀察者獲得的資料有可能是片斷的資料，缺乏整體的感覺，尤其較難觀察到可能發生的異常行為。

二、完全參與者

觀察者不向被觀察對象透露自己是研究者的身分，藉由親自參與被觀察對象所進行的活動，在旁實地觀察到被觀察對象之各項行為。例如：雲科大視覺傳達設計研究所，研究生李大同欲研究大學生在參加金犢獎廣告設計競賽時，各成員討論廣告策略

單時的互動情形與廣告腳本創意之關係，在此研究進行中，李大同並未向大學部學生說明他欲進行之研究內容，未公布整個研究設計，並親自全程參與及融入觀察樣本的討論活動。由於被觀察對象不知道觀察者（研究者）就在身旁，一切討論如同平時，因此觀察者得以順利蒐集到真實的第一手資料。

三、觀察的參與者

觀察者向被觀察對象透露自己研究者的身分，並藉由參加活動過程進行觀察。這時被觀察對象可能會臆測觀察者的意圖，自以為是地迎合研究者的需求，在活動進行過程中，有可能將原本平常狀態下的真實行為和看法，轉變為符合觀察者所希望的研究方向，結果觀察到的事物就可能不夠典型。

四、參與的觀察者

觀察者向被觀察對象透露自己的身分，並與被觀察對象全程共同參與活動，在互相交往的活動中進行觀察。例如：上一案例中，研究生李大同改向大學部學生公布，他欲進行廣告腳本創意與成員互動關係之研究，也向參賽學生說明整個研究設計大綱。由於被觀察對象知道察者的身分和目的，因此被觀察對象在整個活動過程中，有時候可能力求表現，有時候可能掩藏部分能力，而有異於平常的行為。在這樣的狀況之下，觀察者所能蒐集到的資料，與隱匿身分及研究目的的狀況時所得觀察資料，便有些許差異。平常性與真實性可能較差，但也可能調查出人們異常行為的狀況。

上述觀察者中，完全參與者、觀察的參與者與參與的觀察者等三類觀察者，均不同程度地加入被觀察對象的群體和組織內，成為其中一員，共同參與活動。他們是參與被觀察活動的觀察者，尤其在進行質性研究中，作為實地觀察的研究者，既能掌握第一手材料以深入了解情況，也能發現一些未曾預期的現象，挖掘出隱而未顯的問題，對之追根究源、察明原委，從而了解問題癥結所在。但是由於觀察的參與者和參與的觀察者都要表明自己的身分及觀察的目的，從而對被觀察對象產生影響，被觀察對象往往因而作出有意隱瞞或有意誇張的行為，使觀察的客觀性為之降低。

肆、觀察法的主要步驟

觀察法包含從觀察準備起直至獲得觀察結果的全部過程。觀察絕非僅為被動、消極的注視，還是一種積極的思考方式。此一由觀察導向思考的過程，是科學研究中最

基本、最常見的一種獲取事實經驗的方法，能啟發研究者的感性認知，擴展知識的領域，並導致新的發現。設計研究既然是複雜的社會科學研究活動，要正確且全面地掌握研究過程並不容易，而觀察活動又是其中蒐集當前事實的良方，在採行觀察法時，唯有經過系統性及目的性的規畫，才能獲取充分且有價值的資料，使成果更符合研究的需求。

　　既已訂定觀察目的，一個系統性及目的性的觀察活動，通常包括以下重要步驟：

一、確定觀察的內容和選定觀察範圍

　　觀察的目的在於觀察明顯的行為變化及不同實驗變數（獨立變數）水準（狀況）所引起的反應變數（相依變數）之變化情形，並予詳細的記錄。但因設計研究主題的不同，觀察的內容會有所差別，通常可分為以下幾種：

1. 語言行為：被觀察對象在受到條件刺激後，所表現出對事物的語言反應及其用以表達的詞語。例如：設計師在參與設計案構想發展時，是否會積極提出自己的看法？是否樂意與其他設計師討論設計內容等。

2. 非語言行為：被觀察對象在受到條件刺激後的表現，是以形體為主的動作行為。例如；設計師在參與設計專案構想發展時，是否願意提出對該設計案自己的構想草圖與同事分享？

3. 關係狀況：被觀察對象在受到條件刺激後，所表現出的人與人、人與事、人與物的關係狀況與改變程度。例如：設計師在參與設計專案構想發展後，設計師與設計師、設計師與專案經理之間的關係及其程度。

　　進行觀察時，除了選擇觀察樣本之外，還要在時間、空間上取樣，限制在一定的範圍內。以下列出畫定觀察範圍之幾種不同的取樣方法。

1. 時間取樣：觀察特定時間內所發生的行為現象。
2. 場域取樣：觀察特定場域中出現的行為現象。
3. 階段取樣：針對某一階段時間範圍，進行特定的觀察。
4. 追蹤觀察取樣：對觀察樣本進行長期性、系統性觀察，以了解其發展的完整過程。

二、做好觀察前的準備工作

　　進行觀察之前，需要做好各項準備工作，包括準備觀察工具，設計、印製觀察記錄表等，分述如下：

㈠ 準備觀察工具

現代科技發達，設計研究中常使用現代化的儀器以輔助觀察之進行與記錄，例如：進行圖像和聲音處理的多媒體電腦設備，還有錄音筆、數位照相機、數位攝錄影機、閉路電視裝置等。觀察前不僅要備齊必要的設備，而且要檢查其性能是否無誤，了解機件的功用，掌握操作方法，有時候還要檢測或先行校正，以確保其精確度，免得使用時故障或失真。

㈡ 設計觀察記錄表

一個完整的觀察研究必須做記錄，然後整理觀察記錄，包括統計與文字加工，使材料系統化、精確化、本質化，為進一步的分析做好準備。設計的關鍵在於依據實驗的假說，對預期可能出現的結果要項，將之依內容分門別類，使其條理化、結構化，形成層次井然的綱目，再製成表格。

觀察記錄表型式要簡明、結構清楚、易於使用，一般包括以下基本項目：(1) 觀察內容（行為表現）；(2) 時間取樣；(3) 場面取樣；(4) 對象編號；(5) 行為、現象表現的等級。

量化的記錄在設計量表時要考慮可能出現的誤差，作成較周密的量表，如此在觀察時既方便有條理地詳盡記錄，又簡單易行，有的只要依據量表填寫數目或符號即可，從而讓觀察者有餘裕邊觀察邊思考。

三、觀察場所的選擇與進入

㈠ 選擇觀察場所

觀察場所的選擇，依據研究課題之別，觀察場所可設在不同的地點，例如：餐廳、教室、圖書館、運動場、設計公司，也可在個人隱私空間或上網的場所。選擇觀察場所時一般遵循三個原則：

1. 盡量選擇可取得豐富資料的觀察場所。因為所能觀察到的資料愈多，該研究可以分析的資料也就愈詳實，所得的結果愈可靠。
2. 盡量選擇研究者適用的觀察場所。在特定情況下，設計研究工作者在研究時可能會受到本身一些情況，如：語言和生活習慣等的影響，那些影響應盡可能減少。
3. 可考慮選擇自己不很熟悉的觀察場所。在觀察熟悉的事物時，容易對一些現象與關係習以為常，而失去了敏銳的觀察力。若選擇研究者不很熟悉的觀察場所，研究者對事物便能保持敏銳的感覺。

(二) 進入觀察場所並獲得被觀察對象的信賴

在選定觀察場所以後，研究者要決定以何種角色進入觀察場所。如果決定做一個完全觀察者，則必須在觀察過程中儘量不引人注目；如果決定做一個完全參與者、參與觀察者或者觀察不參與者，則如何介紹觀察者、如何與被觀察對象建立起聯繫、如何取得被觀察對象的信任等，都是研究者實地面臨的問題。實地研究者在這方面的成功，取決於實地研究者的經驗，與隨機應變的本領。

四、進行觀察並記錄觀察內容

觀察研究的基本工具是筆記及實地觀察日誌。照相機和錄影機有時仍不足以記錄到觀察研究現場所有現象，故應盡可能在觀察時當場作記錄，或予事後補記。

觀察日誌應當涵括觀察到的現象與對該現象的理解，同時記錄下觀察者所見與連帶想到的資訊。例如：當研究者觀察到被觀察對象發表不贊同線上播放某教學軟體的意見而予記錄時，認為被觀察對象可能對教育方法抱持保守的觀念，或者該教學軟體的內容有問題，這時觀察者應該也要記錄下自己的看法。為了加快記錄速度和簡化記錄工作，研究者需要準備一個標準的記錄表，該表上預列有年齡、性別、年級等項目以供填寫，另外亦可準備若干速記符號，以便加快記錄速度。

做好記錄需要一些特殊的技巧，說明如下：

1. 不要過於相信自己的記憶力。即使過目不忘，亦宜當場記錄或事後盡快記錄，愈快愈好，以便將記憶與事實間的誤差減到最少。
2. 分段記錄。先做粗略的記錄（詞和短語），然後重新整理。
3. 記錄要詳細，盡可能把觀察到的一切細節都記錄下來，觀察時研究者很難確知事情的重要程度，一些初看不重要的細節，後來可能被發現很有價值。

五、整理觀察結果，建立檔案

觀察後盡快整理觀察記錄。整理時應以觀察當場的記錄為線索，回憶出詳盡的觀察內容。觀察所得原始觀察資料包羅萬象，多以文字記述，但仍需對這些原始觀察資料進行分析和解釋，才能從中發現行為的模式和意義。因此研究者需要分門別類地整理資料，並建立檔案，這是發現設計模式和設計意義過程的第一步。

為了找出可能的設計模式與事物潛在的意義，需要建立的檔案種類，應依據研究性質及資料分析的需要而定。檔案種類一般可以分為五類：

1. 背景檔案：包括事件發生的背景、時間、地點與主要人物之記錄。

2. 人物檔案：包括活動中的主要人物之資訊，甚至可為每個重要人物單獨設立檔案。

3. 文獻檔案：包括研究過程中所使用的一切資料之目錄。

4. 直觀檔案：包括研究者對現場情景的描述，與聽到的對話之具體內容。

5. 分析性資料：指研究者在觀察過程中對事物、事件或人物的分析，或者對各種關係所具有的意義的理解。

六、資料分析與詮釋

在觀察研究中，觀察和分析緊密結合在一起。研究者在被觀察的事件中尋找共同的行為模式，與違反一般規範的異常情形，因此需要在記錄所得資料中，挖掘出相同點和差異點，以期能對被觀察對象的行為作出全面且準確的描述。

觀察研究的目的，在於發現被觀察對象如何看待事物、如何定義情景，以及這些情景對被觀察對象所具有的意義。這些發現來自於資料分析的結果。因此資料分析的重點，在於對資料的詮釋。

詮釋指研究者對事物、事件或人物關係的理解，但這種詮釋並非研究者主觀的理解，必須盡可能依據對被觀察的事物、事件或人物關係的理解作為基礎，做出客觀的說明。

一般而言對觀察資料的詮釋可分為三個步驟進行：

1. 首先研究者將資料內容並置，進行縱向與橫向的比較。縱向比較指研究者把資料的內容與已知資料的內容相比較；橫向比較則指研究者把某人或某件事物的情況與他人或其他事物相比較。

2. 其次研究者詮釋資料內容，對資料賦予適當的社會和教育意義。

3. 最後研究者將其詮釋、想法與觀念聯繫在一起，以全面把握發生的情況、它們所展現的關係以及它們的意義。

經由上述三個步驟，研究者能以這些資料為基礎，從中挖掘出新的概念，或者形成新的理論。

七、撰寫觀察報告

全部觀察過程與觀察及分析所得結論，連同研究者所提出的一些建議，需撰寫成觀察報告。在撰寫觀察報告時，有幾點事項值得注意，宜小心避免：

1. 主觀偏見：觀察者可能會從自己認為有意義的方面來解釋觀察樣本的行為，使研究結論缺乏客觀性。結論形成時，觀察者往往會只強調某一觀點而忽略其他觀點，如此得出的結論常忽略掉其他可能性。

2. 原因誤差：觀察者可能會簡單地把某一個因素當作另一個因素產生的原因，忽略了可能還有其他原因存在，這樣會使結論簡單化。

3. 潛在誤差：觀察者可能僅依據觀察資料的分類就作出結論，因此應仔細檢查量表的正確性。觀察者直接觀察訪問和在圖書館查閱資料，積累了大量資訊。但在作結論時沒有對這些資訊進行篩選和淘汰，使得到的結論可能有潛在的誤差。

伍、觀察法的優點和局限

觀察法是社會科學及行為科學領域中，最常用的研究方法之一，亦是設計研究中最基本、最普遍的方法，但不是唯一的方法。在調查法中除了觀察法之外，尚有訪談法及問卷法，設計研究領域亦經常引用。觀察法如同其他方法，有十分明顯的優點，亦有難以克服的局限性。在設計研究中觀察法應與其他方法配合使用，截長補短，相輔相成。

一、觀察法的優點

觀察法具有直接性、情境性、及時性、縱貫性與、普遍性的優點，說明於下：

1. 直接性：由於觀察者與被觀察對象直接接觸，觀察所獲得的資訊資料，具有真實可靠性，是最直接且第一手的資料。

2. 情境性：觀察在自然狀態下實施，對被觀察對象不會產生干擾，既無外來人為因素的影響，被觀察對象就不會產生過度或不及之反應，能獲得自然情境下的觀察資料，具有一定的客觀性。

3. 及時性：觀察具有及時特質，觀察者能捕捉到被觀察對象正在發生的現象，因此所獲資料或資訊皆是當下才發生，具及時性。

4. 縱貫性：對被觀察對象可以作較長時間的反覆觀察與追蹤觀察，所記錄到的被觀察對象行為及其動態演變，可用以進行縱貫性（趨勢性）分析。

5. 普遍性：觀察適用範圍大，廣泛應用於自然科學研究與社會科學研究，在設計研究中，不少方法如調查法、實驗法等也與觀察法有密切關係。

二、觀察法應用上的限制

觀察法的應用有其局限，受到被觀察對象、觀察者、觀察範圍與觀察條件之控制狀況的限制，說明如下：

1. 被觀察對象的限制：觀察法較適合觀察被觀察對象外在的行為，及對外顯現象與事物之研究；較不適合進行偏好、態度、意見等內在想法之研究。有些較為隱私的行為，也不便使用觀察法。例如：觀察青少年上網活動內容，往往需要長時間持續觀察，進行不容易。

2. 觀察者的限制：人的感覺器官有生理上的不穩定特質，即使重複觀察相同行為，所覺察到者有時仍難免有差別；功能上亦有其極限，對於超出感官感覺範圍的行為，無法直接觀察到。再者又易受心理因素與主觀意識的影響，不同的人有不同的知識背景，對同一事件的觀察，潛意識裡有著個人的主觀想法，對事件的觀察與判斷，很難做到完全客觀。

3. 觀察範圍的限制：觀察工作往往曠日費時，在同一時期內觀察的樣本數若不多，則適合小樣本之研究，不適於需要大量樣本之研究。如果要觀察大量樣本，往往需要在不同時間、不同地點進行多次觀察，會使觀察者與被觀察者的變異性大幅提高，從而影響觀察結果。

4. 觀察條件控制不良時易受無關變數影響：在自然狀態下的觀察，有時由於缺乏嚴謹的觀察條件予以控制，往往因無關變數混雜其中，造成觀察的結果產生偏差，使觀察結果可信度降低。

陸、觀察研究的信度與效度

觀察研究與問卷調查和實驗研究不同。實驗與問卷調查一般具有較高的信度，但其效度較低；而觀察研究往往不具高信度，但效度卻較高。

一、觀察研究的信度

信度（Reliability）指量尺的穩定性與一致性。如果將信度的概念具體應用到觀察研究上，理論上而言任一位設計研究工作者承擔觀察的任務，在相似的觀察場所，就相似的被觀察對象，進行觀察研究的結果應該相似。若採取與前人研究相同的觀察方法，且得到類似的研究結果，該研究信度便高。但由於研究者的結論源於他們對被觀察對象的語言、行為、舉止的詮釋，詮釋常常因人而異，致使觀察研究的信度較易受到質疑。

二、觀察研究的內部效度

效度（Validity）可分為內部效度與外部效度。內部效度指能用量測方法度量樣本的程度，而外部效度指研究的結果可適用的能力範圍。觀察研究一般具有較高的內部效度，因為觀察研究者在研究某一課題時，例如：一項研究學生學習狀況的課題，研究者不但會作深入的訪問，還可能進入被觀察對象的學習、生活環境中，甚至到其家庭中，進行全方位的觀察。在這種情況下，許多學生學習、生活的細節很難逃過研究者的觀察。例如：同學對同學、同學對老師說話的語氣，學生資訊技術應用技能的熟練程度，學生情緒的變化等。

問卷調查在研究同樣的課題時，僅能提出一些表面的問題，諸如「每星期花多少小時間上網？」「流覽最多的是什麼類型的網站？」「是否有利用網上資源進行學習？」等。另外，問卷調查對於回答的真實程度也沒有任何程度上的控制。因此由細微深入的觀察所獲得的資料，在內部效度上遠優於問卷調查的結果。

三、觀察研究的外部效度

觀察研究的外部效度一般而言較低，通常只能將觀察研究結果的內部效度，限定在觀察研究的實際範圍之內，而不能就觀察研究的結果作出有效的推論。

外部效度在一定程度上與信度有關。第一，觀察研究的結果，是基於個人的觀察與量度，因此無可避免地帶有主觀色彩，結果不同的觀察研究者，可能就相似的課題提出不相似的結論。觀察研究的結論有可能互相矛盾的時候，當然不能把結論推論到一個較大的範圍，否則就會面臨以哪一種結論為基準的問題。

第二，觀察研究往往未採取抽樣的過程，亦無標準化的量尺，有些較大規模的觀察研究雖然有抽樣，但是抽樣方式多採非機率抽樣，無法對抽樣樣本之母體予以完整定義，當然更無法判斷樣本是否具有典型的代表性。因此從觀察研究所得的結論，應用時有很大的局限性。

在設計研究中，每一種研究方法都有其特定的優點與缺點，也就不存在哪一種方法優於另外的方法的問題。但是在研究具體的課題時，有時問卷法可能優於觀察法；有時觀察法可能優於問卷法，有時實驗法可能優於問卷法與觀察法，有時內容分析是一個更好的選擇。究竟選取哪一種方法，還是得視研究者的課題、經費、時間和對信度與效度的要求等諸多因素而決定。

柒、應用實例

> **範例一：百貨公司賣場人性化設計之研究。**
>
> 劉朝雄（2003）。國立高雄第一科技大學行銷與流通管理所，碩士論文。

一、觀察方法

本研究主要採用直接、自然、不干擾消費者的觀察方法。

二、被觀察對象

百貨超市。

三、觀察內容

針對消費者的購買行為與賣場規劃設計之間的關係，進行觀察研究，包括(1) 超市賣場消費者購買行為之觀察研究，觀察項目為顧客進出入動線、賣場顧客密度、消費過程；(2) 賣場標示系統的觀察研究；(3) 百貨賣場廁所使用頻度之觀察。

四、研究結果

㈠ 超市賣場消費者購買行為之觀察研究結果

1. 停留時間與購買件數、購買客單價間呈正向關係。停留愈久購買量愈多，顧客平均停留時間為22分鐘。

2. 賣場中72%的消費者會自備購物袋，用手拿平均購買件數為4件，自備購物袋及購買塑膠袋者則有8～9件，購買件數比率為1：2。

3. 使用信用卡結帳之比率為46%，現金為49%；信用卡平均結帳時間40秒，現金32秒，使用信用卡較現金之結帳時間多1.25倍。

4. 顧客結帳平均等候時間為51秒，購物件數五件（含）以下者占34.3%，5件以上者占65.7%。

5. 賣場中顧客進出入動線，停留密度發現不平均現象，超市入口處日用品區走道寬度不足，造成無法交錯及產生推擠效應。

㈡ 賣場標示系統的觀察研究結果

1. 各百貨公司樓層指示標誌配置最多為廁所29.8%，其次為電梯26%，電話18.2%。

2. 指示標誌圖形中，以圖像設計占90%，文字設計占10%。

3. 在辨別度方面：「育嬰室」8個圖案中，母親與嬰兒同時出現者，顧客最容易辨識，以奶瓶設計則錯誤率偏高。「客服中心及貴賓室」5個圖案中，直接使用VIP，顧客有較高認知，而咖啡杯圖案不宜使用。「服務臺」8個圖案中，以服務臺、服務員及問號組合者最適合。「寄物處」圖案中，則以鑰匙、櫃子、皮箱之組合最佳，而以包裝袋設計則無法讓顧客有效辨識。

㈢ 百貨賣場廁所使用頻度之觀察研究結果

1. 男性大號、小號之使用比率為1：4，使用時間大號較小號時間多6倍。

2. 男性如廁使用時間平均為46秒，女性為90秒，約為1：2，和美國康乃爾大學及國內女生行動聯盟調查結果相當。

3. 被觀察對象男、女廁所設置比率為1：1.7，合理設置比率應為1：3，改善時應適度調整其比率。

範例二：使用電腦及傳統媒材在構想發展過程上的比較。

李惠琳（2002）。國立交通大學建築研究所，碩士論文。

一、觀察方法

本研究主要採用非參與式觀察法。

二、被觀察對象

建築設計師。

三、觀察內容

觀察設計中的構想發展階段，設計師使用電腦來進行建築設計的構想發展時，其過程與使用傳統媒材時的差異及其相關的設計思考現象。

本研究選擇以電腦環境下的設計過程中的構想發展階段，建築設計師使用電腦來進行設計構想發展時，使用傳統媒材與電腦媒材時的差異及其過程相關的設計思考現象。

本研究的研究步驟分為二個部分，首先，在正式研究開始前先進行一組案例比較作為前置步驟，以期對此議題有一初步的了解；第二個部分則是透過非參與式觀察法

來進行實證研究，以獲得設計者在構想發展過程中最自然而豐富的紀錄資料。為了能深入而有系統的進行比較，本研究也引用回溯式的口語報告法以獲得被觀察對象的口語資料作為後續分析時的主要依據。

研究的結果發現建築設計師使用電腦媒材進行構想發展時，其設計過程及認知行為的確受到媒材的特性影響而與使用傳統媒材時有所差異與改變。

範例三：幼兒學習需求導向之桌椅設計研究。

吳湘苹（2002）。國立臺灣師範大學設計研究所，碩士論文。

一、觀察方法

本研究主要採用觀察法與問卷訪談法。

二、被觀察對象

幼兒。

三、觀察內容

先觀察幼兒的行為，再針對幼兒桌椅的材質、主要功能、桌附加功能與造形，向幼兒父母、托育中心的老師或主任進行問卷訪談，探討大人選購桌椅條件與幼兒需求上差異的現象。

四、研究結果

觀察與問卷調查的結果歸納出下列設計方針

1. 桌椅的材質：以木材為主，其他材料為輔。
2. 桌椅的主要功能：提供閱讀、用餐與工作，可依幼兒體型調整桌椅大小，且可配合活動的需要變更桌椅的配置並加以定位。
3. 桌椅的附加功能：考慮健康、音樂、工作、語文、社會、科學與遊戲領域的結合。
4. 桌椅的造形：考慮經濟效益，以簡潔具組合變化的造形，搭配幼兒喜愛的色彩。

最後，應用上述設計方針製作成桌椅，給幼兒使用並做一次滿意度調查，結果顯示幼兒、老師與家長的接受度尚佳。

範例四：動作教育模式在幼兒運動遊戲教學之觀察研究。

黃永寬（2001）。國立體育學院體育研究所，碩士論文。

一、觀察方法

該研究主要採用觀察法及訪談法。

二、被觀察對象

以三位幼兒運動遊戲指導教師及三班幼兒園中班的小朋友為研究的對象。

三、觀察內容

針對動作教育模式在幼兒運動遊戲教學之教師行為及學生行為進行觀察。 使用的研究工具包括：教師行為觀察表、學生行為觀察表、系統觀察法及教師訪談，並以時間百分比之平均數進行分析。

四、研究結果

㈠ 動作教育模式在幼兒運動遊戲教學之教師行為

1. 教師行為以教導、指導學生行為為主，其次是管理及督導、觀察行為。

2. 教師的指導行為包含間接指導、直接指導、示範指導及參與活動四種方式，且有較高的時間比率在間接指導上。

3. 教師指導行為在以口語傳達訊息時，主要以問問題的方式和幼兒互動，並應用幼兒的想像力，引導教學的情境及角色扮演。

4. 教師在教學中以音樂來增加活動的氣氛，並經常直接參與幼兒的活動及使用「急促性」遊戲來增加活動的趣味。至於「排除性」的教學方式則不見使用。

㈡ 動作教育模式在幼兒運動遊戲教學之學生行為

1. 幼兒以參與活動為主要行為，其次是接受訊息，較少花費時間在管理及等待。

2. 幼兒在跟他人做動作時，能迅速的找到合作對象，且最喜歡和教師一起活動。

3. 幼兒在表現創意動作時呈現多元化特質，且能表現出各種具創意的動作。

4. 幼兒對示範動作及描述動作的機會會積極爭取，但有時會對突來的任務感到退縮。且其進行描述動作時，大多僅就動作名稱或身體名稱做描述，很少有描述動作的方法。

5. 幼兒在參與活動時有很好的常規表現，並熱愛協助教師收拾器材，若有碰撞跌倒的情形，亦能快速且主動地再參與活動。

㈢ 動作教育模式在幼兒運動遊戲教學是有效的教學模式。

範例五：博物館觸控式展品之使用行為研究——以國立科學工藝博物館「二維條碼」展示單元為例。

胡文齡（1999）。國立臺南藝術學院博物館學研究所，碩士論文。

一、觀察方法

本研究用實地觀察，來記錄觀眾的使用行為；而態度研究則採取訪談的方式，使用結構式的表列問題，配合當時的使用情形，引導出觀眾對於使用該媒體的態度。

二、被觀察對象

以參觀博物館內的互動式媒體的觀眾為研究的對象。

三、觀察內容

了解觀眾的使用互動式媒體使用行為，及對於展示媒體的態度。

本研究選擇以觸控式螢幕為研究對象的主要原因有二：由於較佳的操控性及便利性，觸控式螢幕漸取代滑鼠、鍵盤等介面設計，成為博物館內廣被應用的電腦互動式介面。其次，觸控式螢幕與觀眾的互動方式直接、易於觀察，也是選擇此項媒體的原因之一。

四、研究結果

1. 使用本觸控式展品的觀眾以團體占多數，使用時間平均為5分11秒。

2. 在介面設計上，觸控式電腦節目常見的失誤點有：(1) 定位不準；(2) 畫面太敏感；(3) 未看清說明致操作不當。

3. 觀察案例中，以團體式、合作式的互動行為居多，個人使用者由於缺乏討論的對象，使用遭遇困難後有容易放棄的傾向。由研究結果證明，合作行為與展示的使用成功率呈正相關（成功的28例中，有22例是經由合作完成的）。

4. 使用行為上，易受同行者與事先觀察前一組使用經驗的影響。造成對觸控式節目內容的不完整使用、容易放棄，以及對展示認知不夠明確等狀況。

5. 接受訪談的觀眾中，大多數沒有迷失感，對於互動式展品的設計，最在意是否容易理解，雖然大都表示觸控式展品操作容易，但是偏向喜歡滑鼠式或鍵盤式的介面設計，與一般對於觸控式螢幕設計較受歡迎的印象並不相符。

結合上述1、3項結果，可發現團體觀眾較易成功地使用如本單元般較為複雜的互動式展示。在觸控式螢幕的使用上，他們藉由討論或者是肢體上的交替使用行為，往往能夠克服所遭遇的使用障礙。但是也很遺憾地發現，觀眾有了肢體上成功的互動，並不表示也學得了展示資訊。有三分之二的受訪觀眾，僅有片面的認知，無法回答出正確的展示概念。

範例六：國中生在生活科技科教學活動中問題解決歷程之研究。

簡志雄（2001）。國立臺灣師範大學工業科技教育研究，所碩士論文。

一、觀察方法

採用參與觀察、訪談、及資料蒐集等研究方法。

二、被觀察對象

研究期間有六位觀察員，分別觀察六位國中學生。

三、觀察內容

觀察國中生在生活科技科教學活動中問題解決之歷程，在每一項活動結束後，各觀察員隨即訪談所觀察的學生。

研究目的在於了解學生解決問題的外部行為內在思考歷程，及了解學生與同儕解決問題過程的互動情形。

四、研究結果

研究所得的資料經過分析、分類、編碼之後，再請觀察員作確認檢核，歸納出以下結果：

1. 學生問題解決的外部行為歷程有：(1) 接收與確認工作期；(2) 探索期；(3) 製作忙碌期；(4) 組合與測試期；(5) 修正期。

2. 學生問題解決的內在思考歷程，可分為：(1) 好奇心的引發；(2) 舊經驗的回想；(3) 嘗試性的製作；(4) 期待老師的指導；(5) 尋求同儕的協助；(6) 回饋後的修正；(7) 下次活動的期待。

3. 學生在問題解決過程中與同儕的互動情形有：(1) 互動情形局限；(2) 沒有合作學習的功效。

研究後發現，學生只限於短暫的溝通，並沒有正式的分組討論；有分工合作，但只限於製作方面；有寫作業單，但不是共同合力完成，而是各自完成。

參考文獻

1. 李惠琳（2002）。**使用電腦及傳統媒材在構想發展過程上的比較**。國立交通大學建築研究所，碩士論文（未出版）。

2. 吳湘苹（2002）。**幼兒學習需求導向之桌椅設計研究**。國立臺灣師範大學設計研究所，碩士論文（未出版）。

3. 胡文齡（1999）。**博物館觸控式展品之使用行為研究——以國立科學工藝博物館「二維條碼」展示單元為例**。國立臺南藝術學院博物館學研究所，碩士論文（未出版）。

4. 黃永寬（2001）。**動作教育模式在幼兒運動遊戲教學之觀察研究**。國立體育學院體育研究所，碩士論文（未出版）。

5. 簡志雄（2001）。**國中生在生活科技科教學活動中問題解決歷程之研究**。國立臺灣師範大學工業科技教育研究所，碩士論文（未出版）。

6. 劉朝雄（2003）。**百貨公司賣場人性化設計之研究**。國立高雄第一科技大學行銷與流通管理所，碩士論文（未出版）。

7. Burkhardt, F., and others.（1987）. **Darwin's Scientific Diaries 1836-1842**, Cambridge: Cambridge 'University Press, eds .

8. Boyle, J. D., & Radocy, R. E.（1987）. **Measurement and evaluation of musical experiences**. New York: Schirmer Books, P.202.

9. Darwin, Charles.（1964）. **On the Origin of Species**, with an introduction by Ernst Mayr, Cambridge, MA: Harvard University Press, 1859; facsimile reprint.

第八章 訪談法

阮綠茵

　　基於特定的目的去拜訪他人，藉由對談的方式而獲知受訪者對特定事項的意見，即為訪談（interview）。訪談通常採取一般對話的形式進行，但有別於一般日常對話，二者差別在於：(1) 訪談具有明確的目的，因此對談的歷程與內容，均經過特意的安排和控制，以便取得所要的訊息；(2) 進行訪談的過程中，訪問者與受訪者的關係並不對等，主要由訪問者向受訪者探求訊息，而且這種關係得到雙方的默認（Kadushin, 1990）。換言之，訪談屬於研究行為，而對話則否。

壹、訪談法概述

採用訪談的方式蒐集資料稱為訪談法（Interview Method），於1980年代被大量應用於教育的研究，至今訪談法已成為公認為蒐集資料重要方法。目前設計研究亦普遍使用訪談法。

一、訪談法的定義（Definition of Interview Methods）

依據Mishler的看法，訪談（interview）為訪問者（interviewer）與受訪者（respondent）雙方進行「面對面的言辭溝通，其中的一方企圖了解他方的想法與感觸等」，因此「有一定目的，且集中於某特定主題上。」（Mishler, 1986a）。

訪談有如一種口頭問卷。訪問者以面對面的方式向受訪者提問，受訪者不需在問卷上填寫答案，而改以口述的方式，直接回答訪問者的問題。訪談法與問卷調查之別，在於被訪者的答案沒有預先設定的形式，因此受訪者答覆的記錄，常以逐字稿的方式寫下來，以免因有遺漏，導致資料分析時對受訪者看法的誤解。訪談所得的資訊，常需要再次爬梳，不像問卷般可採用選項回答，將資訊量化時也較困難。

訪談依受訪者回答內容所給予資訊質與量的程度，可分為調查訪談與深度訪談。調查訪談（survey interviewing）常用於社會科學領域的研究，例如：一般的市場調查、民意調查等，此類調查通常以電話訪談簡答若干問題及街頭訪員攜帶著簡短問卷詢答等形式，在日常生活中出現，多屬於量化的研究（quantitative research）。深度訪談（in-depth interviewing）則用於質性的研究（qualitative research），研究者將訪談過程視為交談事件（speech events），且強調訪問者與受訪者雙方共同進行意義建構的過程。（Mishler, 1986b）

因此，深度訪談並非訪問者去挖掘受訪者既有的想法與情感，而是透過雙方互動的過程，就若干議題經由對談，互相感染情緒，建構選擇與決定的經歷，而思考出的意見。因此深度訪談所得資訊，是訪問者與受訪者藉由持續的互動歷程共同營造而來。

調查訪談與深度訪談的差異，經整理列於表8-1。

表8-1　調查訪談與深度訪談差異比較表

項目	調查訪談（Survey Interviewing）	深度訪談（In-depth Interviewing）
內容設計	事先安排，為訪問者單方的決定。	內容因應訪談狀況而變，是訪問者與受訪者在訪談過程中雙方共同做成的決定。
過程控制	嚴格控制。採用高度標準化的問題與固定的研究程序，為結構性調查。	開放互動，採取開放式的問題與隨機應變的回答程序，為半結構性的調查。

項目	調查訪談（Survey Interviewing）	深度訪談（In-depth Interviewing）
著重訊息	僅就若干主題取得簡短意見，故較易廣泛蒐集，取得大樣本資料。	全面性深度敘述意見，故受訪者數量難以增加，為小樣本調查。
受訪對象	典型的平凡百姓，以方便進行理論的概化與推論的設定。	獨特個體，故不易進行個案比較，及用以進行整體概化的推論。
訪問者態度	中立疏離，以免影響受訪者作答，而改變了受訪者的本意。	投入主動，積極參與議題的討論與受訪者思緒的建構。
訊息詮釋	超越個人，以抽象理論解釋眾多個案的普同特性。	凸顯獨特個案的訊息，故頗適用於專家訪談，以取得一般受訪者難以提出的專業見解。

二、訪談法的特點

採用訪談法進行調查時，由於訪問者與受訪者面對面進行溝通，互相會直接感受到對方的表情、語氣、姿勢，甚至受到身分、地位的影響，二者的交流因而不限於言辭往來，同時也包括非語言的示意，因此訪問者可經由觀查受訪者外顯的情緒狀況，揣測出受訪者的心理加以因應，巧妙引導訪談的進行，並研判受訪者所述內容的可靠性，從而獲得好品質的資訊。

訪談法的特點概略說明如下：

1. 雙向溝通：訪談法採用面對面的對話、討論等方式進行溝通，訪問者與受訪者在訪談過程中因察言觀色而相互產生明顯的心理影響。
2. 提問與回答內容靈活：訪談時受訪者答題的限制少，不受限於選項內容，可以大幅發揮個人意見。受訪者對問題有誤解時，訪問者可作說明；受訪者回答內容含糊不清時，訪問者亦可重複提問，或請求更深入的剖析。
3. 可臨場隨機應變：訪問者能依據現場情況，改變提問方式與內容。
4. 受訪者適應性高：訪問者可針對受訪者的人格特質調整訪談方式，受訪者因而會有高度的回答率。
5. 外界條件具有可控制性：訪問環境與訪問的題目皆可標準化。

貳、訪談法的類型（Types of Interview）

在設計研究中，因研究的目的、內容、樣本之別，有多種訪談方法可採用，在此依照訪談整體結構及提問方式之別，分類說明訪談方法。

一、依訪談整體結構分類

依訪談整體結構分類，可將訪談分為「結構性訪談」、「非結構性訪談」與「半結構性訪談」三種，訪談過程控制、訪談情境及答覆內容之質量各有所別，列於表8-2。

表8-2　訪談方式分類比較表

類別	訪談過程嚴密	訪談過程半控制	訪談過程無設限
訪談整體結構	結構性訪談 structured interviews	半結構性訪談 semi-structured interviews	非結構性訪談 unstructured interviews
訪談過程控制	標準化訪談 standardized interviews	焦點訪談 focused interviews	開放式訪談 open-ended interviews
訪談情境	正式訪談 formal interviews	半正式訪談 semi-formal interviews	非正式訪談 informal interviews
答覆內容之質量	調查訪談 survey interviews	深度訪談 in-depth interviews	深度訪談 in-depth interviews

(一) 結構性訪談（Structural Interviews）

結構性訪談又稱「標準化訪談」（Standardized Interviews），為對訪問過程高度控制的訪談。事先設計好具一定結構的問卷，通常為是非題及選擇題，由訪問者據以進行訪問，訪談過程完全標準化，提問內容、順序及受訪者回答的記錄方式均予統一，若受訪者不明白問題內容時，只能複述問題或以一致的說法解釋。

受訪者依特定標準選取，通常採隨機抽樣。進行時個別訪談或聚集多位同時訪談均可。與問卷調查相比，結構性訪談應用範圍較廣，題目可複雜與深入。由於控制調查過程，可確定受訪者是否有聽清楚問題；避免他人代填答案或數人商量後作答的弊端；能當場檢核答案有無誤答或遺漏，大幅降低回收答案的失誤；可觀察受訪問者的表情獲得額外訊息，評估其答題的態度是否認真，及答案的效度與信度，從而提高調查結果可信度。結構性訪談回收率高，一般可達80%以上。因問題格式統一，訪談結果較易進行統計分析，常用於市場調查。

結構性訪談較問卷調查耗時，費用亦較高，使調查規模受限。對於敏感、尖銳及事關隱私的問題，效度亦不及問卷調查。如果訪問者不自覺地對受訪者透露個人意見，將使調查結果產生偏差。大規模的設計調查常採用結構性訪談，訪問者務必受訓以確保訪談時對問題的處理方式一致。

嚴格的標準化程序，使訪談法中訪問者與受訪者面對面互動的特點無法發揮，其問題格式亦使所得資料難以觸及設計的深層及設計變化過程。若干統計結果亦因缺乏

相關的設計背景資料，無法提出合宜的解釋，故常用於研究的前段，在研究後期則輔以非結構性訪談，做進一步的深入調查。

(二) 非結構性訪談（Unstructured Interviews）

非結構性訪談又稱「開放式訪談」（Open-ended Interviews）或「非標準化訪談」（Unstandardized Interviews），訪談前預訂主題，訪問者或受訪者以閒聊的方式針對該主題自由交談，受訪者可任意申述己見，無所顧慮，訪問者僅會適時以少量問題引導談話方向，因此受訪者每每不自覺地盤托出內心想法。對於心理較閉塞的受訪者，此法頗為可行。

非結構性訪談可就主題周邊相關的事件與現象，由因到果廣泛論述，衍生出原來訪談方案中未予考慮的新內容，亦能獲知研究對象在環境中生活與行動的感覺，可深入挖掘人的動機、態度、價值觀、思想等無法直接觀察到的資料，擴展探討的層次，進而建立假設，從而對複雜的事實有全面性的了解。

再者，如此的對話中訪問者與受訪者會交互影響，易激發出新思維，因此非結構性訪談不僅蒐集資料，同時解析資料、研究問題，故常用於探索性的調查，進行質性的研究。然而因答覆的內容無嚴格限制，要量化資料頗有困難，驗證性的研究不宜採用。

由於訪談限制少，受訪者可能陳述過長，高度主觀且雜訊過多，頗為耗時。訪談所得資料更因訪問者的素質、經驗和技巧而有別，訪問者最好能有充分的訓練與訪談經驗。

(三) 半結構性訪談（Semi-structural Interviews）

半結構性訪談又稱「焦點訪談」（Focused Interviews），研究員在訪談前就單一主題訂下訪談大綱，並預列若干問題供訪問者以同義重述的方式採用。訪談以一對一的形式進行，訪談重點在於明瞭受訪者的看法，所以訪問者會以綱要為本，就訪談的狀況適時以不同形式的開放式問題（open-ended questions），引導受訪者針對該主題進行深入的陳述。對所有受訪者的提問，字句不需相同，只要與預設問題（pre-set questions）意思相同即可。在設計研究上常採用的焦點團體法（Focus Groups），則是由一群人採取團體性的討論與互動。

半結構性訪談兼具結構性訪談與非結構性訪談之優點，對於不易觀察到的特質，例如：人的感覺、情緒，此法可以相當簡單、有效且實用的方式取得資料。當受訪者在訪問者簡短地引導後說出心聲時，其行為背後的意義或許便會顯現。對於複雜的問題訪問者可經由再次的提問讓受訪者釐清，訪問者亦可就受訪者答覆的內容，提出事

先未思及的議題。再者訪問者對訪談過程中該談與不該談內容之掌控，因有若干預設問題的提示，訪問者便不會擅自決定訪談內容何處重要與何處不重要，而產生資料蒐集上的偏頗與疏失。既有題目，記錄時也較非結構式訪談容易。

然而訪談內容的品質仍仰賴訪問者的提問技巧，訪問者可能不自覺地在言行上指引受訪者給予訪問者期望的回答。各個受訪者向訪問者反問的問題可能不同，致使訪談過程無法標準化。再者耗費的時間頗長，費用亦高，以致受訪者人數多僅為小樣本。質性的資料層次不易分析，訪談時個人特質過重，也可能造成難以找出普遍性的法則，即使受訪者可能說謊或說錯，或迎合訪問者來回答，研究者亦難以判斷訪談所得資料的可靠性。

二、依提問方式分類

依提問方式分類時，可分為「直接訪談」與「間接訪談」。

㈠ 直接訪談

直間接訪談可分為結構式直接訪談與非結構式直接訪談。

1. 結構性直接訪談：以直接訪談方式進行的結構性訪談在行銷研究中使用最廣，訪談人員利用正式的結構式問卷，不隱藏研究目的，直接向受訪者就問卷上的問題一條條詢問。由於所有的問題在訪談前已確定，因此訪問者可採取有次序的和系統性的方式進行詢問，並當場記下受訪者的回答。結構式直接訪談具有使用結構式問卷和明示研究目的之優點，但對私密性和個人動機的問題，較難獲得理想的回覆。

2. 非結構性直接訪談：非結構式直接訪談中，研究人員只提供訪問者關於議題的概略指示，並無結構式問卷，但允許訪問者向受訪者公開研究目的，並可視受訪者的反應於訪談中隨機應變，自行決定提問次序及用語。

㈡ 間接訪談

間接訪談亦可分為結構式間接訪談與非結構式間接訪談。

1. 結構性間接訪談：採用結構式間接訪談時，研究員需設計一份難以看出研究目的之結構式問卷，讓訪問者依題目順序照本宣科，向受訪者進行訪談，或將該結構式問卷郵寄給受訪者填答。

2. 非結構性間接訪談：非結構式間接訪談亦隱藏研究目的，採無結構式問卷。

多數間接訪談具部分結構，訪問者會事先設計好若干字彙、語句、圖片等，在訪談中運用，但為取得充分資料，訪問者在訪談過程中有相當大的發揮自由。

參、訪談的程序（Interview Procedure）

一個有系統且目的明確的訪談，就以下七個步驟依序進行：(1) 訪談前準備；(2) 進行訪談；(3) 訪談中探測性（probe）處理；(4) 結束訪談；(5) 整理訪談內容；(6) 資料分析；(7) 撰寫訪談報告。

一、訪談前準備

訪談前準備工作包括：(1) 擬訂訪談大綱及訪談內容；(2) 挑選適當的受訪者，並將受訪者姓名、電話、背景資料，逐一記錄於備忘錄；(3) 擬訂訪談日程，確定訪談時間與地點；(4) 備齊訪談使用的工具。各步驟分述如下：

㈠ 擬訂訪談大綱

首先研究者需熟習調查內容相關的知識，再根據研究目的和理論假說，擬訂訪談大綱，並將其具體化為一系列訪談問題。為了便利訪談工作的進行，編擬訪談大綱的問題時，宜遵守下列原則：

1. 避免模棱兩可的詞句，確保訪問者與受訪者能有效溝通。
2. 所有問題的目標應能得到受訪者認可，以免引起質疑。
3. 由母群體中選出的受訪者，應可提供訪談目標所要資料。
4. 避免使用具引導性的問題。
5. 訂立訪談架構，訪談的問題儘量採取相同的提問方式，減少產生誤解的機率。
6. 擬訂訪談問題的次序，於正式訪談前先進行前測，以確定問題內容及次序合乎邏輯思考，讓訪談過程能較順暢。

㈡ 挑選受訪者

挑選適當的受訪者，對他們作初步的了解。受訪者是資料的提供者，因此受訪者的選擇恰當與否及對他們了解的程度，均會影響整個訪談工作的成效。結構性訪談多採用隨機抽樣選取受訪者，以確保結果能進行統計分析。在半結構性訪談與非結構性訪談，受訪者的選擇則與研究議題有密切關係。

受訪者選定後，要盡可能了解受訪者，例如：其性別、年齡、教育程度、專長、職業、經歷、身體和精神狀況等。對受訪者若無所知，則訪談時不易溝通，也難以理解受訪者所表現出的行為。例如：受訪者拒絕接受訪談時，未必因為不樂意說出個人意見，也許只因為該區域剛進行過類似的調查。

(三) 擬訂訪談日程

有了適當的受訪者，接著得規畫實施訪談的程序表。訪談日程計畫內容包括：訪談前應閱讀的文獻資料、確認與訪談者聯繫的方式、敲定訪談日期與時段、訪談時間長度、決定訪談地點、訪談時如何進行過程控制、有何特殊事件或特殊人物應當預作準備等。訪談中可能出現的問題，也要事先評估並提出防範與應對辦法。

(四) 備齊訪談使用的工具

親赴現場訪談前，需備齊訪談工具。訪談工具可分為五類：

1. 聯絡工具：調查地區的地圖、手機，以確保不會迷路。
2. 身分證明：調查機構或研究負責所發的公文、介紹信、證件等。
3. 提問工具：調查表格、調查說明書、問卷等。
4. 記錄工具：可作精詳記錄的數位輔助工具，如：錄音筆、數位相機、錄影機，乃至具影音記錄功能的手機等。訪談進行時宜同時採用筆、紙、筆記本或筆記型電腦等進行重點記錄。

二、進行訪談

訪問者必須外表和藹可親，具高度的敏感性，有良好的應變能力，方能順利完成訪談工作。受訪者初次面對訪問者時，難免會有所顧忌，或感到緊張。如何讓受訪者以平常心接受訪談並不容易，為使訪談能順利開始，通常選定受訪對象後，會先告知受訪者。

正式訪談開始之前，訪問者應先做以下說明：

1. 訪問者自我介紹、表明身分與代表的單位、遞交研究單位的介紹信，必要時出示身分證明。
2. 告知受訪者打算訪談的內容，包括該研究的目的、提問的項目，並說明會尊重受訪者的個人隱私權，機密處理訪談內容，受訪者個人相關資料非得同意不會公開等。
3. 告訴受訪者選中他前來訪談的原因，無論受訪者是從母群體中依據抽樣原則遴選出的代表性人物，或為可提供該研究具關鍵性資料的人物。
4. 剪輯過去所作相關訪談結果或摘要展示予受訪者參考（這可不是給受訪者的，只是讓他當場看），進而強調該研究的重要性。將來研究結果，若受訪者想要亦會讓其知曉。

三、訪談中探測性處理

質性研究中的深度訪談，常將訪談過程視為交談事件，強調訪問者與受訪者雙方共同建構意義。此類訪談多採開放式題目，以全面了解受訪者的意見，但欲達到此目的，需在提問主要問題後，進行深入的探測性處理。

探測性處理是採用追蹤問題（follow-up question），繼續追問同一議題。當受訪者表示不解題意、答覆含糊隱晦，或所答內容不明確時，也適用探測性問題。深入的探測性處理具有二項功能（Bailey, 1987, PP.189-190）即：(1) 促使受訪者提出較完整與準確的答案，或(2) 使受訪者的答覆符合可接受的基本要求。

探測性處理提問的內容宜具普遍性，所採用的方法為中性的探測性作法，包括：

1. 重複發問：受訪者不了解題意或對問題猶疑無法作答時，訪問者應重複發問。若題目太長，可複述二、三次，或分段諮詢，以便受訪者能了解題目內容，清楚回答。

2. 複述答案：訪問者不確切明瞭受訪者的答覆時，可複述答案，讓受訪者判斷訪問者的認知是否無誤。複述答案還可讓受訪者進一步考慮所提出的答案而予以修改。

3. 表示理解與興趣：訪問者對於受訪者的答案，提出理解與興趣的探測性問題，表示已聽進受訪者的答案並同意其看法，此方式可激發受訪者繼續回答。

4. 停止片刻：若受訪者的答案不周全，訪問者可暫停不回應，暗示受訪者其答覆並未完整，正等著他繼續說下去。

5. 提出中性問題或評論：若受訪者的答案不完整，訪問者可諮詢受訪者所提出觀點的意義，或請求受訪者提供更多的內容。

下面試舉二個探測性問題之例加以說明。

例一、您認為影響現今科技大學設計教育最重要的四大問題是什麼？

狀況一

受訪者回答：「術科入學考試。」

受訪者的回答因未說明四大問題，該答案或許適當但不完全。訪問者採探測性處理，停止片刻，等候受訪者繼續回答。訪問者亦可以「同意性的詞彙」，表示能理解受訪者的說法。訪問者也可重複發問，強調「重要問題」不只一個。若這些安排，仍無法引出更多的答案，訪問者還可變通使用的探測性處理「有

沒有更多的問題？」或提醒受訪者「術科入學考試只是四個問題中的一個，另外三個是什麼？」

狀況二

受訪者回答：「教育制度的問題。」

答案隱晦不清。訪問者探測性處理「我無法了解您的意思。是哪些類別的制度問題？能講得更具體嗎？」

狀況三

受訪者回答：「有許多重要的問題。」

訪問者探測性處理「請列舉五個最重要的。」

狀況四

受訪者回答：「比過去的問題多，甚至比將來的問題多。」

訪問者探測性處理：「請列舉現在最重要的五個。」

狀況五

受訪者回答：「事情一直在惡化中。」

訪問者探測性處理「請列舉目前最惡化的五件事情。」 訪問者亦可針對受訪者的特定答案，刪去無關的資料，再重新提出感興趣的題目。

例二、有關術科是否列入科技大學入學考試，學生、家長以及不同教育及設計學者、專家，有不同的觀點。您的觀點為何？

狀況一

受訪者回答：「術科應列入科技大學入學考試。」

訪問者續問：「為什麼？」

（……如此下去，探測出所有的理由。）

探測性問題提問的方式，即將一切可能的理由一一列出提問。受訪者提出第一個理由之後，訪問者可採用中性的探測，諸如：停止片刻，或表示理解。當受訪者停頓不說時，訪問者可採續問的探測性處理「好，另一個理由（原因）是什麼？」或者在每個理由提出後，訪問者可運用此種探測性處理，引出其他可能的理由。最後訪問者還可採用：「您能想到其他可能的理由嗎？」來確定已挖出全部理由。

結構性、非結構性與半結構性訪談均可進行探測性處理，非結構性與半結構性訪談更為容易。訪談期間訪問者應盡可能傾聽受訪者說話，以筆就重點作摘要式記錄，才便於找出重點加以回應，另外用電子器材側錄全部回答。

四、結束訪談

結束訪談是執行訪談工作的最後一個環節，有時比開始訪談還困難。結束訪談應掌控二個原則：(1) 適可而止。訪談時間不宜過長，一般以1～2小時為宜；(2) 要把握結束談話的時機。例如：當受訪者或訪問者一方感到疲乏或有所爭論，談話難以進行下去，這時就應設法結束談話。當受訪者意猶未盡轉換話題時，訪問者要導正訪談議題，盡快圓滿結束。

為使訪談資料完備，在結束訪談前，應記得問受訪者：「您是否還有什麼看法沒談到？」或「您是否還有一些看法要告訴我？」暗示停止訪談的時刻已屆。最後務必記得對受訪者表示真誠的感謝。

五、整理訪談內容

訪談的目的在於獲得研究資料，在訪談調查中，訪談內容由訪談人員記錄。做好訪談記錄需要一些特殊技巧，結構式訪談的記錄較簡單，只需依規定的記錄方式，把被訪者的答案填寫在事先設計好的表格或問卷上即可。非結構式訪談需要較專業的訪談及記錄技巧，另以專節說明。

記錄方式可分為當場記錄與事後記錄二種。當場記錄為邊訪談邊記錄訪談內容，原則上為手寫要點記錄，若欲以器材進行全記錄，應先徵得受訪者的允許。當場記錄的優點是資料完整，較不會造成訪談內容記錄偏差，但訪談人員往往因想將訪談內容完整記錄下來，而埋首進行記錄工作，較難同時注意到對方表情、動作所表達出來的訊息，而且也可能因詳細記錄訪談內容，使個人訪談時頗緊張，也容易產生錯誤而忘記要點。若受訪者允許錄音或錄影，便可獲得最完整、詳細的資料，訪談者亦可放下記錄工作的壓力，而專注於談話。亦可以二位訪談員進行，由一人訪談，另一人記錄。

事後記錄是在訪談後靠回憶進行記錄，不會破壞訪問者與受訪者之間的互動關係，且可提高受訪者接受其為無記名訪談的信任程度。但事後記錄時訪問者往往會因偏好將個人認為重要的話記錄下來，而認為不重要者可能不予記載。而且靠記憶記錄往往會失去許多資訊。切勿因個人偏好影響記錄內容，同時影響研究結果。

因此訪問者若能採用速記最好，否則要訓練自己的記憶力，同時採用一些協助記錄的技巧，例如：事先列好訪談時的問題以及提問順序，依序訪談並作重點記錄，有助於訪談後回憶。訪談中亦可就重點內容記下關鍵字，以便整理時作爲聯想的線索。

除了記錄受訪者的回答與陳述之外，訪談中觀察到的現象，聽到的一些有意義的諺語，以及受訪者重要的表情、姿勢與行動亦需加以記錄，也就是耳聽眼見者均應記錄。訪談記錄的資料還要確認其正確性，有時受訪者會要求過目認可。研究人員可從受訪者中抽樣，透過電話或信件與其進行聯繫，查核是否向他做過調查，並詢問幾個問題來辨明資料是否記錄準確。

六、資料分析

記錄完成後便可進入資料分析階段，此階段最主要的工作有二件，說明如下：

1. 訪談資料整理

   訪談法中所獲得的資料以質性資料爲主，首先需多次審閱訪談稿、筆記，聽取錄音內容。在訪談資料整理階段，研究人員可以重新審視研究的核心，對原先覺得有意義但其實無關的資料刪掉，或將原先沒有納入分析之訪談資料，但覺得內容有意義部分加以增修。

2. 訪談資料分析

   由於訪談資料相當豐富，進行分析前可將訪談稿用撰寫的方式加以整理及編輯，再將資料分類並編碼予以條理化，可利用內容分析方法，比較分析同類或異類的項目，找出相同或相異之處。舉例來說，想了解創造力、溝通能力，專業能力在設計人員進行設計構想時之影響時，可以比較及分析專案設計經理人員與專案設計師對相同問題看法之異同。

七、撰寫訪談報告

分析資料後需撰寫訪談報告，訪談報告不僅描述訪談內容，更重要的是將資料有系統地呈現，並利用訪談內容推導出研究的結論。因此訪談資料整理後的內容，及訪談資料分析結果均應列入報告中，爲了加強研究結論的說服力，研究人員可引證整理後之訪談內容，支持研究的論點，例如：引述一段受訪者的談話，或描述一件事情發生的經過。

肆、訪問者的訓練（Training Interviewers）

訪談法中最重要的工作之一為訪問者的訓練。許多方面訪問者即為研究者的尺規，訪談結果的品質操在他們手中。即使為僅有一位研究者兼訪問者的小型研究，正式工作開始前，仔細安排訪問過程各細節，並演練至熟習依然很重要。以下為訪談訓練中應注意的事項。

1. 描述全部的研究

　　訪問者對於建構訪談內容應十分清楚。他們必需明瞭研究的背景、先前已經做的工作，及該研究之所以重要的原因。

2. 知道誰是該研究的主持人

　　訪問者需要知道他們是為誰工作。受訪者亦有權得知進行該研究的機構、單位及研究的主持人是誰。

3. 傳授足夠的調查研究相關知識

　　儘管無法傳授調查研究法全部課程，訪問者需要具備足夠的知識去認為它是個好方法，以強化應用的動機。有時候某個或某組問題也許需要以特別的方式去詢問，訪問者應理解在調查中如此處理的原因。

4. 解釋抽樣的邏輯及其過程

　　訪問者也許不明白為何抽樣需要費盡心思。研究人員必需解釋良好的抽樣是未來結論的基礎，及研究成果有用程度的指標。

5. 解釋何為訪問者的偏見

　　訪問者需要知道有許多訪談情況可能導致研究結果偏頗，宜予儘量避免。對主見甚深的人士調查政治與道德議題時尤其困難。訪問者可能會想，略修訪談內容也許對社會比較好，然而他們必需明瞭如此做有可能產生危害研究的結果。

6. 簡介整個訪問架構內容

　　初次介紹訪談內容時，最好能說明整個訪談中所包含的各階段與各階段互相關聯的情形。

7. 配合地圖解釋受訪者所在分布狀況

　　社會學方面的研究，抽樣時常依據受訪者居住分布訂抽樣標準，即使不依居住地抽樣，抽樣後也必需知道受訪者所在地，規畫較便利的路程以完成所有的訪談。抽樣後的受訪者可能散布在一個相當大地區之內，前去訪問時最好帶著地圖。

8. 辨認每戶的差異

依住居狀況抽選受訪者的研究頗多，例如：進行大樓內各戶防火設施的調查。但抽樣時無法得知各戶住居情形，也許有人住狹窄的單身公寓，有人住獨棟豪宅。訪問者必須知道如何辨認適當的目標家庭。

9. 辨認受訪者

許多研究尋找特定條件的受訪者。例如：要求受訪者為銀髮族已婚女性且能講日語者，有時候設限的條件更多，由取得的資料中看不出來誰符合條件，訪問者需要向她們提出若干問題去篩選出受訪者。

10. 演練訪問過程

訪問者需要演練以熟習訪問過程。若訪談以電子器材側錄，需先熟悉儀器的操作方式。

11. 解釋指導原則

大部分訪談研究均在一個主持人或公司主管的指揮下進行，為確保訪談品質，主持人有時候可能需要旁觀或側聽訪談，或請教受訪者對於訪談狀況是否滿意或有何意見。訪問者也許會感到錯愕，因此主持人應事先協調團隊，以協力達成共同目標。

12. 說明執行時間表

訪問者應明白遵守規畫好的時程對研究之重要性。若干研究中也許在一個時段內有幾組訪談同時進行。當受訪者有空時團隊中應有訪問者可以前往。

伍、訪談的技巧

訪談旨在排除任何外界的影響，讓受訪者能自然地說出個人的想法，但受訪者常有不自覺地受到訪問者的引導，隱瞞甚至改變個人想法，去迎合訪問者的意願回答問題，以致所得資料與受訪者原意間有偏差。因此如何塑造合宜的訪談情境，與訪談實施的技巧，直接影響訪談所得資料的品質與數量。

一、訪談情境的塑造

訪談需受訪者有合作的願意，樂於提供訪問者所要的資訊。以下三種情境有助於激勵受訪者的配合：

1. 讓受訪者對與訪問者的互動感到滿意

訪問者的責任就是讓受訪者感到受訪者易於理解，且樂於與之對談。

2. 讓受訪者知道此次訪談之重要性及該研究的價值

　　不僅應讓受訪者感到該研究需要他們的協助，同時也讓他們覺得訪談的議題有價值，他們接受訪談對於研究的進行非常重要。訪問者應藉由指出研究的重要性，及受訪者接受訪談對研究所能產生的貢獻，使受訪者樂意回答問題。

3. 讓受訪者克服接受訪談的心理障礙

　　訪問者必須修正受訪者某些錯誤觀念，有些受訪者會誤將訪問者視爲推銷員或政府的代表。再者，要打開心扉，讓他人進入探究個人的思想，對一般人而言並非易事。訪問者應以和善的態度，說明研究目的、選定受訪者的方法，並懇切表達尊重訪談內容之隱私性，以取得受訪者的信任與合作。

二、訪談實施的技巧

　　訪談人員的提問是否能得到受訪者完善的回答，是訪談能否順利進行的關鍵。但訪談時並不只所提的問題本身，訪問者的容貌、聲音、肢體動作是否和藹穩重、遣辭用字是否讓人信賴等，都會影響到受訪者的情緒。因此發問時問題本身與表情動作是訪談的二個主要關鍵。

　　提問要避免封閉性問題，善用開放性問題，以激發受訪者的思維。訪談過程中，應儘量讓受訪者充分表達意見，不宜中斷受訪者談話。結構式訪談是依據訪談問卷來執行，發問的控制較單純，但在進行非結構式訪談時，訪談人員訪談的技巧，就變得非常重要。

㈠ 提問的要點

1. 巧妙轉換問題

　　訪談中受訪者有時會脫離主題，這時需要訪問者進行引導性發問，使他回到原來的主題。轉換話題時不要打斷對方談話，或者直說「您回答的內容不夠明確。」之類的話，這會使受訪者感到挫折，從而產生不悅情緒。這種情況下可採取歸納法，將受訪者所陳述亂無章法的內容予以歸納，如「您剛才談的是某某問題，說得很好，現在請您再談某某問題。」如此可以把對方話題引導至預訂的議題上。

　　亦可採用提要法，即將受訪者所談的諸多內容中，選取出一二句跟研究議題有關的話提問，如「您剛才談的某某問題，是否可以再說明得更詳細些？」

　　第三種方式是以動作轉移受訪者的注意力，而放下正在談的內容。當對方將話題

扯遠了，可以調整坐姿、喝水、中斷訪談等。當對談重新開始後，便提出新的問題請他回答，從而改變訪談議題。

2. 適時發問與插話

訪談過程是否順暢，取決於訪談問題的內容、發問的方式及發問時機的把握。訪談既然是訪問者與受訪者雙方的互動，屬於動態的過程，不可能完全按照既定行程與模式進行，訪談員必須根據訪談時實際情況發問與插話，靈活地應變。

例如：訪問者有時需要了解受訪者回答之前的經歷，或陳述受訪者的內在動機，或對某些事物之看法，有時受訪者不知道或不願直接述明，這時就需訪問者採取引導性發問，這些問題往往是訪問者臨時想的，而非預先計畫好的。

有時受訪者在談話中途可能停頓一下，等待訪問者暗示，這時訪問者可以提出準備好的插話問題，例如：「您對此事的看法如何？」等。有時為鼓勵受訪者，特別是不善言辭的受訪者，訪問者要插幾句美言，或表示對受訪者剛才的回答相當滿意。當受訪者對其過去經驗不能清楚回憶時，就說「您可以再想一想。」或者提一些補充問題，協助受訪者回想過去的經歷。插話與發問得當，能讓受訪者願意繼續回答問題，產生繼續接受訪者的意願。

訪談過程需要發問與插話時，需要注意以下的事項：

(1) 發問要保持中立態度，避免內含預期答案的暗示，不可誘導受訪者的答案。

(2) 把握討論方向及主題焦點，儘量減少研究議題以外的內容，讓受訪者能集中注意力於主軸問題上。

(3) 注意時間上的順序，特別在研究變遷問題時，事件先後發生的順序非常重要。

(4) 使用字句以能達意為原則，語彙宜簡潔。

(5) 根據受訪者特性，靈活掌握問題的發問方式與口氣。例如：受訪者若為兒童，就應用較淺顯的語言以及親切的口氣；若受訪者為老人，則要放慢說話速度，表現出有耐性的態度。

(二) 表情與動作控制

訪談技巧包括表情與動作，訪談員應善用肢體語言，以表情與動作表達其想法與感覺，從而達到對訪談過程的掌控。在訪談過程中，訪問者自始至終都要維持讓受訪者覺得彬彬有禮、謙虛、誠懇、有耐心的表情。訪問者運用表情與動作時，可採取以下二種方式：

1. 呈現愉悅表情

　　訪問者要練習調整自己的表情與動作，使之散發出親和力。受訪者如果看到訪問者以愉悅的臉相迎，可產生親切感，增加對談的興趣。表情過於嚴肅、一聲不吭，會使被訪者緊張，而影響對問題的回答。

2. 體貼受訪者的心境

　　訪問者要調整自己的表情與動作，使其符合受訪者答問時之情境。當受訪者談到挫折、不幸時，訪問者要有同情和惋惜的表情；談到不平之事，訪問者顯現義憤的同理心。而當受訪者談到難以啟齒的隱私時，訪問者不可露出輕蔑和鄙視的小動作，要顯現可以理解的態度。受訪者談到成就時，訪問者要能表示讚許等。

　　訪問者若目不轉睛地盯著對方，會使受訪者感到拘束、緊張。反之，若不看對方，只盯著自己的筆記拼命記錄，會使對方誤以為他的回答令訪問者厭倦。因此應視受訪者的特性與調查時的實際情況，適當運用目光表情。訪問者也應是個好聽眾，表現出對受訪者的回答感到興趣。訪談時切忌邊聽邊打哈欠，或目光四處游移，受訪者會感覺到訪問者意不在此，而心生不悅，不願再多談。

陸、訪談法的優點和局限

　　除了訪談法之外，調查法中尚有觀察法及問卷法，亦經常用於設計研究領域。訪談法如同其他方法，有十分明顯的優點，及難以克服的限制。在設計研究中，訪談法宜與其他方法配合使用，以截長補短，相輔相成。

一、訪談法的優點

1. 容易取得較完整的資料

　　受過訓練的訪問者，由於具備一定的訪談技巧，在採用訪談法蒐集資料時，所獲得的資料常比運用其他方法更周密。人們經常較樂意說，卻不願寫，當訪問者與受訪者建立起信任和友誼的關係後，平時受訪者不願寫下或予以記錄之事件的內容，訪問者可從訪談中引導受訪者說出來。若採取較具彈性的問法，更可以獲取頗完整的資料。

2. 容易深入問題的核心

　　訪問者與受訪者之間如果關係良好，訪問者得到受訪者的信任，便能適時激發受訪者陳述更多的看法，往往可獲得原先在研究計畫中始未料及的資料。特別

是受訪者自我的負面觀點或對他人的負面情感，一般人較難啓齒，訪問者善用訪談技術，讓受訪者說出來，會較容易從中發現問題的癥結所在，而得以進行深入的剖析。

3. 可評量訪談內容的眞實性

　　訪問者由於和受訪者直接進行對話，從訪談時雙方之互動情形，訪問者可評量受訪者回答問題的可靠性及回答內容的眞實性。訪問者可藉由不同方式，重複向同一受訪者問相同的問題，或以相同方式向不同受訪者問相同的問題，以查核答案的眞實性與一致性。研究者亦可對所得的訪談內容，進行效度和信度的評估。

4. 適用於特殊的對象及特定的環境

　　對於幼童、老人、語文能力障礙者、智能有缺陷者，使用訪談方法遠比採用問卷法來得便利，且較容易獲得調查所需的資料。例如：調查幼兒最喜歡的玩具是什麼，幼兒不識字，有的甚至不大會講話，無法用問卷調查，以訪談法當面諮詢，用實物供其選擇，才能蒐集到資料。

　　訪談可以安排在特定環境下進行。訪問者能將訪談環境標準化，例如：在隱密地點或無噪音的環境中進行。郵寄問卷法中收到問卷者會於不同情境下作答，有時還會受到旁人干擾，作答條件往往差別很大。進行訪談法時，受訪者若對問題不理解或誤解，訪問者可及時解釋；若受訪者的回答不完備或不準確，訪問者可當面追問；若回答出現明顯錯誤，可當場進行確認；且可確保受訪者在不受干擾環境下接受訪談，如此能提高研究的信度與效度。

5. 可增進訪問者能力

　　訪談法可充分發揮訪談人員的主動性和創造性，培養他們的想像力、人際交往能力，訓練他們對事物的洞察力，激發訪談人員對問題產生新的體驗，和解決問題的新思維。

二、訪談法的缺點與限制

1. 訪談所得資料之客觀性與準確性較難掌控

　　由於訪談過程中的提問與回答均屬機動性，而受訪者的回答是基於個人的見解，多少較爲主觀，再者個人的記憶亦未必可靠，加上訪問者無意間對於答題的引導，均使得訪談法所得資料之客觀性與準確性，較問卷法與觀察法難以掌控。

2. 訪談用語及問題陳述缺乏標準

　　由於訪談法可彈性提問，訪問者基於欲探索較多的資料，常以不同方式向同一受訪者問相同的問題，或向不同受訪者問相同的問題，這些問題必需依提問的情境而變化，因此即使提問內容相同，用詞通常無法雷同。當研究者想比較不同受訪者的口述內容，由於回答內容皆為陳述語句，屬於質性資料，而提問又未標準化，在進行資料分析時便較為繁雜。

3. 受訪者缺乏保密性

　　訪談法往往無法保證受訪者不會曝光。訪問者通常知道受訪者的姓名、住址或電話號碼，在無法確信內容不會曝光的疑慮下，受訪者被問及個人隱私或敏感問題時，常會答非所問、拒絕回答甚至說謊。訪問者如何獲得受訪者的信任從實回答，是訪談法重要關鍵。

4. 人力及時間成本高

　　實地訪談特定對象，得投入頗長的時間去約見、準備題目，對談後還要整理記錄，整個訪談調查，往往耗費大筆經費及人力，在經費與人力有限時，或需要在短期內完成的研究，不宜輕易採行訪談法。

5. 人為因素易造成訪談內容的偏差

　　訪談法具有相當大的彈性及適應性，訪問者可以與受訪者透過訪談互動，但訪問者的個人主觀看法和偏見，往往不慎造成訪談法執行時的誤差。訪問者與被訪者之間的對立、訪問者潛意識尋求支持先入為主答案、受訪者迎合訪問者的期望等諸多二者互動時的人性的因素，均可能造成訪談結果偏差。此種偏差稱之為反應效應（Response Effect）。

為了避免造成反應效應，可從幾點加以改進：

(1) 研究者宜事先仔細研究母群體，找出其特性，小心進行訪談設計，使反應效應降至最低。

(2) 研究者須審慎選擇訪問者，並施予完整的訓練，以增進訪談技術，降低訪問過程中訪問者個人因素的干擾。

(3) 規畫完善的訪談程序。

柒、訪談的信度與效度

　　運用訪談法時如控制得當，便能充分發揮各項優點；反之則可能遭遇諸多限制。訪問者影響訪談結果之信度與效度的因素，包括訪問者是否客觀，觀察是否敏銳，有

無足以臨場應對的專業知識，訪談場域、氣氛與時間的掌控，提問內容、用詞與提問方式是否妥當，訪談程序是否規畫得宜，能否依序引導訪談，及記錄是否正確等。受訪者影響訪談結果之信度與效度的因素，包括受訪者是否因種種個人背景因素與臨場的心理因素，對問題未完全誠實回答或誤答。

訪問內容的信度依受訪者對相同問題回答內容的一致程度加以評量，其評量方法如下：

1. 在訪談後片刻，將問題的形式稍作變更，重複發問，再根據其結果判定訪談的信度，亦即依受訪者二次回答內容的重複程度評量信度，如同複本信度。
2. 另一時間再度訪談同一位受訪者，再重新評量回答內容是否具一致性，如同重測信度。
3. 由同一位能力佳的訪問者進行訪談，訪談結果可獲得較高信度；
4. 將訪談過程錄音，由二位第三者就相同錄音內容評分，然後計算其相關係數。或用二位評審對某特定題目評定一致的次數，除以一致加上不一致的次數，若一致性未達90%以上，則該訪談題目勢必修正或變更。

捌、應用實例

範例一：從設計管理的角度來探討臺灣動畫產業製作主管之決策及考量。

周頡、梁朝雲、許明潔（2003）。臺北：中國視聽教育學會，教學科技與媒體期刊，第63期，PP.65-78。

一、研究方法

該研究採用質性研究方法，以深度訪談法為主，參與觀察法為輔。

二、研究對象

資深動畫主管。

三、研究內容

從設計管理的角度，研究分析資深動畫主管的製作管理實務，並探討他們在面對理想及現實相互衝突時，如何取得平衡的決策考量。

四、研究成果

本研究針對篩選出的資深動畫製作主管進行深度訪談。研究成果對業界的「最佳實務」有所解析，並對建立動畫製作產學互動機制，以及發展本土性動畫創作教育的理論基礎有所推展。動畫是幼兒學習的重要途徑，如何將動畫的媒體特質與孩童的學習心理相互結合，進而將動畫的迷人之處整合入教材設計，有助於「寓教於樂」或「寓樂於教」新一代的育樂多媒體學習資源（Edu-tainment Multimedia Learning Resources）的創造與研發。

範例二：應用隱喻誘引技術探討消費者心中理想的品牌形象：以即飲咖啡為例。

翁慧敏（2003）。世新大學傳播研究所，碩士論文。

一、研究方法

主要採用ZMET（Zaltman Metaphor Elicitation Technique）訪談法。

二、研究對象

即飲咖啡。

三、研究內容

探討消費者心中理想品的心像及心智地圖。

四、研究成果

從消費者共識地圖反映出的終極價值包括「歡樂」、「內在的和諧」、「智慧」、「刺激的生活」、「美麗的世界」等五個核心價值，即品牌精神的象徵。從消費者蒐集的圖像解析、構念探索，以及語言或文字表達，分析出他們心中所期待的即飲咖啡有「女性魅力形象」、「自得其樂形象」、「文化內涵形象」、「溫馨幸福形象」、「知性形象」、「清新天然形象」、「平易近人形象」等七種形象表現。消費者形塑理想品牌形象共有43個構念，其中包括輕鬆舒壓、沉澱心情、身心愉悅等24個主要構念及21個次要構念。

該研究結論具體呈現了消費者理想品牌形象，希望提供給業界強化現有品牌、建立新品牌、區隔市場、推廣與廣告創意方向等的參考依據。

範例三：我國兒童之遊戲行為。

潘慧玲（1992）。國立師範大學，師大學報，第37期，PP.111-131。

一、研究方法

本研究採取時間取樣（time-sampling）觀察法，以了解兒童之遊戲行為；另輔以晤談法（interview method），以測量兒童的智力與角色取替能力；而問卷調查則用以了解兒童之社經水準。

二、研究對象

取樣自臺北市二所幼稚園大、中、小班兒童，樣本共計62名。

三、研究內容

了解我國學前兒童之遊戲行為，以及兒童生理年齡、心理年齡、性別、智商、社經水準、角色取替能力、學校類型與遊戲行為之關聯。

四、研究成果

該究結果發現，我國學前兒童所從事的遊戲行為以建構與平行遊戲最為普遍。此外，非遊戲行為亦十分常見，其類別多為閱讀、從事老師指定的工作或是行動的轉換。有關學校類型與遊戲行為之關聯，本研究發現：

1. 混齡角色遊戲之幼稚園中，兒童從事較多的互動──功能遊戲。
2. 在分齡角落遊戲之幼稚園中，兒童從事較多的互動──建構遊戲。
3. 另者，兒童的生理年齡與心理年齡愈增長，所從事的兒童遊戲形式亦愈成熟，如：平行──建構與互動──規則遊戲、單獨──功能與單獨──建構遊戲，在本研究中為較成熟之遊戲形式，其與兒童生、心理年齡成負相關。

範例三：線上旅遊服務提供者對旅行社經營衝擊之初探。

何昶駕等（2001）。國立高雄餐旅學院。

一、研究方法

採用半結構式人員訪談法。

二、研究對象

臺中市六家旅行社從業人員。

三、研究內容

探討旅行社目前的經營概況，面對網際網路的興起與衝擊，業者如何因應經營環境變革。

四、研究結果

受訪者普遍認為線上旅遊服務雖然提供即時性的旅遊資訊、產品價格與行銷能力具有優勢，但實體旅行社在其他服務仍受消費者青睞，特別是旅遊產品的多樣性與規劃能力方面。不可否認，線上服務供應者確實帶來部分競爭壓力，旅行社與上游供應商的依存關係仍在，但合作關係可能改變。因應競爭對手的方式除了應加強對顧客的服務之外，注重旅行社內部管理與服務人員的專業素質，同時將網際網路逐步應用於部分業務。

參考文獻

1. 何昶鴦、林樺祺、涂芳瑋、郭慧蓮、黃淑珍（2001）。**線上旅遊服務提供者對旅行社經營衝擊之初探**。高雄：國立高雄餐旅學院。

2. 周頡、梁朝雲、許明潔（2003）。**從設計管理的角度來探討臺灣動畫產業製作主管之決策及考量**。臺北：中國視聽教育學會，教學科技與媒體期刊，第63期，第65-78頁。

3. 翁慧敏（2003）。**應用隱喻誘引技術探討消費者心中理想的品牌形象：以即飲咖啡為例**。臺北：世新大學傳播研究所，碩士論文。

4. 潘慧玲（1992）。**我國兒童之遊戲行為**。臺北：國立師範大學，師大學報，第37期，PP.111-131。

5. Bailey, Kenneth D.（1987）. **Methods of Soual Research**. New York: Free Press, 3rd. ed, PP.198-190.

6. Kadushin, Alfred（1990）. **The Social Work Interview: A Guide for Human Service Professionals**, New York: Columbia University Press, 3rd. ed. PP.3-8.

7. Mishler, Elliot G（1986）.**Research Interviewing: Context and Narrative**, Cambridge, MA: Harvard University Press, P9.

8. Mishler, Elliot G（1986）.**Research Interviewing: Context and Narrative**, Cambridge, MA: Harvard University Press, PP.52-65.

第九章 量表設計

黃瑞菘

　　量表在設計研究過程中屬於資料蒐集。在研究進行時，量表的運用多爲探求事物的本質，研究者藉由填表人對於量表題目的反應及填寫資料之狀態，透過統計方式轉換成統計圖形或預測驗證研究的議題。通常在研究議題的設定中可分爲單獨對「變項」討論或對某一「構念」進行探討，如果所探討的研究議題爲「變項」則可藉由量表中的單一問項來作量測；若爲衡量「構念」時，則需要運用量表來進行統整性的測量。因此，研究者在進行量表設計時，應考量所探討的議題所屬爲「變項」或是「構念」。

壹、量表分類方法

以量表的目的而言，可分為「測量特質」與「測量態度」二種。

一、測量特質

為將事物中的特殊屬性，藉由量表予以精準地呈現，通常事物的特質多為非可視性，因此唯有藉由量表科學性（邏輯推衍）的詮釋，以確立研究中發現事物的特質。

二、測量態度

測量態度早先由社會學研究中所衍生，其為探討在社會大架構下，某一或特定族群中對於事物本質的觀感。

若以量表的填寫方式，量表有可分為「等級（ranking）評量」與「評分（rating）評量」。等級評量在量表設計中多以□1、□2、□3、□4、□5等級出現，讓填表人予以勾選。而評分評量則多數的評量分數由研究者統計，較少由填表者可見所選問題的分數權重為何，因此評分評量的量表，多為詢問填表者同意與否或程度，再由研究者就各問題的權重加以統計。

以測量偏好而言，量表又可分為有關個人偏好之量表或無關個人偏好之量表二類。其中最大的分野在於所探討的議題，是否涉及個人本身對於事物的反應狀態。在量表中所運用的統計資料格式的設定，多以統計資料尺度：名目、順序、區間、比例等四大資料尺度。整體量表在問題設定的構面設計上而論，可分為單一構面及多構面的量表。二者間主要差異端看研究設計者對於議題因果關係的拆解方式。

綜合各學科常用的量表類型，並依據量表創立的時間順序，本文整理如表9-1：

表9-1　各學科常用量表

量表建構的技術種類表			
量表名稱	創立時間	創作者	備註
Bogardus量表	1925	Bogardus	社會距離量表（social-distance scales），Guttman量表的前身
Thurstone量表	1929	Thurstone	共識（consensus）量表
Likert量表	1932	Likert	採用「評分加總」（summated rating scale）之計分方式
Guttman量表	1950	Guttman	採用累計量表（cumulative scae）
因素（factor）量表	1954	Eysenck	早期態度調查中的因素分析運用
語意差異法（semantic differential）	1957	Osgood	因素（factor）量表之一

貳、量表設計的技術

研究者在進行量表的規劃設計時，可考量各式量表的特性與優缺點，斟酌自我研究議題適宜何種量表屬性，再參考量表設計時的設計步驟，規劃整體量表的建製。本文分別說明Thurstone量表、Likert量表、Guttman量表與語意差異量表作為量表設計技術的說明。

一、Thurstone量表

㈠ 特性

Thurstone 量表（Thurstone, 1929）又稱等距量表法（method of equal-appearing intervals），其主要在探求量度間距（interval）是否相等。此種量表也是由一組測量某相同特質的題目所組成，但是每一個題目具有不同的強度，受測者勾選某一個題目時，即可獲得一個強度分數，當一組題目被評估完畢後，所有被勾選為同意的題目的強度分數的中位數，即代表該量表的分數。在運用Thurstone量表時，多先以一群「專家」來進行篩選項目準則來刪題，並藉由專家探討下述各點：

1. 確立研究主題是否有關聯性。
2. 議題中的各項是否模糊（即專家對該題若有意見不一致者）。
3. 量表中的項目所表達之態度層次。

Thurstone量表能否編製成功最主要的關鍵點，是在編製過程，專家們要能去除個人情感好惡來表達其對每一項目去留之意見，緊接著再將專家的意見（該題去留）不一致者的項目刪除，確立表中各項問題對研究議題有所貢獻。

㈡ 設計步驟

1. 首先根據「研究主題」尋找相關的句子（項目）來建立量表之題庫。
2. 由專家對項目進行刪除及保留的探討，即對「該項目能否真正表達出研究主題」表示態度，採11點計分方式（正強→正弱→……→負強→負弱）。
3. 回收專家意見，計算並製成每一題的累積百分比圖，再累積百分比圖算出每一題之四分差（Q值）（Q3－Q1）。四分差（Q值）不是一個數字，代表「某一段距離」。
4. 根據每一題（項目）的四分位差、中位數來挑選題目。
5. 尋求專家對每一題「去留」評分之平均數（或中位數），此平均數就當作正式問卷之該題目之得分（加權）。
6. 編製表格，使量表中每一個題目的中位數要能均勻分配至1～11每一格，而且專家對該題目的意見呈現一致性。
7. 編製真正量表，即可對受測者施測。受測者只能勾選2～3題（非全部），最後再依這2～3題對應之2～3平均數，求其中位數來表示該受測者的態度得分（表9-2）。

表9-2　Thurstone量表範例

分數	評定	題目
10.2	□同意 □不同意	1.臥室內一定要有衛浴空間。
9.1	□同意 □不同意	2.臥室內有衛浴空間免不了的，只要能和臥室空間結合即可。
6.2	□同意 □不同意	3.衛浴空間應包含衛生設備及盥洗設備。
4.8	□同意 □不同意	4.即使臥室內沒有衛浴空間，應考慮衛生設備，再考慮盥洗設備。
1.5	□同意 □不同意	5.有衛浴空間不但不會幫助臥室品質，還會有反效果。

　　Thurstone量表完成後，由受測者逐題依「同意」或「不同意」作答，回答同意的題目計分為1，並乘以該題重要性的加權數得到各題分數，再以各題分數的中數代表該量表的得分，如表9-2。此種方法可以迴避作答時，受測者必須逐行斟酌同意的強度是「非常」，或「有些」，以及所導致的量尺是否等距的爭議，同時每一題又有一定的重要性，施測後所得到的總分能夠反應題目的重要性，在測量上遠較Likert量表符合等距尺度的精神，以此法編製量表又稱為等距量表法，以資料分析的立場來看，Thurstone量表所獲得的分數最符合等距尺度的要件，進行相關的統計分析時風險最小。但是Thurstone量表編製的過程相對繁瑣複雜，評分者選擇有其代表性與客觀性的問題，耗費時間與經濟成本，因而甚少被使用。

(三) 優缺點

　　Thurstone量表的優缺點可歸結如下：

1. 較受專家好惡的限制，無法廣泛包含各式專家之意見。
2. 以中位數來計分，沒有所謂的信度考量。
3. 其優點在於適宜檢驗出團體差異。

二、Likert量表

(一) 特性

　　Likert量表（Likert, 1932）是屬「評分加總式量表最常用的一種，屬同一「構念」的「這些項目」是用「加總」方式來計分，若在量表中以單獨或個別項目出現，則單項題目是無意義的。「評分加總式量表」是對某一概念（構念）所設計的數個項目，測量每位受訪者對它們的態度反應（同意程度）。每一個反應都給一個數值，以代表受訪者對該項目的贊同程度，將每位受訪者在這些項目的得分加總，即是受訪者對該題的態度。加總式量表有二個假說或特徵：

1. 每一個態度項目都具有相同量值，但項目之間則沒有差別量值。

2. 對同一項目而論，受訪者的反應程度是不同的且具有差別量值。

　　Likert格式廣泛應用在社會與行為科學研究的一種測量格式，適合用於態度測量或意見的評估。典型的Likert量表由測量某一個相同特質或現象的題目組成，每題均有相同的重要性。每一個單一題目，包含了一個陳述句與一套量尺。量尺由一組連續數字所組成，每個數字代表一定程度，用以反應受測者對於陳述句同意、贊成或不同意、反對的程度。例如：一個Likert五段量表，數值為1（非常不同意）、2（不同意）、3（無所謂同意或不同意）、4（同意）、5（非常同意），分數愈高，代表同意程度愈高，也可以是七段，甚至摒除中間值（普通）的四段或是六段。受測者依據個人的意見或實際感受來作答，每一題的分數加總後得到該量表的總分，代表該特質的強度。

(二)設計步驟

1. 首先建立大量有關某一「態度」構念之題庫，每一個選項（statement）等於一個項目（item），並隨機排列這些項目。

2. 邀請一組樣本（初試），請各受訪者對上述態度各項目表達立場。

3. 進行問題中項目分析：主要在對量表之題庫做篩選，並假定每一項目都具有相同的量值。項目的好壞是依據其是否具有區別力判定，被判定為較差區別力之項目，則刪除。

4. 最後彙整成為正式量表。（表9-3）

表9-3　Likert量表範例

題目	1 非常不同意	2 不同意	3 沒意見	4 同意	5 非常同意
1.你同意設計是件有趣的事？	1	2	3	4	5
2.你同意以草圖思考可以增加設計廣度？	1	2	3	4	5
3.你同意設計工作相當有前途？	1	2	3	4	5
4.你同意設計能力是天生的嗎？	1	2	3	4	5

　　為使受測者的感受強度能夠被適當地反應在Likert量尺的不同選項，並符合等距尺度具有特定單位的要求，每一個選項的文字說明應使用漸進增強的字彙，並能反應出相等間距的強度差異。例如：使用高度、中度、低度或非常、有點、從未等形容詞。

過多的選項並無助於受測者進行個人意見的表達，過少的選項則會損失變異量與精密度，因此除非特殊的考量，一般研究者多選用4、5、6點之Likert量尺。當採用奇數格式時，如5點或7點量尺，中間值多為中庸或模糊意見。採用偶數格式的時機，多為研究者希望受測者有具體的意見傾向，避免回答中間傾向的意見，而能獲得非常贊成、贊成與非常不贊成、不贊成二類明確的意見。

(三) 優缺點

Likert量表的優缺點可歸結如下：

1. 量表編製過程簡單容易。
2. 測量應用範圍廣泛。
3. 量表項目若愈多，則其效度愈高。
4. 適合找出態度類型或是解釋態度理論。
5. 較具深度及精確性。

三、Guttman量表

(一) 特性

Guttman量表（Guttman, 1950）多用來檢定具有不同強弱程度之一組項目是否都屬「單一構面」（uni-dimension），所謂「單一構面」是指受訪者對項目所反應的態度，是否均集中在某一方向上。例如：組織管理階層、社會文化差距、種族之間的歧視、個人自主性（反權威、反傳統、開放性）等。

Guttman量表與Thurstone量表類似，由一組具有不同程度的題目組成。受測者對於某特定事件有一定的看法，題目由淺至深排列，因此這位受測者在一定的難度以下的題目均應回答同意，但是超過一定的題目難度即應回答不同意，同意與不同意的轉折點即反應了受測者的真實態度強度或行為強度，此時受測者回答幾個同意，即代表分數幾分，因此Guttman量表又稱為累積量表（cumulative scales）。

(二) 設計步驟

1. 首先建立可以用來測量某事實之具體文句敘述或項目。
2. （初試）選取一組樣本進行前測，將那些被80%受訪者填答「同意」或「不同意」的項目刪除。
3. 建立正式測試之量表。（表9-4）
4. 正式測驗時，約找80人以上受訪者對上述3～5題勾選意見。

5. 整理後測回收資料（如表9-5），將彙整後的數據代入CR公式[1]，以求出「複製係數」，若CR值在0.8以上者，才可以說：「這些強烈程度題確實屬於同一構面」。

表9-4　Guttman量表範例

評定	題目
□同意　□不同意	1. 臥室內一定要有衛浴空間。
□同意　□不同意	2. 臥室內有衛浴空間免不了的，只要能和臥室空間結合即可。
□同意　□不同意	3. 衛浴空間應包含衛生設備及盥洗設備。
□同意　□不同意	4. 即使臥室內沒有衛浴空間，應考慮衛生設備，再考慮盥洗設備。
□同意　□不同意	5. 有衛浴空間不但不會幫助臥室品質，還會有反效果。

表9-5　「小孩教育政策」一致性之前測統計表

強弱程度		受訪者填答							
		回答一致性者				不合理情況（無效）			
強↕弱	臥室內一定要有衛浴空間	✓	✗	✗	✗	✓	✓	✗	✗
	臥室內有衛浴空間免不了的，只要能和臥室空間結合即可	✓	✓	✗	✗	✗	✓	✓	✗
	衛浴空間應包含衛生設備及盥洗設備	✓	✓	✓	✗	✓	✗	✗	✗
分　　數		3分	2分	1分	0分	2分	2分	1分	1分
人　　數		18人	20人	7人	11人	13人	10人	13人	8人

　　Guttman量表與Thurstone量表類似，必須經過一定的前置作業，以確定量表的題目能夠反應被測量特質的內涵與結構，Guttman量表中，難度較高的題目被受測者勾選為同意時，其他所有較低難度的題目應該全部被評為同意，如果有任何一個例外，代表該題的難度評估有誤。因此Guttman量表事前需針對每一題的難度進行確認。

---

[1] CR公式：「複製係數」（cofficient of reproducibity, CR值）　$CR = 1 - \dfrac{\Sigma e}{n(N)}$

Guttman量表與Thurstone量表的差異，在於計分的方法，Guttman以轉折點所累積的題數爲分數，但是Thurstone量表以各題目的重要性分數來計分，Guttman量表的編製與使用較 Thurstone量表簡易。但是在分數的精確性上，則以Thurstone量表較佳。但是對於抽象性高的特質的評估（例如：體罰態度），每一個題目難以獲得一致的難度，則以Thurstone量表較佳。

(三) 優缺點

Guttman量表的優缺點可歸結如下：

1. 量表編製過程複雜。
2. 測量應用範圍主要在探討所有問題是否在同一構面。
3. 量表項目若愈多，則其效度愈高。
4. 較具深度及精確性。

四、語意差異法（semantic differential）

(一) 特性

由Osgood等人所發展的態度測量技術（Osgood & Tannenbaum, 1955），針對某一個評定的對象，要求受測者在一組極端對立的配對形容詞，進行評定。語意差異（Osgood, 1975）是假設事物的意含可能有多種層面，而這些特質層面之空間，謂之語意空間，例如：對於造形的語意表達、美、不美、好看、不好看、現代感等語意檢定。

(二) 設計步驟

1. 先建立題庫（一組語意項目），並對「態度」目標物，就受訪者可能的反應，選擇其二極化的形容詞，來橫跨「1～5」或「1～7」之單數選答區，以便受訪者填答（表9-6）。
2. 對受訪者回收資料進行資料分析，計算出每題（變數）的平均數。
3. 依據項目順序，將每題（變數）平均數集結起來，以形成整個量表之特徵輪廓。
4. 選擇「二極化的形容詞」，需兼具三個原則：
   (1) 二極化形容詞的組合，應均匀涵蓋：評估性（evaluation）、力量性（potency）、活動性（activity）等三種成分之形容詞。

(2) 形容詞應與研究概念息息相關，且欲讓受訪者容易理解。

(3) 選用量表對不同受測者之重測信度要高、不同概念（或構念）之間要有區別效度。

表9-6　語意量表範例

評定對象：大學教授					
	非常 -2	有點 -1	都不是 0	有點 1	非常 2	
溫暖的	—	—	—	—	—	冷酷的
聰明的	—	—	—	—	—	愚蠢的
忙碌的	—	—	—	—	—	休閒的
吹毛求疵的	—	—	—	—	—	大而化之的
易於相處的	—	—	—	—	—	難以相處的

語意差別法的主要目的在區辨二個極端的概念，對於二極化形容詞的評分，除了使用類似於Likert量表的尺度之外，另一極替代的方法是以一段開放的數線，讓受測者自由點出其意見傾向，再以點選虛線的距離來代表受測者的強度，稱為視覺類比測量（visual analog）。

㈢ 優缺點

語意量表的優缺點可歸結如下：

1. 主要在探求模糊語意中的整體觀感。
2. 區分二極化語意的差異。
3. 量表項目若愈多，則其效度愈高。

參、量表的信度與效度

量表在研究設計與測量時，必須考量量表蒐集資料時的信度與效度。量表信度與效度的檢測主要在發現量表是否有「測量誤差」的存在（圖9-1）。

164

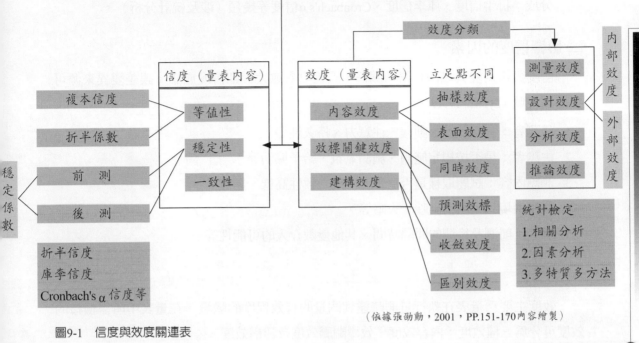

圖9-1　信度與效度關連表

（依據張劭勳，2001，PP.151-170內容繪製）

一、信度

信度（reliability）是指一個測量工具所包含「變數誤差」的程度。信度是指測量資料的可靠性，即一個測量工具在測量某持久性心理特質（態度）的「一致性」（consistency）或「穩定性」（stability）。（邱浩政，2000，PP.2-10）

㈠ 信度種類

測量工具的信度有相當多種，各為不同的目的及用途而設計，然而它們多數都是運用「相關分析」之r值大小當作信度判斷的高低。常見信度可分為下列三大類：

1. 等值性（equivalence）：又稱「複本法」，專門為檢定同一測驗中不同重複樣本（equivalent forms）上分數的一致性。

   (1) 複本信度（alternate forms）：不同研究者運用相同量表，對不同一批的樣本施測，其結果所呈現的一致性。

   (2) 折半係數（split-half）：主要在檢定量表在各種不同層級的一致性。

2. 穩定性（stability）：對於同一批樣本，實施前後二期測二次，若二者的相關性愈高，則表示該測驗的穩定係數愈高。

3. 一致性（consistency）：主要在檢定量表在各種不同層級的一致性。此種信度又可分成：折半信度、庫李信度、Cronbach's α信度等幾類（涉及統計分析）。

㈡ 影響信度的因素

信度與誤差變異之間有密切關係，誤差變異愈大，則信度愈小。誤差變異來源可分為五大類（Lyman, 1971）：

1. 受測者：身心狀況、動機、注意力、持久性等。
2. 失測者：是否按規定施測、施測氣氛、給予協助等。
3. 測驗內容：試題取樣是否適當、內部一致性高低、題數等。
4. 施測情境：太熱、太吵、太暗等。
5. 時間：前測及後測的間隔時間、其他變數介入的可能性等。

二、效度

效度主要為量表在執行量測時達到測量的有效程度的驗證。在量表中所需檢核的效度可分為三種效度：內容效度、效標關聯效度及建構效度。

㈠ 內容（context）效度

內容效度主要針對量表中的題項選擇與內容，對於所欲探求之議題的有效程度作檢測。其可分為抽樣效度與表面效度二種。

1. 抽樣（sampling）效度：量表所包含的項目是否能代表母體構念的項目。內容效度的高低程度，端賴項目（item）取樣代表性之大小而定論。

2. 表面（face）效度：是指量表項目和形式上，給人的主觀印象，如果該量表從外表來看，似乎確實可適切地測量其欲測的特質或行為，便稱它具有表面效度。

㈡ 校標關連（criteron-related）效度

校標關連又稱為實用效度或實證效度，主要意指這種效度應建立在實證資料之上的關連狀態。在效標 關聯效度中並不涉及整體構念的問題。但依據效標不同，效標關聯效度可分為同時效標及預測效標，二者皆表示測量工具（分數）和效標之間相關的程度。效標關聯效度可分為同時（concurrent）效標及預測（predictive）效標二種：

1. 同時效標：指測量工具與效標同時出現。

2. 預測（predictive）效標：指測量工具出現在效標之前。

(三) 建構（construst）效度

建構效度指「量表能測量理論上某概念或特質的程度」，即構念是否能夠真實反應實際的狀況。建構效度有二類：收斂（convergent）效度及區別（discriminant）效度。收斂效度及區別效度常用的「統計檢定」有三種方法：(1) 相關分析③ ；(2)「因素分析 」求量表各項目之因素結構矩陣，再由結構矩陣所表列之因素負荷量大小來判定建構效度好壞；(3)「多特質多方法」（muti-traits multi-methods, MTMM）來檢定，就是以不同方法（method）測同一特質（trait）之相關度要高。

(四) 效度的另一種分類

研究設計中所談的「效度」（validity）是指內部效度 及外部效度 ，相對而言，測量工具所講的「效度」是指量表內容的有效性，指測量工具能否眞正衡量到欲測量的特質。

效度除了上述三大分類，亦有人分爲下列四種（張劭勳，2001，PP.161）：

1. 測量效度：反應眞實的程度愈高，則效度愈高。

2. 設計效度：研究設計中，變數關係是否如預期的不受外來（用隨機分派受測者）的影響，可透過控制外來變數來提昇該設計效度。

3. 分析效度：進行統計分析後，所發現的結果是否如預期。

4. 推論效度：又稱外部效度，即研究結果可推論到母群體的程度。

(五) 影響效度的因素

1. 測驗信度：若信度太低，則效度亦低（實驗的可信度低，導致實驗的成效低）。

2. 樣本（題項）性質：樣本（題項）多樣性、代表性愈高，測量工具效度就愈高。

3. 干擾（moderator）變數：是指存在於測驗所欲測特質及其效標之外，但卻與二者間具有某種相關程度的變數，例如：年齡層、性別、環境背景等。

參考文獻

1. 邱浩政（2000）。**社會與行為科學的量化研究技術與統計分析**。臺北：五南。

2. 張劭勳（2001）。**研究方法**。臺中：滄海。

3. 黃俊英（1996）。**行銷研究：管理與技術**。臺北：華泰。

4. A. N. Oppenheim著，呂以榮譯。**問卷設計、訪談及態度測量**。臺北：六合。

5. Earl Babbie著，李美華譯（1998）。**社會科學研究法**。臺北：時英。

第十章 抽樣設計

楊基昌、管倖生

當研究的樣本範圍過大,且研究者無法對全體研究樣本逐一細查時,研究者可採取抽樣設計(Sampling Design),萃取對研究目的有所助益的核心範圍,進行調查,進而以小群體所呈現的研究結果,推論整體所可能具有的現象與模式。此篩選樣本的過程,即爲研究過程中的抽樣設計。

壹、概述

一、抽樣之定義、架構與使用目的

㈠ 抽樣（Sampling）的定義

1. 為對一群體的真相有所論斷與陳述，從事科學研究的人常從群體中抽取一小部分深入研究，然後用此部分的資料作為全部事實論斷的根據（楊國樞、文崇一、吳聰賢、李亦園，1991，P.74）。

2. 自母群體中選取部分元素（基本單位）為樣本，並且認為從選取的樣本可得知母群體的特徵（張紹勳，2001，P.116）。

3. 從全體研究對象之中抽取一部分個體做為樣本，藉著對樣本的觀察，進而對全體母體作出推論（陳建和，2002，P.361）。

綜上所述，抽樣是為了明瞭一群體表現出的特徵，可由該群體中抽取部分個體作為樣本進行研究，研究結果所得，能用來推論出該群體具有之特徵。

二、抽樣的意涵

㈠ 抽樣植基於二個假設

1. 母體中每一個個體間有足夠相似性，因此部分的個體即足以代表整個母體的特性。
2. 樣本中某些個體特徵值小於母體參數值，有些則大於母體參數值。

㈡ 好的抽樣樣本需具備正確性與精準度

1. 正確性（accuracy）：所抽取的樣本能真正顯現母群體特徵的程度。
2. 精準度（precision）：所抽取樣本計算出的標準誤之估計值，可顯示母群體的離散程度。數值愈小表示抽樣精準度愈高，即母群體擁有共同特徵的個體數愈多。

三、常用名詞

抽樣設計採用眾多專有名詞，研究者進行抽樣前應先行釐清各名詞的意義，在此彙整學者意見，就常用專有名詞釋義如下：

1. 母體（population）：一群具有單一或若干個由共同性所構成基本單位組成的群體。
2. 樣本（sample）：母體的部分集合，在抽樣調查中，樣本必須具有代表性。
3. 抽樣單位（sampling unit）：據以抽出樣本的基本屬性（attribute），為可提供母體特徵之事、物、人。通常抽樣單位有許多屬性，其中至少一個需與研究問題有關。
4. 元素（element）：母體中接受調查的最小單位。可與抽樣單位相同，有時亦可不同。

5. 參數（parameter）：母體某一屬性或變數的數值，例如：母體的平均數和標準差。

6. 統計量（statistic）：又稱估計量（estimate），根據樣本資料求得，可用以估計參數。

7. 有限與無限母體（finite/infinite population）：母體可能是有限的，也可能是無限的。

8. 隨機（random）：每一單元任其自然出現，出現的機率相等。

9. 抽樣偏差（sampling bias）：有意或無意抽到具有特殊特徵之基本單位所造成的誤差。

10. 抽樣偏誤（一稱抽樣誤差，sampling error）：母體中某些特殊的基本單位被抽取為樣本而造成的誤差。

11. 普查（census）：母體每一分子皆被選取進行研究。

四、抽樣架構（sampling frame）

抽樣架構係針對母體特徵或屬性所做的說明，亦是對母體範圍的界定。好的抽樣架構需具備以下五個特點：

1. 足夠：抽樣架構應涵蓋調查目的所需的母體。

2. 完整：抽樣架構應涵蓋母體中的所有單位。

3. 不重複：抽樣架構中的基本單位，不應該在同一架構中重複出現。

4. 正確：抽樣架構中所列舉的單位應力求正確。

5. 便利：應易於取得，易於使用，且可配合抽樣的目的而做適當的調整。

貳、抽樣之過程

抽樣的過程可依序分為：確定母體、抽樣設計、蒐集樣本與評估樣本調查結果等四個階段：

一、確定母體特徵

明確說明目標母體的特徵或屬性以建立抽樣架構，劃清母體界限，並預先規定抽樣誤差的最大容忍限度。

二、抽樣設計

依據抽樣誤差的最大容忍限度、樣本的信賴界限及信賴係數，計算樣本的大小並決定樣本的選擇方式。

1. 採取無限制的抽樣：從整個母體中選樣，需規定樣本單位選擇方法。

2. 採取有限制的抽樣：從部分母體中選樣，需決定將母體細分及抽選最後樣本單位的標準及方法。

三、蒐集樣本資料

教導訪問人員或調查人員如何選擇及確認樣本單位，進行預試抽樣計畫、選樣及資料蒐集。

四、評估樣本調查結果

計算標準差的大小，檢定其統計顯著性，比較樣本統計結果。

參、抽樣之種類

抽樣之種類由於無法對全體樣本進行實驗與調查，才會採取抽樣方式替代。樣本可分為隨機樣本（probability sample）與非隨機樣本（non-probablity sample）。隨機樣本在母體中具有均等的被抽選機率；非隨機樣本構成的母體中若干樣本被抽選的機率有可能大於其他樣本。

在抽樣時基於限制與非限制因素，抽樣方法可分為二類，列於表10-1。

表10-1 抽樣種類表

	隨機樣本 （probability sample）	非隨機樣本 （non-probability sample）
限制 （restricted）	系統抽樣（systematic sampling） 隨機路線抽樣（randomroute sampling） 集群抽樣（cluster sampling） 分層抽樣（stratified sampling） 多階抽樣（multiphase cluster sampling）	目的抽樣（purposive sample） 判斷抽樣（judgment sampling） 配額抽樣（quota sampling） 便利抽樣（convenience sample） 雪球抽樣（snowball sample） 自選抽樣（self-selection sampling）
非限制 （unrestricted）	簡單隨機抽樣（simple random sampling）	

一、簡單隨機抽樣（Simple Random Sampling）

簡單隨機抽樣有以下特性：

1. 母體中各樣本均具有均等的被抽選機率。
2. 簡單隨機抽樣常以摸彩法或利用亂數表法進行，適用於母體規模不大時。
3. 母體名冊相當完整。
4. 母體資訊的唯一來源是母體名冊，且母體各單元間差異不大。
5. 單位樣本訪問成本不受樣本地點遠近的影響。

二、複雜隨機抽樣（Complex Random Sampling）

複雜隨機抽樣可分為：系統抽樣、集群抽樣、隨機路線抽樣、分層抽樣與多階抽樣五種。

㈠ 系統抽樣（Systematic Sampling）

從母體中樣本編號1至編號n中隨機抽取一個樣本k，然後每隔m個元素抽取一個樣本m+k。如此抽樣所得樣本在母體中分布均勻，有較佳代表性。系統抽樣的抽樣誤差比簡單隨機抽樣小，適用於母體相當大時或所選取的樣本量很大時，惟抽樣時需注意防止週期性偏差。

㈡ 隨機路線抽樣（Random Route Sampling）

用於市場調查以抽選住宅、店鋪、修理廠及其他都會區的經營場所。由母體（通常是電子註冊的名單）中隨機抽選一戶k作為起點，再決定每遇到交叉路時均左轉或均右轉，然後由k起沿路每隔n戶抽取一個樣本（n+k）逐戶調查。

此法優點是可節省調查時間，且因選址法則明確，抽樣產生的偏失較低。缺點是特定區域如貧區或富區，所得特徵也許意味著樣本不具代表性。再者因難以檢核所設定的抽樣法則是否確實遵守，易被訪問者濫用。

㈢ 集群抽樣（Cluster Sampling）

首先將樣本分為若干大集群，再將各大集群內樣本分為中群，然後各中群分為小群，如此細分下去，直至群中之樣本宜採個別選樣法去抽選而不能以集團去區分為止。當抽樣母體相當大，或母群體之抽樣單位分布廣時適用此方法，例如：以全國為母體範圍去劃分區域進行調查。

1. 將母體按某種標準依類別分為若干群，例如：性別、班級、地區，再對各群隨機抽取若干小集團作為樣本。
2. 對抽選之小集團全體成員進行訪問或施測。
3. 樣本單位為小集團而非個人。

表10-2　集群抽樣示意圖

	集群的成員	被抽取的樣本
集群一	$K_1, K_2, K_3, K_4, K_5, \cdots K_9, K_{10}$	沒有被選中
集群二	$K_{11}, K_{12}, K_{13}, K_{14}, K_{15}, \cdots K_{19}, K_{20}$	$K_{11}, K_{12}, K_{13}, K_{14}, K_{15}, \cdots K_{19}, K_{20}$
集群三	$K_{21}, K_{22}, K_{23}, K_{24}, K_{25}, \cdots K_{29}, K_{30}$	沒有被選中
集群四	$K_{31}, K_{32}, K_{33}, K_{34}, K_{35}, \cdots K_{39}, K_{40}$	$K_{31}, K_{32}, K_{33}, K_{34}, K_{35}, \cdots K_{39}, K_{40}$

㈣ 分層抽樣（Stratified Sampling）

當母體中個體差異甚大且分布不均時，此為提高樣本可靠性最佳方法。

1. 根據研究目的擬訂標準將群體中的個體分類，每類稱為一層（stratum）。

2. 層與層間主差異需大，層內差異需小。

3. 在各層內隨機選取若干個體作為樣本。

例如，在42個男生與28個女生中抽選8個樣本，且男、女在該性別之抽選比例需相同，則

男生：（8/70）×42 = 4.8

女生：（8/70）×28 = 3.2

人不可為0.8和0.2個，故四捨五入，抽選男生5位及女生3位。

因此，分層抽樣法在應用時需兼採簡單隨機抽樣或系統抽樣的方法。

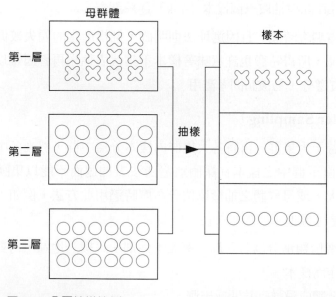

圖10-1 分層抽樣範例

㈤ 多階抽樣（Multiphase Sampling）

首先抽取少量樣本，針對某一假設進行統計分析，再依據分析結果決定是否接受。若資料不足以判斷，則繼續抽取少量單位樣本解析，直至能決定接受或拒絕該假設為止。由於分階段抽樣，故選樣的成本可縮減至最少。較常用之多階抽樣為二階抽樣。

運用此法時須合於二項要求：

1. 樣本能代表母體。
2. 由樣本統計分析結果對母體所做的推論，例如：平均值、總數或比例，均為準確且能量測其可靠性時，方可採用多階抽樣。

三、非隨機抽樣（Non-Probability Sampling）

非隨機抽樣方式的優點為省事方便，但所抽到的樣本代表性不及隨機抽樣。其特性為：

1. 較便宜。
2. 用於樣本缺少結構可資利用時。
3. 用於母體分布不廣且集群抽樣無效時。
4. 常用於探勘性的研究，例如：世代假設。
5. 適用於不注重母體中對特定事物起反應者有多大比例，而旨在探討人們對該事務反應的範圍（range）與程度（level）之研究。

非隨機抽樣可分為判斷抽樣、配額抽樣、便利抽樣與雪球抽樣，說明如下：

㈠ 目的抽樣（Purposive Sampling）

目的抽樣依研究者的主觀去抽選，研究者通常會設法使所得的樣本涵蓋二極端的範圍，因而看起來具有母體代表性。目的抽樣常用於政治性的投票預測，各政黨挑選過去忠於該黨的投票區進行抽樣調查，以便調查結果能產生對該黨較有利的預測。

㈡ 判斷抽樣（Judgment Sampling）

依據研究者的主觀認定，去選取母體中最適合研究目的之樣本。樣本的來源常為志願者，或者受測的區域為最方便做市場調查的地點。對於不易獲得的樣本，例如：母體為高所得者時，因他們通常很忙碌，即使抽樣也可能難以訪談，可採用判斷抽樣抽訪若干熟識他們的人，來了解他們的看法，而達到相同的調查目的。

㈢ 配額抽樣（Quota Sampling）

1. 選擇「控制特徵」（control characteristics）。
2. 將母體按其控制特徵加以細分成幾個子母體。
3. 決定各子母體的大小。
4. 選擇樣本單位。

(四) 便利抽樣（Convenience Sampling）

　　研究者可依時間及場合，以較容易和簡便的方法選取樣本，例如：街頭訪問、商場訪問或展覽會的訪問。

(五) 雪球抽樣（Snowball Sampling）

1. 先找幾個「初始」樣本當抽樣的種子。
2. 再以這些「初始」樣本外推至相關樣本單位。

(六) 自選抽樣（Self-selection Sampling）

　　自選抽樣（self-selection sampling）通常來自於若干反應者主動提供的意見，他們願意貢獻個人的想法，成為研究所調查內容之一部分。

肆、抽樣方法選擇準則

　　抽樣方法選擇可依據估計值的可性度、統計效度、母體資訊、研究誤差、經驗和技巧、時間與成本等因素釐清應選擇何種抽樣方法，參見表10-3。

表10-3　抽樣方法的比較

	隨機抽樣 （probability sampling）	非機率抽樣 （non-probability sampling）
估計值的可信性	求得不偏的估計值，算出估計值的抽樣誤差，並可估計含母數的信賴區間。	無法用客觀方法求出信賴界限能包含母數的可信程度。
統計效率的評估	可評估各種不同樣本設計的統計效率。	無任何客觀方法可比較。
母體的資訊	所需有關母體的資訊通常較少。	特別是配額抽樣，所需母體資訊較多，對母體資訊依賴較大。
研究誤差	預期抽樣誤差是研究誤差主要來源。	預期抽樣誤差是研究誤差主要來源。
經驗和技巧	設計和執行需要專業技巧和經驗。	不需很多經驗和技巧。
時間	設計和執行所需時間較長。	設計和執行所需時間較短。
成本	樣本大小相同，成本較高。	樣本大小相同，成本較低。

伍、抽樣優點與抽樣誤差

　　抽樣方法雖然很多，但是在進行抽樣前應考慮各種抽樣方法的優點與抽樣可能帶來的誤差，方可確立研究的信度與效度。

一、抽樣之優點

1. 抽樣符合經濟效益，降低研究成本。
2. 提昇研究效率，縮短資料整理時間。
3. 較短時間內獲得較清楚資料。
4. 可以避免損壞研究個體。

二、抽樣誤差（Sampling Error）

　　抽樣誤差可概分為以下三種：

㈠ 隨機抽樣誤差（Random sampling Error）

　　雖然整個抽樣計畫採用隨機抽樣，仍會因抽樣時機的不同而引起的誤差，為不可控制的誤差。

㈡ 系統誤差（Systematic Error）

　　非隨機抽樣誤差，為一般可控制的誤差，可分為：

1. 無作答誤差（non-response error）：針對作答者做分析與對所有受訪者作分析，二者之間統計量的差異。
2. 作答偏差（response bias）：因受訪者回答時所產生的特定偏差。

㈢ 管理誤差（Administrative Error）

　　因調查時及資料分析時的管理問題而發生，可分為四種：

1. 資料處理過程誤差（data-processing error）：編碼、輸入、程式之錯誤。
2. 樣本選擇誤差（sample selection error）：不良的抽樣母體或程序。
3. 訪談者誤差（interviewer error）：訪談者沒有正確記錄答案。
4. 訪談者作假（interviewer cheating）：訪談者自行作答或編寫紀錄與答案。

陸、抽樣應注意事項

抽樣設計決定研究結果品質。在了解抽樣種類後，尚須關注抽樣計畫的樣本框架（sample flame）、樣本代表性（sample representation）與樣本大小（sample size）等問題。

一、樣本框架

討論為何要選擇該樣本框架。

二、樣本代表性

依據樣本框架選取樣本之代表性確定樣本框架，若樣本代表性有問題，則研究成果的外部效度（external validity）會受到質疑。

三、樣本大小

樣本大小考慮準則如下：

1. 研究特殊性：不同研究所需樣本量的多寡不同。
2. 研究類型：預測（pilot study）、前測（pretest）所需樣本比驗證性、正式研究少。
3. 研究假設：預期實驗誤差若要愈小，則樣本量要愈大。
4. 經費來源：經費充裕時，可考慮選取較大量的樣本。
5. 可用人力：人力資源充沛則可取得較充足的樣本。
6. 研究成果：研究結果愈具重要性，樣本必須愈大。
7. 研究變數：研究變數的個數愈多，或無法控制的變數愈多時，所需樣本就要愈大。
8. 樣本變數：蒐集的樣本異質性愈高，或不一致性愈大，所需樣本量便要愈大。
9. 研究正確性／精準度：要求研究結果之正確性／精確度愈高，則所需樣本就要愈大。
10. 母群體的大小：母群體愈大，則所需的樣本比例就要愈大。

柒、應用實例

範例一：產品創新自由度、企業策略與技術政策之關係——臺灣資訊電子業實證研究。

尹啟銘（1986）。國立政治大學企業管理研究所，博士論文。

一、研究母體

　　以行政院經建會所出版之1986年電子工業進出口白皮書為參考依據，並加入內銷為主的重要產業，所挑選出的我國資訊電子代表產業：(1) 電視機；(2) 收錄音機；(3) 電子計算器；(4) 個人電腦；(5) 軟式磁碟機；(6) 終端機；(7) 監視器；(8) 數據機； 電話機； 用戶交換機等10項產業全體廠商。

二、抽樣架構

　　就以上10個產業，依據臺灣區電工器材工業同業公會1986年9月出版之會員名錄，作為抽樣架構依據。

三、抽樣方法

　　分層抽樣法。分就10個產業，每一產業各選取15家廠商。

四、樣本大小

　　共計發出150份問卷，回收60份，取得有效樣本54份，有效回收率達36%。且有效回收企業與樣本企業之平均規模（資本額）甚為接近。

五、樣本單位及資料蒐集

　　以郵寄問卷方式，並輔以人員親訪及電話催填，針對上述樣本進行調查。

範例二：比較生活型態變數與人口統計變數對產品設計策略制訂之影響——以行動電話為例。

張文智、林靜旻（2000）。設計學報，第五卷，第二期，PP.35-52。

一、研究母體

從1999年9月～12月期間，居住於大臺北地區，以年齡15～49歲，當時持有行動電話的使用者。

二、抽樣架構

調查期間選擇適當大臺北地區之公共場所，如：車站、學校、飲食店等，抽選年齡15～49歲，當時持有行動電話的使用者進行調查，對其並無完整的母體名冊。

三、抽樣方法

採便利抽樣法。

四、樣本大小

共計執行150份問卷，其中5份填寫不完整，不予採用。取得有效樣本145份。

五、樣本單位及資料蒐集

調查時間從1999年9月～12月，針對上述樣本以現地「問卷調查法」進行訪談以取得調查資料。

範例三：不同體能高齡者的生活空間需求研究。

顏慶全、鍾朱炎（2001）。設計學報，第六卷，第一期，PP.85-98。

一、研究母體

以內政部老人服務區域之劃分方式，居住於北臺灣地區（臺北市、新北市、宜蘭縣、桃園縣及新竹縣），意識清醒，且居住於不同設施之高齡者。

二、抽樣架構

將高齡者依實際居住環境與照護資源使用之地點分為社區組、安養機構組、復建門診組等三組之北臺灣65歲以上居民。

三、抽樣方法

採立意抽樣法。

四、樣本大小

取得機構安養高齡者40位，社區安養54位，門診病人24位，合計118位受訪者。

五、樣本單位及資料蒐集

以問卷調查方式實施。在基本資料部分採取結構式，其餘部分採取半結構式為主。研究採一對一方式訪談，並將訪談內容逐字記載。

範例四：設計財力對臺灣設計公司之商業表現的衝擊之評估。

宋同正（1997）。科技學刊，第六卷，第二期，PP.173-180。

一、研究母體

以臺灣地區之設計公司為研究母體。

二、抽樣架構

於調查期間，依中華民國工業設計協會（CIDA）會員，含個人會員與公司會員為設計公司任職者，共計160名為抽樣架構。

三、抽樣方法

採普查方式實施。

四、樣本大小

共計發出160份問卷，取得有效問卷51份，占百分比31.9%。

五、樣本單位及資料蒐集

以問卷調查方式實施，以「結構式問卷」附回郵方式，並輔以人員電話催填方式，針對上述樣本進行調查。

參考文獻

1. 王文科（2002）。**教育研究法（六版）**。臺北：五南。

2. 尹啓銘（1986）。**產品創新自由度、企業策略與技術政策之關係——臺灣資訊電子業實證研究**。國立政治大學企業管理研究所，博士論文（未出版）。

3. 陳建和（2002）。**觀光研究方法**。臺北：五南。

4. 張文智、林靜旻（2000）。**比較生活型態變數與人口統計變數對產品設計策略制訂之影響——以行動電話為例**。設計學報，第五卷，第二期，PP.35-52。

5. 張紹勳（2001）。**研究方法（修訂版）**。臺中：滄海。

6. 黃俊英（1985）。**行銷研究——管理與技術（再版）**。臺北：華泰。

7. 趙民德、謝邦昌（1999）。**探索眞相——抽樣理論和實務**。臺北：曉園。

8. 楊國樞、文崇一、吳聰賢、李亦園主編（1991）。**社會及行爲科學研究法（十三版）**。臺北：東華。

9. 顏月珠（1989）。**統計學**。臺北：三民。

10. 顏慶全、鍾朱炎（2001）。**不同體能高齡者的生活空間需求研究**。設計學報，第六卷，第一期，PP.85-98。

11. Tung-Jung Sung,（1997）**, Assessing the Impact of Design Resources on the Business Performance of Taiwan's Design Firms**, Journal of Yunlin Institute of Technology, Vol. 6, No. 2, PP.173-180.

第十一章 問卷法

王明堂

問卷調查是研究者用來蒐集資料的一種方法，常用於測量個人行為和態度的一種技術。問卷調查法所使用的工具稱為問卷，是法文Questionnaire的中譯名稱，原意為一種為了統計或調查用的表格，用處在於測量，特別是對某些研究變數結構化的測量（陳建和，2002，P.337）。

問卷調查能將多數人的想法加以整理，藉由統計整理及相關分析技術來達到了解問題的本質或是解決問題的關鍵性要素所在之處，是以量化為基礎的研究方法。

壹、問卷法之意義、特性與目的

一、問卷的意義與選擇

1. 有些研究者認為只有自答及郵寄問卷才算「問卷」；較廣義的定義，包括訪談計畫流程、面訪及電訪等，皆屬問卷的形式。有些人將「問卷」指為一些開放式題目，用來區分有嚴格結構之量表或是測驗（A.N. Oppenheim, 2002）。

2. 在市場調查中，事先準備好做為調查依據的詢問提綱或調查表，也稱為問卷（Questionnaire）。

3. 問卷設計是根據調查目的和要求，將所調查之問題具體化，使研究者能順利獲取必要資訊資料，以便於統計分析的一種手段。如何操弄有關變項以便進行調查，在正確、有效、客觀和經濟原則下，解答研究者要探討之問題，便需要一些調查方法，及利用統計技術來達成。

二、特性

1. 問卷是蒐集資料的技術，亦是個人行為和態度的一種測量技術，問卷的用途在於度量，特別是對某些主要變數的度量（張紹勳，2001）。

2. 問卷設計不只是一項工具而是一門學問。問卷工具的準確與否，會影響整個調查結果，不良問卷將使研究結果走樣，甚至產生錯誤結果。

三、目的

1. 是一種從事調查研究的工具，經由選擇一個主題及文獻探討，試圖將研究主題窄化縮減成所要研究的問題，研究者暫時能從文獻中尋找到相關的理論，來為這些研究問題提出暫時性的答案，在研究中稱為「假設」。

2. 對於提出的假設，需要在真實世界中加以驗證，同時藉由透過研究設計來間接檢驗這些理論正確性，檢驗假設是否成立。

3. 問卷沒有官方式的表格，也不是隨便想想地撮合一些問題就可以成為題組，而是經由蒐集相關問卷資料，且能達到「測量」的功能（A.N. Oppenheim, 2002）。

貳、源由與原則

一、源由

調查研究是一項非常古老的研究技術[①]。古埃及的執政者也曾用人口普查的方式來取得實際的資料，來管理他們的國家。1880年，法國展開一次鮮為人知的調查，德國政治社會學家Karl Marx郵寄了25,000份問卷給一群工人，詢問他們被老闆剝削的情形，然而這些問卷，卻一份也沒有寄回來。

二十世紀調查研究法在社會科學領域的應用，由伊頓（Sir Frederich M. Eden）於1917年在英國出版的「貧戶狀況」（State of the Poor）的調查開先河。在1930～1960年代，圖書館調查應用最廣，早期最有名的「喬治亞大學圖書館調查報告」，是在美國圖書館學會支持下，由威爾遜（Louis Round Wilson）教授完成的。由於調查法之需求，問卷成為主要的工具，而構成問卷之基本單位是「問題」，要將問卷設計好，首要工作便是將問題詳加規劃設計，好的問題是形成問卷的先決條件。

二、問卷設計原則（Kerlinger, 1973；Emory & Cooper, 1991）

（張紹勳，研究方法，P256-257）

1. 問題能讓受訪者充分了解，不可超過受訪者知識及能力範圍。
2. 問題要切合研究假設的需要。
3. 要能引發受訪者真實的反應，而非僅敷衍了事。
4. 問題不可含糊不清、太廣泛，或包含二個以上的概念，易引起受訪者誤解。
5. 問題不可涉及社會禁忌、偏好、敏感問題，如：政治問題等。
6. 問題不可產生暗示作用。
7. 便於忠實記錄。
8. 便於資料處理及分析，包括編碼（coding）、問卷資料鍵入（key-in）。

三、內容設計要點

(一) 在設計問題時需把握之要點（張紹勳，研究方法，P257-258）

1. 問題必要性：(1) 切合研究假設需要；(2) 問題必須對應一個研究問題；(3) 沒有不會影響研究目的的項目；(4) 不可重複；(5) 每一個問題的題目要清楚，不能是因有趣或順便提出。

[①] 在舊約聖經中曾記載：瘟疫之後，上帝對摩西和亞倫的兒子以利撒神父說：「對20歲以上的以色列子民進行普查⋯⋯」（Numbers 26:1-2）。

2. 把握問題範圍適切性：(1) 問題範圍固定；(2) 不能太複雜；(3) 一個問題不可以包含二個以上觀念與事實；(4) 問題廣度要夠。

3. 受測者要能回答：不能超出受測者之知識，問題是否太廣、是否記得住。

(二) 研製問卷前要決定的五大問題（A.N. Oppenheim, 2002）

1. 主要的資料蒐集工具類型：需要應用哪些工具來蒐集資料？

2. 詢問受訪者問題的方法：包括告知贊助來源及調查目的，注意問卷題目的長度、受訪時間及保密性。

3. 設定問卷中題組的順序：注意問題或是題組順序，並考量計分方式或是其他相關技術等。

4. 相關問題的次序：利用漏斗法（funnelling）來決定變項中相關問題次序，由寬至窄來詢問問題。

5. 問題的類型：了解何種類型較適合被調查者，且較有效，應採用哪一類的問題類型？「開放式」、「封閉式」問題或是自由發揮題。

四、設計實務

(一) 內容撰述時需注意之要點（林振春，社會調查，1988，PP99-102）

1. 語文問題：力求淺顯易懂，不可讓人有不了解或無法理解之情形。

2. 情緒問題：避免主觀及情緒化、誘導或暗示、不受歡迎、涉及隱私令人困窘。

3. 理解問題：避免專有名詞，避免易引起誤解或爭論的語句，不要用假設或猜測性語句。

4. 原則問題：要事先聲明詢問個人觀點或集體觀點（樣本代表性的立場問題，可利用「依你看……」、「你認為……」、「大家看法是……」等語句），直接蒐集或間接蒐集資料，一般問題或特殊問題。

5. 公平問題：避免不公平選擇、二邊都要說、只說出一個選擇，勿加入私人恩怨性問題。

(二) 如何讓人喜歡你的問卷，願意填答

1. 編輯精美：畫面清爽讓人容易一目了然。

2. 內容多寡：頁數不能太多，避免填答者不耐煩，儘量保握重點於一頁完成。

3. 是否有禮物：能提高填答者之興趣及回饋心態。

(三) 問卷對象選擇

1. 對象選擇的容易度，通常考慮自己的人際關係，或是協助者幫忙時較佳。

2. 選擇適當之對象，除非必要否則，不要選擇難於取樣的對象。

3. 對象要具有代表性，非設定的對象則不給予作答。

五、步驟與衡量尺度

(一) 一般問卷調查進行之步驟如下

1. 決定所需資訊：經由前導研究、文獻探討、專家會議等。

2. 決定主題：讓問題有個方向，避免內容設計要點中含二個以上主題，造成受測者的混淆。

3. 根據所需資料及統計與分析使用的技術，發展特定個別問句：決定問卷形式或方式。

4. 如何決定問卷題目順序：(1) 先問有關受測者事實和知識；(2) 再問關於感覺、強度；(3) 需要深入探討部分；(4) 問理由；(5) 對於觀點強度。

5. 擬定問卷初稿。

6. 進行打字編排的實際工作。

7. 針對問卷內容檢討和修正，確定問卷能找出你要尋找的解答或疑惑。

8. 前測：對小規模的對象進行問卷測試，旨在發現問題及改進。對於語意不清或不足的內容經由前測狀況，加以修正及補充。

9. 進行初步的統計分析，檢測問卷品質或是修改同質性太高的問題等。

10. 確定問卷文稿，進行大量印刷。

11. 發布問卷及實施調查，問卷數須針對所採取的分析技術決定，並非量多即正確。

12. 進行統計分析，通常參考相關書籍，選擇統計軟體及了解分析步驟及注意事項。

(二) 問卷衡量尺度

因不同目的而有不同衡量尺度（陳建和，2002）

1. 四種資料尺度：名目尺度、順序尺度、區間尺度、比例尺度。若從測量的量尺來區分，變項可以分為：名義變項、順序變項、等距變項和比率變項。這四種變項分別由四種對應的量尺，相同的變項名稱，可以用不同的量尺來測量，反應出不同的測量內容。這四種變項與統計分析策略有密切關係，當研究者能夠正確判讀資料的性質時，才能選擇適當的統計方法，得到有意義的分析結果。

2. 態度衡量尺度：用來了解受訪者對於問題認知之態度，包括：忠誠度、滿意度、贊成度與認同度，主要組成包括：認知要素、感情要素與行動要素。

參、問卷內容與量表

各種問卷因調查目的及所欲得之資料形式與結果，會影響整份問卷之量表的設計，也就是量表影響統計技術的使用及結果的產生。

一、量表說明

測量學者發展出不同測量格式，設計適合的工具來提供研究者不同的需求。

㈠ Likert量表

Likert量表是對某一概念（構念）所設計的數個項目，測量每位受訪者對此概念的態度反應（同意程度）。每一個反應都給一個數值，以代表受訪者對該項目的贊同程度，將每位受訪者在這些項目的得分加總，即是受訪者對該概念的態度。例如：為了測得設計系同學對於設計的基本看法及觀點，所安排的題目如表11-1。

表11-1　Likert量表範例

題目	1 非常不同意	2 不同意	3 沒意見	4 同意	5 非常同意
1. 你同意設計是件有趣的事嗎？	☐1	☐2	☐3	☐4	☐5
2. 你同意以草圖思考可以增加設計廣度嗎？	☐1	☐2	☐3	☐4	☐5
3. 你同意設計工作相當有前途嗎？	☐1	☐2	☐3	☐4	☐5
4. 你同意設計能力是天生的嗎？	☐1	☐2	☐3	☐4	☐5

㈡ Thurstone量表

是由一組測量相同特質的題目所組成，但是每一個題目具有不同的強度，受測者回答題目時，即可獲得一個強度分數，當一組題目被評估完畢後，所有被勾選為同意的題目的強度分數的中位數，即代表該量表的分數。例如：為了測得設計系同學對於設計的基本看法及觀點，所安排的題目如表11-2。

表11-2　Thurstone量表範例

分　數	評　定		題　目
	☐同意	☐不同意	1. 你同意設計教育要有明確目標嗎？
	☐同意	☐不同意	2. 你同意設計實務工作需要有天分嗎？
	☐同意	☐不同意	3. 你同意目前設計教育符合學生需求嗎？
	☐同意	☐不同意	4. 你同意目前設計課業太重嗎？
	☐同意	☐不同意	5. 你同意設計需要無時無刻思考嗎？

㈢ Guttman量表

　　與Thurstone量表類似，由一組具有不同強度的題目組成。受測者對於某特定事件有一定的看法，題目由淺至深排列，因此這位受測者在一定的難度以下的題目均應回答同意，但是超過一定的題目難度即應回答不同意，同意與不同意的轉折點即反應了受測者的真實態度強度或行為強度，此時受測者回答幾個同意，即代表分數幾分，因此Guttman量表又稱為累積量表（cumulative scales）。例如：為了測得設計系同學對於設計課程及作業的基本看法及觀點，所安排的題目如表11-3。

表11-3　Guttman量表範例

評　定	題　目
□同意　　□不同意	1.我經常要熬夜做設計作業。
□同意　　□不同意	2.設計作業太多，無法應付。
□同意　　□不同意	3.設計課程學習成效，足以應付日後工作所需所用。
□同意　　□不同意	4.設計訓練造成負擔及困擾。

㈣ 語意差別量表（semantic differential scale）

　　語意差別量表的主要目的在區辨二個極端的概念，針對某一個評定的對象，要求受測者在一組極端對立的配對形容詞，進行評定。例如：為了了解設計學院學生對於某張電影海報風格之看法及觀點，所安排的語意差別量表如表11-4。

表11-4　語意差別量表範例

	非常	有點	普通	有點	非常	
	-2	-1	0	1	2	
聰明的	—	—	—	—	—	愚笨的
美麗的	—	—	—	—	—	醜陋的
高興的	—	—	—	—	—	悲傷的
忙碌的	—	—	—	—	—	悠閒的

㈤ 強迫選擇量表　（forced-choice scale）

　　強迫選擇量表是利用二個立場相反的描述句，其中一句代表正面的立場，另一句代表反面的立場，要求受測者自二者中挑選出較接近自己想法的題目，然後將正面的題項勾選題數加總得到該量表的總分（表11-5）。

表11-5　語意差別法量表範例

1.□ （A）	我喜歡流行的事物。
□ （B）	我比較喜歡閱讀設計相關書報雜誌。
2.□ （A）	我常常想成為一個設計師。
□ （B）	我不喜歡設計課程的作業。

　　強迫選擇量表主要在改善Likert量尺對於二極端強度測量敏感度不足的問題，當受測者在二個立場相左的陳述句做二擇一的選擇時，即明確地指出個人的立場，而不會有中庸模糊的分數。此外，強迫選擇問題能夠迴避一些反應心裡想法的問題，減少受試者以特定答題趨勢去回答問題（例如；中庸取向、一致偏高分作答）。強迫選擇量表的缺點之一，即是量表的長度較傳統LIkert量尺多出一倍，增加編題者的工作量。一般研究者以改善Likert量表的信度與項目代表性，來取代強迫選擇題目的編製。

(六) 形容詞檢核表（checklist）

　　檢核表可說是簡化的Likert量尺的測量格式，針對某一個測量的對象或特質，研究者列出一組關鍵的形容詞，並要求受測者針對各形容詞的重要性進行評估。形容詞檢核技術是一種探索性的測量方法，一般研究者對於形容詞的選擇多無特定的理論依據。當受測者針對一組形容詞進行評定之後，利用因素分析技術來進行分類或以特定方式重新分組，以加總量表的方式來計算分數。在某些人格量表，測驗編製者基於特定的理論或實證的研究數據，列出某一心理特質有關的重要形容詞，組成一套形容詞檢核量表，施以受測者，加總得到的分數即代表該心理特質的強度（表11-6）。

表11-6

問題：工業設計師的特質 對於一位設計師應具備哪些人格特質	1 非常不同意	2 不同意	3 沒意見	4 同意	5 非常同意
1.富想像力的	□1	□2	□3	□4	□5
2.浪漫的	□1	□2	□3	□4	□5
3.有耐心的	□1	□2	□3	□4	□5
4.理性的	□1	□2	□3	□4	□5

二、各式量表之比較

上述各種不同的測量格式，各有不同的功能與適用時機，使用者應審慎考慮個人的需求與研究目的，並依問卷編製的原則進行研究工具的準備。不同的量表格式則有不同的應用價值，所得以使用的統計分析亦有所不同。格式的比較請見表11-7。以編製的難度而言，最繁複的格式為Thurstone與Guttman量尺，耗費的成本最高、時間最長，但是發展完成後，其等距性的測量提供最強韌的統計分析基礎，適用於推論統計等檢測。對於研究者而言，雖然有其成本，但是可以減少測量誤差，提昇檢定的正確性，在工業與組織心理學領域，這些精密的量表有助於工作績效與工作行為的評量，因此應用空間較大。其次是 Likert量尺，雖然編製難度不如Thurstone與Guttman量尺，但是Likert量尺多半必須提供信效度資料，使得量表的發展也需要經由其專門訓練背景的人員來發展。編製難度高的測量格式，相對地在統計與量化的應用上，具有較高的應用價值。在結構化的問卷當中，以封閉性的問題在量化研究的應用性最為理想。

上述提及的各種量表，多在處理連續性的資料，但大多數的研究與調查，均需蒐集背景資料加以分析運用，在量化研究中，類別性的封閉性測量有其不可或缺的重要性，這類測量格式多用於蒐集事實性的資料，因此沒有所謂精密度的問題，但如果封閉性的類別測量（例如：分類化的月收入調查、分類化的年齡變項）可以轉換成開放式數字型測量格式（開放式的詢問月收入或實際年齡），則可以獲得較精密性的計量資料，有利於資料分析的操作。

表11-7　各式量表之比較

量表類型	編制難度	價值	量化精密度	分數應用	尺度
非結構式問卷	低	低	低	需經轉換	
結構化開放式問題					
1. 數字型開放問題	低	高	高	連續分數	順序、等距、比率
2. 文字型開放問題	高	高	高	需經轉換	
結構化封閉式問題					
類別性測量	低	低	低	個別題目	名義、順序
連續性測量					
1. Likert量表	中	高	高	總加法	等距
2. Thurstone量表	高	高	高	總加法	比率
3. Guttman量表	高	高	高	總加法	比率
4. 語意差別量表	中	高	高	總加法	等距
5. 強迫選擇量表	中	高	高	總加法	等距
6. 形容詞檢核技術量表	低	高	高	總加法	等距

資料來源：邱皓正，2000。

肆、調查進行的方式

可採用郵寄問卷、電話訪問、個別訪談、群體派發、電腦網路調查等方式進行。各方法在進行時各有其優缺點說明如下：

一、郵寄問卷

優點是進行方便，只需將設定的對象從特有管道找出後，即可進行。缺點是回收率通常偏低，約在15～30％間，影響調查結果的信效度。

二、電話訪問

優點是進行方便，而且容易找到相關人員。缺點是限於使用方式無法對問題進行深入探討，僅能限於簡單且不複雜的題項，不適合較複雜的調查，但適合於單一變項，且簡易大家熟知不需思考的問題。

三、個別訪談

優點是可以深入問題討論，缺點是進行速度慢，無法大量取樣。

四、群體派發

優點是可以將原先設計好的題目，於適當時間找尋目標群同時派發收取，效率高、對象精準。缺點是對於回答者態度是否正確，有時會應付回答造成問卷的信度低落，或者同質性太高，無法找出各類相關不同意見。

五、電腦網路調查

雖是最省時省事快速的方法，但缺點是無法掌握回答者身分是否爲相關族群，回收率一般也相當低，近來又因個人資訊保密，找尋調查對象來源愈來愈困難。

設計一份完善之問卷實在不是容易的事，不要以爲隨便寫寫問卷即可找出答案，如果不按步驟一步一步進行，可能會花下的時間卻毫無結果，或是得到非預期結果。設計人員需具備統計學、社會學、經濟學、心理學、電腦軟體等多方面知識，需要一定之技巧及經驗才足以順利進行，及後來的分析方能有所收穫。

伍、統計方法

所求結果不同，所需使用之統計技術也會有所差異，所以量表方式應依實際需要設計，同時內容、量表、統計方法三者合作才能產生效果，否則將因其中之一的誤用

而產生極大差異，甚至無法採用，影響預期呈現之結果，是使用問卷法時應避免之事項。通常問卷調查結果的處理與分析，應檢視回收問卷是否為有效問卷，然後編碼將資料輸入電腦處理。另外，也應考慮回收率、問卷的信度及效度，做推論及解釋時應注意問卷調查能夠達到調查結果的極限。

一、資料的形式及表現圖表（謝邦昌等，2000）

1. 常用統計量：百分點、指數、眾數、中位數、平均數、全距、變異數（或標準差）、斜度和峰度。
2. 常用統計表：簡單次數表、分組次數表、二維列聯表、多維列聯表及相關表等。
3. 常用統計圖：直方圖和餅狀圖、態度對比圖、輪廓形象圖、趨勢圖和散布圖等。

二、統計技術類別

1. 顯著性檢驗：常用抽樣分析、顯著性檢驗、參數檢驗法、無母數檢驗法。
2. 實用的多元統計分析法：多元線性迴歸分析、判別分析、因素分析、集群分析、多維圖示分析、結合分析等。

陸、應用範圍

問卷法適用於各類領域，從社會學、心理學、商學等，需了解大眾普遍意見時，即需採用此方法。在設計領域對於量化研究也採行此法為主，甚至近來流行感性工學，也是使用調查方式，使得調查法成為重要的方法。對於行銷過程從產品開發至市場現況調查等之應用（後藤秀夫，2001），簡述如下：

1. 產品開發過程，決定產品概念、市場定位、品質水準、產品樣式等。
2. 市場測試過程了解產品接受度、廣告促銷效果與其他廠牌競爭結果，評價市場。
3. 導入市場後，了解產品流向、產品接受度、市場定位等
4. 了解競爭；產品壽命、市場定位等

柒、優點與缺點

一、優點

可以實施有限度之調查，獲得代表特定對象之意見及觀點，讓事情得以找到方向或得到多數者的論點，以對假設提出論證或驗證相關研究。

二、缺點

1. 「一粒砂，也有一個世界」，社會學研究強調研究的採樣獨特性及對個案研究的重視；社會學者認為：「可以有一門研究社會的科學，自然科學怎麼做，我們也就跟著怎麼做。」，也就是社會學者認為仿效自然學者的作法也是不錯，但需考慮是否一定捨去質性研究方式。

2. 類似問項混淆產生感染問題：當一個問題未完全限制他所在的場合時，就會產生感染性問題可能產生特別誤差。也就是問項設計不當時，會影響相關題目的回答，通常相近似問題但問項不一時，最容易造成回答者不知所措，容易以為二者存在關係，自判產生誤導回答，最後甚至忽視問卷的嚴謹性，以為自己已經混淆不清，只為完成問卷而快速作答，失去問卷的信度。

3. 因果關係不見得能從「果」來推出「原因」：失敗的主因之一是決策者認為把造成問題的原因修正轉回，就可以把發生的問題回歸當初未發生狀態，太過輕信調查結果的用途。

捌、可能的問題

問卷調查法是以量化為主要研究方法，從抽樣中來決定大眾意見，雖具方便性但仍有其問題（Stanley Lieberson, 1996）：

1. 選擇性問題：如從何先開始，牽涉抽樣問題。

2. 從研究中找出問題，在社會學研究中會試圖把造成問題的原因轉回原位，以為這樣就可以把發生問題回歸到當初未發生時之狀態，造成決策失敗。

3. 使用控制變項法，控制變項後，原先所觀察到的關係已經改變了。

玖、應用實例

範例一：食具使用功能的認知研究。

王明堂（2003）。「2003e世紀設計創意」國際學術研討會，銘傳大學。

一、研究目的

歸納年輕世代對於食具功能認知的整合概念，提供食具設計在新概念及新功能展現的用途和啓發。

二、研究設計

本研究從文獻探討出發，了解食具定義。對年輕（20世代）族群進行問卷調查，研究過程如圖1，為求調查內容的精確，先以德菲專家法（Dephi method）向對象群體（50名），徵求其心目中對筷子、刀叉的功能的看法，經整理挑選出重要功能語彙：筷子（24種）、刀子（22種）、叉子（30種）。再將這些功能語彙列表請對象群體進行重要度勾選各食具最適當的功能12個（含）以內，結果取前12個高票者為功能語彙。以尺度量表（七段分法）進行重要度調查得到有效問卷165份，利用統計軟體SPSS10.0進行分析：(1) 初步的相關性、及檢定來了解樣本的差異顯著性情形；(2) 對筷子、刀子、叉子的功能調查結果進行因素分析（factor analysis），檢查因素陡坡圖及成分矩陣，得到筷子有四個因素、刀子有三個因素及叉子有三個因素，因解讀困難以最大變異法（varimax）進行因素轉軸，來定義筷子、刀叉這些因素的意義，了解20世代這些食具的功能可解析得到哪些因素。

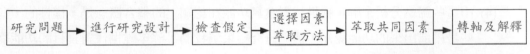

研究問題 → 進行研究設計 → 檢查假定 → 選擇因素萃取方法 → 萃取共同因素 → 轉軸及解釋

圖11-1　研究過程分析及說明

三、結果

「口食」是包括人類在內的所有動物最直接、最清潔的取食方式，但是人類為了表示自己的不同，也由於萬能雙手的感受因而轉向「手食」，又發現「手食」與靈長動物的取食方式雷同，為彰顯與猿猴等少數動物的差異及用具的需求，進化成以「食具」進食，確立集團定位，同時形成飲食道具進化的背後因素及條件，是人類生活及進步的表徵，民族堅持所形成的特色。從研究結果發現：

1. 年輕世代對於食具的功能已經有些改變，傳統的筷子原以「夾」為主要功能，刀叉應以「切割、刺」為基本功能。但初步調查了解 筷子」基本上還是以「夾」，「餐刀」以「切、割」，「餐叉」以「插、刺」為主要功能，叉子的「捲」功能，已在生活中隨處可見，對於麵食喜好使得叉子在使用功能上有新認知。

2. 另外筷子多樣的功能本是我們認知的「一器多用」，比原先認知的功能還更多，刀叉從「一器一用」已轉為「一器多用」，且筷子和餐叉的功能漸接近。

3. 經由因素分析結果，得到的各食具在功能認知概念因素。

(1) 筷子

　　① 第一因素：相關應用功能。

　　② 第二因素：向前取物功能。

　　③ 第三因素：旋轉協助功能。

　　④ 第四因素：典型取食功能。

(2) 餐刀

　　① 第一因素：分離功能。

　　② 第二因素：固定功能。

　　③ 第三因素：表面處理功能。

(3) 餐叉

　　① 第一因素：混和功能。

　　② 第二因素：刺捲功能。

　　③ 第三因素：湯中取物功能。

(4) 由這些歸納分析了解年輕世代對食具功能在認知上的整合概念是多樣性的，有些是創造出來的功能認知，透過研究結果讓我們了解年輕世代對食具的功能需求，或許可以提供日後食具設計在追求新概念及新功能，符合新時代展現的用途時可當作參考。

四、評論

　　本研究主要以語意差別法為主要量表，將研究對象鎖定為年輕族群，為考慮找尋研究對象的方便性，以學生為主要對象，似乎無法代表全體的年輕族群。研究者為了取樣方便常會發生這樣的現象，所以在研究設計必須詳加說明，甚至對於標題要加以界定，方能顯現出研究的精神。

　　統計技術以因素分析主要方法，所以必須知道在進行此分析方法時，需要先進行哪些先前檢驗或驗證，方能繼續進行。也有可能產生不適合繼續進行的情形，例如：顯著性不夠，或是某些檢定要求值無法達到等。上述研究雖然找出一些結果，但是對於解讀因素常需費心思，再三思考方能有成果，也較能說服讀者。

> **範例二：不同受測者對全漢文與漢羅文臺語廣告標題之意象認知差異研究。**
>
> 連德仁、李傳房（2003）。設計學報，第八卷，第三期，PP.17-32。

一、摘要

　　本研究主要探討不同受測者對於全漢文與漢羅文臺語廣告標題之意象認知情形。研究中以二因子變異數分析比較不同類群人員對不同臺語文字類型之廣告標題意象的認知差異。經統計分析結果發現：不同受測者與不同文字類型的交互效果考驗中，除住家地區變項未達顯著水準、性別變項（$F_{(1,76)}$=6.767）僅達微弱顯著水準外，其他三變項（自身族群$F_{(3,152)}$＝28.271、臺語能力$F_{(3,152)}$=44.871、臺語傾向$F_{(2,114)}$=34.638）則均達相當顯著水準，且組內間分別與該二種文字類型之臺語廣告標題的單純主要效果分析，亦多具顯著差異存在，表示受測者間變項與不同文字類型臺語廣告標題的關係甚具意義。最後，本文就研究結果提出數點結論與建議，希冀供廣告或設計相關人員參考改進。

　　關鍵詞：全漢文、漢羅文、臺語廣告標題、意象認知。

二、研究設計

㈠ 調查目的

　　依上列各動機與理論分析所述，本調查的主要目的有三項：

1. 以二因子變異數分析（two-way analysis of variance two-way ANOVA）就不同類群中之各水準與不同文字類型，探討受測者對臺語廣告標題的意象認知差異情形。
2. 經由單純主要效果變異數分析，探討具差異性之不同因子與不同臺語廣告文字類型間的交互差異情形。
3. 了解全漢文、漢羅文臺語廣告標題文字使用的可行程度，以為未來研究及應用的標的。

㈡ 調查方法與步驟

1. 取樣標準

   (1) 人口樣本部分

   　　調查之人口樣本可分為二類：第一類為協助進行臺語廣告意象形容詞選樣的45名大專學生；第二類則為實際進行全漢文臺語廣告標題之文字意象調查的55名學生，漢羅文臺語廣告標題之文字意象調查的54名學生。

(2) 意象形容詞選樣部分

本調查以小林重順180個常用意象形容詞彙爲主，再參考宮崎紀郎等對意象調查所提出的50個常用形容詞彙，復由筆者以KJ法選出93個適合臺語廣告標題意象的形容詞彙進行前測，並從前測所得結果中，選出最受肯定的20個「臺語廣告詞適用意象形容詞彙」。茲將該形容詞彙之前測複選所得百分比羅列如表11-8。

表11-8　語意差別量表範例

臺語廣告詞適用的意象形容詞彙	複選所得百分比	臺語廣告詞適用的意象形容詞彙	複選所得百分比	臺語廣告詞適用的意象形容詞彙	複選所得百分比
鄉土的	97.8%	生活化的	71.1%	令人記憶深刻的	57.6%
在地的	91.1%	實在的	68.9%	懷舊的	55.6%
有人情味的	86.7%	有力的	68.9%	文化的	55.6%
有親和力的	84.4%	樸實自然的	66.7%	寫實的	48.9%
純樸的	75.6%	人性化的	62.2%	能產生共鳴的	44.4%
爽快的	73.3%	傳統的	60.0%	較沒有商業氣息的	42.2%
與現實生活相關的	73.3%	有趣的	57.8%		

(3) 臺語廣告標題選樣部分

本調查所採用的全漢文、漢羅文臺語廣告標題是筆者根據當前臺語廣告標題加以修改（修改原有之誤用字句），修改過程中參考臺語相關詞（辭）、字典，使成爲「全漢文臺語廣告標題」、「漢羅文臺語廣告標題」。

2. 執行步驟

(1) 前測

本調查研究前測之施測前由研究者說明調查的目的與重點。施測完成即進行簡單統計，並選出總得分在前20名之意象形容詞彙。

(2) 正式問卷之施測

① 爲探討不同人口變項對全漢文、漢羅文臺語廣告標題的認知傾向，本調查之問卷內容中的基本資料共列出五項：

（A）性別　　　□男　　　　　　　　□女
（B）族群　　　□閩南系臺灣人　　　□客家系臺灣人
　　　　　　　　□非閩客系臺灣人　　□原住民

（C）臺語能力　　☐聽說皆熟練　　　　☐都會聽但不會說
　　　　　　　　☐會聽一些但不會說　☐不會聽也不會說
（D）臺語傾向　　☐很喜歡　　　　　　☐不排斥
　　　　　　　　☐厭惡
（E）住家地區　　☐北部　　　　　　　☐中部
　　　　　　　　☐南部　　　　　　　☐東部

②本問卷共選出全漢文、漢羅文臺語廣告標題各12則，能以隨意布局法編排題序。每一標題下均置放20個形容詞彙，以得分法（1～10分）讓受測者依意象感受直覺地填入分數。

3. 統計方法及處理過程

(1) 本調查研究所得資料是以SPSS8.0版套裝軟體進行相關統計分析。

(2) 為能確認本研究所調查各自變項組內之受試者間對全漢文與漢羅文廣告標題意象認知的差異情形，遂進行二因子變異數分析（two-way ANOVA），以探討不同自變項之各水準與不同文字類型臺語廣告標題間的差異比較。

三、結果

㈠ 性別與文字類型之差異考驗方面

　　有關性別二水準與不同文字類型二水準對臺語廣告標題意象認知之單純主要效果分析中，僅不同文字類型對於受測者認知意象的影響，在女性的條件下其有顯著差異，而對於此二類型之臺語廣告意象認知平均分數，則以對漢羅文的6.10高於全漢文的5.46，顯示女性受測者對於漢羅文臺語廣告標題有較佳的認知意象。

㈡ 自身族群與文字類型之差異考驗方面

　　在自身族群四水準與不同文字類型對於臺語廣告標題意象認知之單純主要效果分析中，不同族群對於臺語廣告標題的意象認知，分別在全漢文與漢羅文的文字類型條件下達差異水準，尤其前者更具相當顯著住。其中以原住民族群對於全漢文臺語廣告標題的6.50平均得分最高，非閩客系族群的4.48最低；而對於漢羅文文字類型方面，則以非閩客系族群的6.55平均得分最高，但各族群間的顯著性則降低。至於，以四大族群為限定條件，則顯示僅非閩客系族群間對於不同文字類型有極為顯著差異水準，且其對臺語廣告標題的意象認知5.51平均得分卻最低。

(三) 臺語能力與文字類型之差異考驗方面

在臺語能力四水準與不同文字類型對於臺語廣告標題意象認知之單純主要效果分析中，臺語能力因子分別在全漢文和漢羅文條件下其有顯著水準，其中以不會聽也不會說臺語者對全漢文臺語廣告標題意象認知的6.32平均得分最高，但卻對漢羅文臺語廣告標題意象認知平均得分最低（4.04）。至於，文字類型因子下之四種不同限定條件的臺語能力中，僅臺語聽說皆熟練者間對不同文字類型之臺語廣告標題意象認知未達顯著差異外，其餘三者均在極為顯著水準之上，而平均得分上則以不曾聽也不會說者的5.18最低。

(四) 臺語傾向與文字類型之差異考驗方面

有關臺語傾向三水準與不同文字類型對於臺語廣告標題意象認知之單純主要效果分析中，本研究發現臺語傾向因子在全漢文情況下，能相當程度發揮其對該類型文字之廣告標題意象認知的差異水準，其中對臺語感到厭惡的受測者之3.32平均得分遠低於很喜歡臺語之受測者的6.01，厭惡臺語者對全漢文臺語廣告標題的意象認知不佳；而臺語傾向因子在漢羅文情況下，則僅具微弱顯著水準，且各水準間的平均得分差異並不大。至於，文字類型因子下之三種不同限定條件約臺語傾向中，僅厭惡臺語者對不同文字類型臺語廣告標題之意象認知有極為顯著水準，其中對全漢文的3.32平均得分遠低於對漢羅文的6.04平均得分差異最明顯。

(五) 住家地區與文字類型之差異考驗方面

由受測者之住家地區與不同文字類型之二自變項間之主要效果微弱顯著情形看來，顯示不同住家地區與不同文字類型分別對於臺語廣告標題之意象認知稍有差異。在平均得分的總和上，以居住中部地區之6.02最高，以家住南部地區的5.67最低，顯示南部地區的受測者並未因語言地域關係，而提昇其對臺語廣告標題的意象認知。

四、評論

1. 本調查研究試圖探討不同自變項之組內人員對全漢文臺語廣告標題之文字意象認知情形。根據結論所得，顯示在不同性別、族群、臺語能力、臺語傾向、住家地區等組內人員中，對「臺語」具有意識型態者（傳統印象中，女性、客家人或非閩客籍者、不會聽說臺語者、厭惡臺語者、住家在北部地區者，對臺語較為敵視或鄙視），以「非閩客臺灣人」和「厭惡臺語者」明顯顯現對本調查所探討之廣告標題文字形式較易呈現「負面評價」現象。然而，從研究數據顯示，可見「閩

南語系臺灣人」、「臺語聽說皆熟練」者、「很喜歡臺語」或「不排斥臺語」者、住家在「南部地區」者等，其平均值雖多維持在「標準範圍」內（平均值在正負一個標準差），但並未顯示對臺語廣告標題文字有較正面的評價認知。故本調查研究以為全漢文臺語廣告標題的使用，多數消費大眾多能秉持平常心看待，並未有特別喜好或排斥的心理反應。雖然，特殊族群由於不了解而產生不認同（在二因子變異數分析中，顯示各類群之部分受測者對於漢羅文臺語廣告標題有較佳而強烈的意象認知傾向），但本調查以為此種文字類型的廣告仍是一項可以嘗試的樣式，而不需考量國人意識型態的排斥。

2. 有關對漢羅文臺語廣告標題之文字意象認知情形方面，根據結論所得，顯示在不同性別、族群、臺語能力、臺語傾向、住家地區等組內人員中，對「臺語」具有意識型態者（傳統印象中，女性、客家人或非閩客籍者、不曾聽說臺語者、厭惡臺語者、住家在北部地區者，對臺語較為敵視或鄙視），並未對本調查所探討之廣告標題文字形式有絕對的「負面評價」。甚至，從研究數據顯示上述人員普遍比閩南語系臺灣人、臺語聽說皆熟練者、很喜歡或不排斥臺語者、住家在中南部者等，對於漢羅文臺語廣告標題的意象有較正面的評價認知。故本調查以為在某些針對市場區隔的廣告中，漢羅文臺語廣告標題的使用仍有其應用價值。

3. 受測者普遍對於目前全漢文臺語廣告標題文字存有較強的傳統、在地化，講求鄉土、純樸、人情味的意念，故要進行全漢文臺語廣告標題表現之產品，須有類型上的取捨，而非任何樣式的產品，均可以全漢文表現其廣告。尤其，臺灣在加入WTO後，品牌形象為避免因全球化而模糊了本身特色，對於固有的、獨一無二的產品，更應秉持建立臺灣形象為前提，才能在世界經濟舞臺上占有一席之地。此時，以臺語文字之全漢文為廣告標題的前鋒，不啻為最佳的發揮場域。

4. 至於漢羅文臺語廣告標題文字方面，則存有古樸、自然，講究鄉土、本土、在地化的意象，並持肯定與正面的評價，故要進行漢羅文臺語廣告標題表現之產品，亦須有類型上的取捨，以確定漢羅文臺語廣告標題的風格。

5. 雖然一般消費者對於「國字」的應用相當熟稔，但對於臺語全漢文與漢羅文的「正確使用」卻尚稱陌生。因此，將之應用於廣告標題中，仍須有一段的適應期，使全漢文與漢羅文的應用為大眾所接受，並成為現階段臺語文字標準化的標的。故設計人員或撰文人員、廣告主或企業主應耐心期待全漢文與漢羅文對於臺灣消費者的思考模式改變，進而欣然接受臺語廣告的訴求，以達到廣告的銷售目的。

6. 臺語之「有音無字」的論點，確實是長久被誤解的一個事實。尤其在二十一世紀裡，此論調並未因政權轉移，臺灣邁向民主化後的現在有所改善。相反的，在資訊發達因素下，企業主為搶得商機、廣告從業人員（包括文案、設計人員）為掌握時效，並未對臺語文字加以印證，卻僅憑「有音無字」的訛傳，便隨意為臺語廣告詞驟下論斷，而以訓音字、同音字隨意造字、用字。此種情況的持續發展，不僅破壞臺語文字的原初風貌，更拖延臺語文字標準化的時程，阻擾臺語文化創新的動力，致使臺灣文化的發展嚴重衰退。為此，現今華語不用的古漢字，是否便不適用於臺語文字，這是值得討論、研究的課題。對於臺語文字未標準化的現代，臺語廣告詞的使用確實有其困難之處，然而，畢竟百年來專家學者依據各種論述加以印證而得的臺語文字範例，有其歷史與現實價值，廣告從業人員實應多翻閱相關文獻，找出適合的臺語文字做為廣告詞，才能為臺語文化善盡一份傳播的心力。

參考文獻

1. http://210.243.57.5/alanhu/reachway1.htm

2. http://blue.lins.fju.edu.tw/~su/rm91/rm_qu.htm

3. http://contest.ks.edu.tw/~river/teach/theory/theory1.htm

4. 王明堂（2003）。**食具使用功能的認知研究**。2003e世紀設計創意，國際學術研討會，銘傳大學，PP.97-96。

5. 王昭正、朱瑞淵譯，Floyd J. Fowler, Jr.（1999）。**調查研究方法（Survey Research Method）**。臺北：弘智文化。

6. 呂以榮譯，A.N.Oppenheim著（2002）。**問卷設計、訪談及態度量表**。臺北：六合。

7. 林振春（1988）。**社會調查**。臺北：五南。

8. 邱皓政（2000）。**量化研究與統計分析**。臺北：五南。

9. 後藤秀夫（2001）。**市場調查實務手冊**。臺北：小知堂文化，P.23。

10. 張紹勳（2001）。**研究方法**。臺中：滄海。

11. 連德仁、李傳房（2003）。**不同受測者對全漢文與漢羅文臺語廣告標題之意象認知差異研究**。設計學報，第八卷，第三期，PP.17-32。

12. Stanley Lieberson著（1996），陳孟春、郭文般校訂。**量化的省思（Making it count）**。臺北：巨流。

13. 陳建和（2002）。**觀光研究方法**。臺北：五南，PP.337-350。

14. 菅 民郎著（1993）。**電腦統計處理**。日本：技術評論社。

15. 謝邦昌、柯惠新、盧傳熙（2000）。**市場調查與分析技術**。臺北：曉園。

實驗研究法

第十二章　實驗法

第十二章 實驗法

楊清田　黃鈴池　王藍亭

　　實驗研究最早是應用在「人與物」、「物與物」之自然科學研究，後來才推廣到「人與人」的社會學研究（張紹勳，2001）。實驗法的創舉始於心理學，1800年德國心理與生理學家威爾漢‧溫特（Wilhelm M. Wundt），將實驗法引進心理學界，此心理實驗的實驗室成為社會研究者的典範（Thomas Herzog著，朱柔若譯，2000）。1843年，英國哲學家穆勒（John Stuart Mill）在《The System of Logic》一書中論及實驗方法，當時的實驗方法為「歸納方法」，進行實驗設計所依據的道理（席汝楫，1999）。1900年，美國與其他國家的研究者，建立實驗室進行社會研究的實驗。第二次世界大戰期間，實驗法又有了進一步的發展，並深入社會研究的每一個領域。

壹、概述

　　實驗設計的萌芽始於1920年代，當時數學家Ronald Fisher於倫敦郊外的農場試驗所，做實驗配置之方法論時創出此理論（姚景星、劉睦雄譯，1988）。至1970年以後，實驗法在行銷研究上日益廣泛。Thomas Herzog指出，實驗法之所以擴展，得助於「四大趨勢」——行為主義的興起、量化研究的普及、受試者的多樣化、實務的應用，而加速發展（圖12-1）。

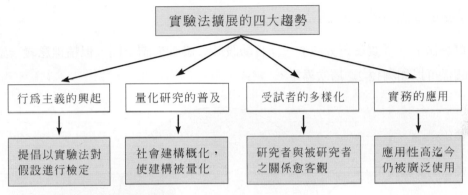

圖12-1　實驗法擴展的四大趨勢

貳、實驗法之定義

一、實驗法的意義

　　實驗法（experimental method）是科學性的研究方法之一，主要在探討自變數對依變數的因果關係，是可以重複驗證的研究方法與歷程。由於研究操作的範圍或目標不同，而有「實驗法」、「實驗研究法」、「實驗設計」等不同稱謂，相關學者之定義如下：

1. 實驗（experiment）是一種為測試假設而在控制環境下，操弄一個（或一個以上）變數的學術研究（吳萬益、林清河，2000）。

2. 為了了解問題，用精密的實驗方式來處理，把所研究的變項放在一個沒有「汙染」的情況下來進行，希望藉著嚴格的控制與規劃，使所有的變項都在研究假設的預期下進行（簡春安、鄒平儀，2000）。

3. 實驗法是指在控制的情況下操縱一個或一個以上的變數，以明確地測定這些變數之效果的研究程序（黃俊英，1987；吳萬益等，2000）。

4. 實驗研究（experimental research）是一種在爲了某種特定目的而設計的情境之中進行觀察（或資料蒐集）的過程（張紹勳，2001）。

5. 實驗設計即一個控制的自變項（又稱爲刺激），爲了測試假設，承認刺激的衝擊，以接近認同團體的建立來完成，刺激即是應用在實驗團體，相對於控制團體（Allen Rubin & Earl Babbie著，趙碧華、朱美珍編譯，2000）。

綜合上述各種實驗法的定義，簡單的說就是泛指在「控制」的情境下，藉由驗證而得到的因果關係之一切研究方法均稱之。

二、實驗研究的關係架構

「實驗法」、「實驗研究法」、「實驗設計」儘管稱謂不同，但精神意義一致。三者之關係可以如圖12-2之層次界定。

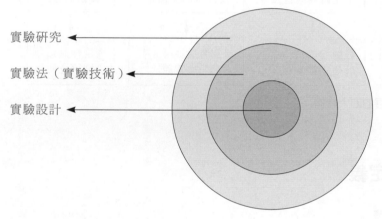

實驗研究

實驗法（實驗技術）

實驗設計

圖12-2　實驗研究法之相關層次界定

參、實驗法的特性

一、實驗研究法的特徵

W. L. Neuman（2000）指出：一個眞正的實驗研究，應包含自變項、依變項、前測、後測、實驗組、控制組以及隨機指派等七個部分（甚至更多）。其基本特徵如下：

1. 主要特性在建立與衡量各實驗變數之間的「因果關係」（榮泰生，2002）。
2. 實驗工作是在人爲設定的環境中進行（張紹勳，2001）。
3. 實驗的同時，亦要控制干擾變數（張紹勳，2001）。
4. 受「自變項」（independent variable）與「依變項」（dependent variable）的影響（簡春安等，2000）。

5. 「實驗組」（experiment groups）（接受實驗處理的單位）及「控制組」（control groups）（不接受實驗處理的單位）二者之比較。

6. 「前測」（pretest，處理前的測試）與「後測」（posttest，處理後的測試）之間的比較說明（簡春安等，2000）。

7. 實驗對象需「隨機指派」（random assignment），才可以產生相似的組別而促進實驗的比較（W. Lawrence Neuman著，朱柔若譯，2000）。

上述實驗研究法的特徵，可視研究設計所需再行斟酌運用之。

二、實驗法的功能目標

實驗法（experimental method）是科學的研究方法，其功能目標包括：

1. 建立理論系統。

2. 發現因果關係（張紹勳，2001）。

3. 對效度的威脅做最大程度的控制，且靠研究者發揮更大的能力操控自變項（趙碧華等編譯，2000）。

4. 依變項在各種狀況下所發生的任何有系統的差異，均是自變項造成的結果（Thomas Herzog著，朱柔若譯，2000）。

5. 在有限的時間與成本下，發揮最大的情報效果，並找出最具影響力的可控因子（陳順宇、鄭碧娥，2002）。

綜合上述各項實驗法的功能目標，可以歸納出，實驗最初是預測及探討變項與變項間的關係，其最終目標是使其關係可以應用於實驗環境之外的其他相關母群體。

三、實驗法與其他研究法比較

實驗法的主要特徵是可在人為控制情境下，研究各種事象變化，從其變化過程推導出因果關係，甚至能安排原因去產生預期的結果。與其他研究法比較，其功能性質詳如表12-1：

表12-1　實驗研究法與其他研究法之功能性質比較表

研究策略	研究問題類型	控制程度	同時事件或歷史事件
實驗法	how、why	可控制	同時事件
個案法	how、why	不控制	同時事件
調查法	who、what、where、how many、how much	不控制	同時事件

研究策略	研究問題類型	控制程度	同時事件或歷史事件
次級資料分析	who、what、where、how many、how much	不控制	同時事件或歷史事件
自然觀察法	who、what、where、how many、how much	不控制	同時事件
歷史法	how, why	不控制	歷史事件

資料來源：張紹勳，研究方法，443頁。

四、實驗法的研究步驟

實驗研究法進行的過程，大略可分為七步驟（Cooper & Emory著，古永嘉譯，1996）：

1. 選擇相關的變數。
2. 確認處理的變數層級。
3. 控制實驗的環境。
4. 選定適合的實驗設計。
5. 指派受試者。
6. 預試，修定，再測試。
7. 分析資料。

肆、實驗的效度

實驗研究設計所談的效度（validity），包括「內在效度」（內部效度）與「外在效度」（外部效度），而和測量工具所指的建構效度、內容效度、關聯效標效度不同。欲提昇實驗設計的成效，則有賴於對內在效度與外在效度的掌握。

一、內在效度

內在效度（internal validity）是指從實驗研究結果所得的關係，是否代表真正的關係，即指去除其他替代變項對依變項的能力，或界定為控制無關變項的程度。易言之，內在效度期望在實驗情境中，被操縱的因素（自變項）確實能對觀察的結果（依變項），造成有意義的差異或特定影響的程度。內在效度是解釋實驗的最基本的要求，如果實驗不具內在效度，此實驗便無從解釋。內在效度的高低，完全取決於研究者對無關變項控制的程度而定，控制得愈佳，其實驗差異愈能以實驗處理的結果來說明，反之則易造成各種誤差，使實驗結果難以解釋。在量化的研究上，稱造成誤差的來源為「威脅」（threats）（王文科，2002），威脅實驗內在效度的來源很多，分述如下：

(一) 選擇偏差（selection biases）

選擇偏差又稱選樣不等（differential selection），是指實驗組與控制組不相等而言，此種偏差是由於研究未採用隨機抽樣和隨機分派之故，造成受測者本身就有能力方面的差異或特質不相等（朱柔若譯，2000）。例如：對學生實施新、舊二種教學法研究，以二校學生為受測對象，甲校為實驗組，乙校為控制組，而甲校地處都會區，乙校則處鄉村地區，倘若研究結果有顯著差異，研究者亦無法判斷此一差異，是因新、舊二種教學法的不同所產生的，還是來自二地學生能力不相等的選擇偏差所造成。

(二) 歷史效應（history effect）

歷史效應比較會發生在持續一段長期間的實驗。實驗進行期間，可能因其他事件發生而混淆了想要研究的主題，故又稱臨時事故（contemporary history）效應。例如：進行某種商品的廣告效果之實驗研究，期間發生如金融風暴、SARS疫情、恐怖攻擊等事件，都會引起此種效應，而改變了實驗結果。故實驗設計中的前測與後測結果之差異，也可能來自過程發生的歷史效應之影響。

(三) 成熟效應（maturation effect）

成熟效應亦常出現於為期較長的實驗中。這項威脅源自於受試者本身的生理、心理或情感歷程，隨時間變化而產生改變所致（朱柔若譯，2000）。例如：兒童會因成長的因素，而變得成熟、聰明、健壯些，均會對結果產生影響。為了消除其威脅，採用控制組與實驗組並行，不失為一項有效的方法。

(四) 測驗效應（testing effect）

對一事物進行多次再測，會因前測的經驗而影響後測的結果，而使實驗結果混淆。例如：進行某件事物偏見之研究，在做後測時，受測者可能對某件事物偏見問題已變得較敏感，作答時因而更加深思熟慮，甚至猜出研究的目的是在發現對其某件事物懷有多深的偏見，為避免讓人覺得自己具有偏見，以致改變其態度，這將會造成此種偏差效應。

(五) 工具效應（instrumentation effect）

這項威脅與穩定性信度有關。使用不可靠的工具或技術，進行各種實驗，會對其效度構成威脅，若實驗的過程中發生儀器或依變項的測量工具改變的狀況，亦可能嚴重導入錯誤的成分。例如：以人為觀察者，在實驗過程中因人本身的疲倦或情緒的改變，而造成描述、採用的標準有所差別，或在過去一段期間，用來判斷的標準發生改變，都會導致錯誤（王文科，2002）。

㈥ 統計迴歸現象 （statistical regression）

當挑選某些極端的受試者參加實驗的前測，到了後測時就會發生所得資料有迴歸現象（傾向「中立」意見來回答），稱爲統計迴歸現象。若做二次實驗時，第一次測量平均值偏高者，則第二次測量平均值有偏低的現象；而第一次測量平均值偏低者，則第二次測量平均值有偏高的現象（楊國樞等編，1989）。爲避免這種現象發生，處理時不宜均採用得分極端者爲對象，而將得分接近平均數者排除。

㈦ 實驗者損耗 （experimental mortality）

在長期性的研究時，各組成員的損耗，將會妨礙所有受測者完整資訊的獲得，大大降低研究的內在效度，尤其是實驗組或控制組中，若有一組的受試者在中途流失率偏高時，將使實驗結果難於解釋。

㈧ 其他威脅

上述七項內在效度的威脅，一般可以透過「隨機分派受測者」的方式來解決（張紹勳，2001），可是還有一些內在效度的威脅，仍無法以「隨機分派」方式避免。如：

1. 實驗的擴散與模仿（diffusion or imitation of treatment）

指實驗組與控制組曾互通訊息、互相教導，分享受測時的內容、經驗與心得，則實驗組與控制組之間的「純度」已經大打折扣，實驗結果當然不可能準確了（簡春安、鄒平儀，2000）。因此，在安排實驗時，應設法避免讓實驗組與控制組的成員有接觸的機會。

2. 補償性的均等化（compensatory equalization）

有時實驗的處理是令人想要或喜愛的（例如：獎賞），此時對控制組的不公平待遇，研究者可能會以其他方式作爲補償，然而此種彌補卻容易混亂實驗的設計（簡春安等，2000）。

3. 補償性競爭（compensatory rivalry）

亦稱爲強亨利效應（the John Henry effect）。當研究計畫對實驗組與控制組有差別的處置時，控制組的成員可能會有特別的動機與意圖，想藉著自己額外的努力，來彌補不是屬於實驗組的缺憾，在心態上與實驗組人員產生「競爭」的行爲。如此一來，實驗的本質就產生偏差了（簡春安等，2000）。

4. 不公平的憤恨與士氣低落（resentful demoralization of the disadvantaged）

當實驗的處理是令人喜愛的，且實驗是強制性時，控制組的成員可能會對他們的權益剝奪感到氣憤，而降低合作程度（張紹勳，2001）。

5. 局部歷史性（local history）

有規律的歷史效果，可能會造成實驗組與控制組很相像。但當將所有實驗組的受試者放在同一群組，而控制組的受試者也都放在另一群組時，也有可能因為組內發生的某些特殊事件而混淆實驗的結果（張紹勳，2001）。

6. 實驗者的期望（experimenter expectancy）

亦稱為實驗者偏見。研究者可能非常相信某個假設，並且間接地把這個假設或想要看到的結果傳遞給受試者（朱柔若譯，2000），而直接影響成果的反應。為避免研究者知情所造成的偏見，可透過第三者來執行實驗處理。

7. 因果的時間次序問題（causal time-order）

因果的定義似乎很簡單，在前的就是因，在後的便是果。社會科學中實際的狀況卻不是那麼的單純（簡春安等，2000），會有分不清實驗刺激和依變項孰先孰後的可能性存在。例如：雞生蛋還是蛋生雞的因果爭議。

二、外在效度

一項實驗其內在效度雖高，若僅對參與實驗的那些人有用，其實價值並不高，最重要的是能否將之概括於一般狀況。外在效度（external validity）即指所獲得的因果關係，可能推論到一般化結論的程度。即被操縱因素（自變項）與結果（依變項）之間的關係，可以普遍應用於其他情境的程度。

(一) 外在效度的分類

布拉希與葛樂斯（G. Bracht & G. V. Glass, 1968）提出二類外在效度，一為母群體效度（population validity），另一為生態效度（ecological validity）。

1. 母群體效度（population validity）

是指樣本能代表母群體的程度，即研究者以得自實驗組樣本的研究發現，可有效的概括於未接受研究的較大母群體。如：對某校學生進行色彩的視覺效果研究，發現色彩對受測者會造成某些錯覺，研究者認為人的生理結構、心理反應是相似的，因而下結論宣稱人類對色彩具有此種錯覺，這就是以實驗樣本概括母群體的方式。

2. 生態的效度（ecological validity）

指實驗結果可推論至其他母群體的程度。其所關切的是，如何在其他實驗條件下仍可獲得相同的研究結果。為了使實驗具有生態的效度，研究設計須能確定實驗的效應不受特定環境的約制。一般而言，若能採用大量的樣本，將會使實驗的結果愈接近原有的生態。

㈡影響外在效度的因素

以上二種外在效度通常是難以兼顧的，而影響外在效度的因素大致包括下列幾種：

1. 對實驗變數的反應 （the reactivity of testing on X）

由於前測使敏感的主題造成反應，以致於他們有各種不同方式來回應實驗刺激。通常在態度研究中，這種事前衡量的效果特別顯著。

2. 受測者的挑選和實驗變數的互動作用（interaction of selection and X）

受測者的挑選過程可能會影響外在效度，所選擇的個體其母體可能不是想要一般化結果的母體。

3. 其他互動因素 （other reactive factors）

實驗環境本身可能對受測者造成偏差效果，利用特別設計的實驗環境所得的結果將無法推論到整個母體（張紹勳，2001）。

三、提昇實驗效度的方法

㈠配對法（matching）

指研究時實驗組及控制組均做相同的研究設計，企圖使自變項之外的其他變項發生均等影響的方法。常用的方式有「精確配對」及「次數配對」二種。以「精確配對」而言，若年齡是影響因果之外在因素，則可將同年齡階層的受測者，等量分派到實驗組與控制組，使二組受測者的各年齡階層人數一致。不過，此法在實際上有其難行之處，因為若超過一個條件以上（年齡、職業等）時，實驗者常會感到顧此失彼。變通的方法是捨去精確配對，而改以「次數配對」來做分派，即每一外在因素只求相似即可，實驗組及控制組改以重要特性來指派樣本。

㈡隨機法（randomization）

配對法通常是在事先已掌握了外在因素的情況下進行，但多數研究對象之外在因素是未知的，因此可改採用隨機分派法。即採用數學上機率的原理，將參與實驗的受測者以隨機分派（random assignment）的方式，分配於實驗組與控制組。在機率的原則下，各組所具備的條件機會均等，不會產生系統性的偏差，應是控制影響變項最好的方法。

㈢控制組法

在實驗研究中，最主要的目的是了解實驗處理對實驗組影響的情形，若我們能在實驗設計中增加一組「控制」，可降低內在效度的威脅。例如：歷史、成熟、實驗者損耗等威脅。

㈣ 重複實驗

利用實驗組與控制組進行角色互換且多次重複的實驗。首先以隨機分派的方式將受測者分成實驗組與控制組，等第一次實驗完成後，再令實驗組擔任第二次的控制組，而原先的控制組擔任實驗組。重複實驗可排除外在因素的威脅，但仍難於避免「前測」產生的威脅。

伍、實驗法的分類

依實驗者對「自變項」控制程度的不同，實驗法可分為：實地研究法、實地實驗法、實驗室實驗法三種。

一、實地研究法

實地（field）研究具有實驗設計，但是沒有實驗控制，實驗者必須進入自然環境進行研究，但並不企圖去控制研究環境的變數。實地研究常使用多種的資料蒐集方法，蒐集對象可能是一個或多個實體（組織）。例如：進行「個性對幼稚園兒童學習之影響」的研究，實驗者應先擬妥實驗設計，確定研究之目標，了解蒐集和分析資料的方法，然後進入幼稚園實地場所進行研究，而此實驗的「自變項」為幼稚園兒童的個性（如：外向、內向、中性等），「依變項」為幼稚園兒童的學習表現（各種學習成果）。過程中，實驗者依其實驗設計進行各種觀察蒐集「依變項」的反應資料，但不作改變兒童的個性（自變項）的操作。實地研究的缺點是，完全無法有效地操弄「自變項」，使實驗操作顯得較不自由。

二、實地實驗法

研究「人」的行為比較不容易在實驗室內進行，實地實驗研究法就是以實驗設計之架構，在自然環境中，使用多種的資料蒐集方法從事現象的研究，實驗者會企圖去控制或改變研究系統的某方面，以便解釋所選擇自變數在反應度量上的影響。可見實地實驗研究是把實驗室實驗延伸到真實世界。其優點包括：(1) 比實驗室實驗更適合於研究複雜的社會；(2) 變項比實驗室實驗有較強的效能，不會那麼人工化，相關的變項也較為自然；(3) 外在效度比實驗室實驗要佳。缺點方面：(1) 較缺乏準確性；(2) 外在干擾變項太多（簡春安等，2000）。

三、實驗室實驗法

實驗室實驗（laboratory experimentation）研究法是把自變數放在一個沒有「汙染」的環境下，以衡量依變數的方法，其研究環境或情況乃由研究人員製造、操作出來的。重要特性為：在控制的實驗室環境中從事現象的研究，有實驗設計，同時也有實驗控制。優點是：(1) 將研究情境做有效的控制，可排除許多影響自變項和依變項的外在因素；(2) 一般都有精密的工具可做測量，誤差較少；(3) 可較自由地指定和操作自變項，對變項的陳述相當清楚。缺點方面：(1) 缺乏較有力、較自然的自變項，因為情境都是為了達到研究目的而創造的；(2) 太強調實驗的精確性和統計的精細度，容易與自然事實相差太遠；(3) 實驗的過程精密度、內在效度高，但日後很難複製，外在效度低。

陸、實驗設計的類型

實驗設計（experimental design）是一種「研究設計」，可以幫助我們了解推理的方法，並使我們易於掌控研究內容的因果關係。進一步而言，實驗設計是研究者用以考驗假設，並從自變項與依變項的關係獲得有效結論的一種程序藍圖。實驗設計常需依研究之需要，而做不同之設計，其關切的問題重點如下（王文科，2002）：

1. 是否需有實驗組與控制組之分？
2. 實驗組與控制組之受測者如何分派？
3. 如何操縱與控制有關變項？
4. 如何排除無關變項？
5. 如何進行觀察？
6. 以何種統計分析方法解釋觀察所得的資料？

實驗設計依其「控制」自變項與依變項之相互關係分類，可分成前實驗（pre-experimental）設計、準實驗（quasi-experimental）設計及真實驗（true experimental）設計三大類。以下為對實驗設計常用的符號及其代表的意義：

1. O：表依變數的觀察值。觀察分事前（前測）與事後（後測），通常於O之後加阿拉伯數字下標以作區分（O_1表前測觀察值、O_2表後測觀察值）。
2. X：表「處理」或自變數之「操控」（manipulation）。若「處理」項目多於一個以上，則以X_1、X_2……表示。
3. R：表隨機指派（random assignment）。

一、前實驗設計（pre-experimental design）

又稱「預實驗設計」。指「實驗設計」無科學的嚴謹性，談不上是個「實驗」，只求方便或限於經費、人力，簡單的研究而已。通常在前實驗設計中，實驗者雖可操縱一個自變數，但無隨機指派，控制變異量的能力亦不佳，無法通過嚴格的內、外在效度之考驗。優點：可用來蒐集資料，待日後有更佳的研究設計時，再更進一步精緻化。缺點：其內在效度及外在效度都相當弱，無法做出因果關係之推論。常見的前實驗設計有下列幾種類型：

㈠ 單組後測設計（one shot case study design）

沒有控制組，只有實驗組；一個處理（X）和一後測（O）。因為只有一組，自然沒有隨機分派。例如：教師在採用新課程授完課後（X），對學生進行測驗，學生平均得分為90分（O），教師回溯並與去年條件相似的班級做比較，認為

表12-2

實驗組	$X \cdots\cdots O$
處理效果	O

此次施測成績較高，因此下結論：新課程之內容優於舊課程。但此推論卻有待商榷，因為其影響可能來自學生資質不同、試題難易不同、試場情境不同等（表12-2）。

㈡ 單組前後測設計（one group pretest-posttest design）

沒有控制組，比單組後測設計多一個前測觀察值。包括四個步驟：首先實施前測以測量依變項（O_1），接著對受測者施以處理（X），完成後，再次實施後測以測量依變項（O_2），最後應用適當的統計，考驗前後測（$O_2 - O_1$）期間之差異程度是否顯著（表12-3）。

表12-3

實驗組	$O_1 \cdots\cdots X \cdots\cdots O_2$
處理效果	$O_2 - O_1$

以反毒宣傳短片效果的研究為例，以一群學生為受測者，在放映影片之前，先對受測者進行前測，平均成績為62分（O_1），伺影片放映（X）後再進行後測，成績為85分（O_2），與前測比較（$O_2 - O_1$），成績提高了23分，結論是：該反毒宣傳短片具有不錯的宣導效果。不過，此推論仍有商榷餘地，因為前測題目的敏感反應，可能提醒學生注意以前未注意的某些問題，若將之施於未看過該短片的班級，可能會有不同的結果。另外，前、後測之間若有臨時事件介入，亦會影響態度的改變。僅一組受測者，其特徵是否與實驗處理交互作用，亦無法得知。可見此種實驗設計仍存有許多影響內、外在效度的威脅。

(三) 靜態組比較設計（static-group comparison design）

比單組後測的設計多了一組控制組，只有實驗組接受處理，而控制組則無，二者均只接受後測。可以由實驗組與控制組後測的比較，來了解處理的差異（表12-4）。

表12-4

實驗組	$X \cdots\cdots O_1$
控制組	O_2
處理效果	$O_2 - O_1$

同前述反毒宣傳短片為例，實驗者以二班學生為受測對象，其中一班在放映宣傳短片（X）後進行測驗（O_1），而另外一班則在未看短片的情形下，直接進行測驗（O_2）。比較二組的成績平均值（$O_2 - O_1$），若看過短片的班級成績優於未看過短片的班級，則結論稱該反毒宣傳短片具有效果。但受測者未作隨機分派，二組條件沒有對等，二組的差異難以完全歸於處理的作用，內在效度威脅仍在。

二、準實驗設計（quasi-experimental design）

又稱「類實驗設計」。在真實的社會研究環境下，不能用真實的實驗方法來控制變異量（外生變數）時採用。這種方法雖不能完全符合實驗設計的嚴格要求，但大體已抓住了科學的精神與實驗應有的態度。之所以被稱為準實驗設計，是因其屬於真實驗設計的變化，有些用到隨機分派，但沒有前測，有些使用二個以上的組別。準實驗設計的優點是：允許實驗者運用隨機樣本，在自然的環境下完成實驗，因而提昇了研究的外在效度。控制組雖無隨機控制，但卻可使研究順應現況而順利進行。缺點是：缺乏足夠的控制，使研究不易做出精確的推論。

(一) 不相等控制組設計（nonequivalent control-group design）

與真實驗的「等組前後測」相類似，但沒有隨機分派樣本至實驗組及控制組，形成二組不相等。包括四個步驟：首先指定二組受測者，同時對二組受測者施以前測以測量

表12-5

實驗組	$O_1 \cdots\cdots X \cdots\cdots O_2$
控制組	$O_3 \cdots\cdots\cdots\cdots O_4$
處理效果	$(O_2 - O_1) - (O_4 - O_3)$

依變數（O_1、O_3），接著對其中一組實施處理（X），伺完成後，二組受測者再接受相同的後測以測量依變數（O_2、O_4），最後比對前測與後測之觀察值以了解處理之效果。由於此設計不等組，故$O_3 - O_1$的檢定極為重要，若有顯著差異，則表示二組條件不相等、內在效度不佳；反之，則表示二組條件相等、內在效度佳（表12-5）。

例如：某研究者進行「新式設計方法」的研究，企圖了解新式設計方法的效果。首先在指定二個班級的學生為受測者，考量實際教學情形，二班學生均以班級為建制，未做隨機分派。接著對二班學生施以前測以取得平均成績，完成後，選取其中一

班學生實施「新式設計方法」的傳授。最後再對二班施行後測。本法的優點是：適用於無法打破團體份子、無法採用隨機或配對之團體，有助於歷史、成熟、測驗、工具等因素干擾之控制。缺點：因為二組不相等，有「選擇與成熟」交互作用之缺點，也無法克服迴歸的問題。但可以共變數分析（前測當共變數，後測當依變數，組別當自變數），及混合設計二因子變異數分析（「前後測」當重複量數因子B，二組組別當因子A，前後測「分數」當依變數）來檢定（張紹勳，2001）。

(二) 個別樣本的前後測設計（separate sample pretest-posttest design）

此一設計適用於當我們無法決定何時對何人做處理，但能決定何時及對何人做測量時。其形式是同時對實驗組與控制組做隨機分派，但只進行實驗組之前測與控制組之後測（表12-6）。

表12-6

R實驗組	$O_1 \cdots (X)$
R控制組	$X \cdots O_2$
處理效果	$O_2 - O_1$

符號（x）代表與實驗無關的實驗處理，意指實驗者無法對此操控加以控制。（$O_2 - O_1$）之處理效果可採t檢定。該實驗設計仍有「歷史」之內部威脅。例如，對某校學生做反毒宣導，企圖了解其成效，於是先從該學生中隨機（R）挑選出二組人為受測者，一組在宣導活動前即進行前測（O_1），另一組人伺宣導活動後施行後測（O_2），最後由前測與後測所得的觀察值比對（$O_2 - O_1$），可以了解宣導活動的成效。本設計的優點：因為是現場進行，受測樣本直接從要推論的母群中抽選，故其外在效度比「眞實驗」來得好，尤其適用於母群很大、在測量之前就可能反應的實驗。缺點：(1) 此種設計有多項內在效度的問題；(2) 可能發生分組差異，但可藉由重複實驗來克服（張紹勳，2001）。

(三) 時間序列設計（time series design）

時間序列設計是對於某些團體或個人，所進行的週期性測量的過程，將

表12-7

實驗組	$O_1 - O_2 - O_3 - X - O_4 - O_5 - O_6 - O_7 \cdots$
處理效果	$(O_1 - O_2 - O_3) - (O_4 - O_5 - O_6 - O_7)$

之呈現在時間序列，以觀察實驗中所產生的改變狀況。即在實驗處理的前後，對一組或多組的群體施行重複測量，然後依據實驗前後一系列數據的變動趨勢，來衡量實驗處理的效果。若產生不連續的現象，則表示該實驗處理已發生效果。又稱為「單組多次測量的時間序列設計」（表12-7）。

例如：進行「加稅對通貨膨脹的影響」之研究，研究者可對加稅前的一系列及加稅後的一系列資料做觀察，了解其中關係。本設計無法克服「歷史」、「工具」、「施測」等內在效度的威脅。以「歷史」效度為例，實驗過程應儘量做到實驗獨立

（experimental isolation），使其不受外界事物干擾，並系統地記錄各種實驗外的刺激，以供了解。爲了解是否有循環性，可延長觀察，以便找出其恆常狀態。但間隔時間亦不宜太長，否則會增加「歷史」效應。實驗進行時，亦不可隨便修改測量的設備，實驗者需固定，否則會影響實驗效果。在外在效度方面，只能推論於重複測驗的族群，不同研究對象的推論具有冒險性。分析實驗資料時，不要只注意處理的前、後一次之比較（例：O3－O4），應仔細觀察每一次之變化。一般而言，單組的設計易有外生變數的干擾，可以多增加一組控制組來降低內在效度的威脅，使成爲「多組時間序列設計」（雙組多次測量設計）（表12-8）。

表12-8

實驗組	$O_1 - O_2 - O_3 - X - O_4 - O_5 - O_6 - O_7 \cdots$
控制組	$O_8 - O_9 - O_{10} \cdots O_{11} - O_{12} - O_{13} - O_{14} \cdots$
處理效果	$(O_1 - O_2 - O_3) - (O_4 - O_5 - O_6 - O_7) \cdots$

㈣ 相等時間設計（equivalent time series design）

相等時間設計是另一種具有時間延展性的單組設計。這個設計包括一個前測，給予一個處理並進行後測，然後再給予處理並進行後測，依此類推（表12-9）。

表12-9

實驗組	$O_1 - X - O_2 - X - O_3 - X - O_4 - X - O_5 \cdots$
處理效果	$O_1 - O_2 - O_3 - O_4 - O_5 \cdots$

例如：研究者想了解「上繪畫課時讓學生聽音樂，是否會提高學生的學習情緒」。假設該課程每星期上一次，研究者每隔一星期會於學生上課時，在教室進行音樂播放（一星期播放，而另一星期無播放），來觀察學生的學習情緒，此即相等時間設計。優點：與時間序列設計近似。缺點：外在效度較差，亦存有選擇偏差、反作用效果、重複實驗處理的干擾等。

三、真實驗設計（true experimental design）

顧名思義，是指此研究設計符合科學實驗要求，是一種眞正的實驗設計。眞實驗設計幾乎控制了所有影響內在、外在效度的因素，其特點是具有完全隨機化的設計（complete randomized），以使用諸如亂數表的方式，將受測者隨機分派到控制組及實驗組，接受應有的實驗處理。優點是：對內在與外在因素有良好的控制，強化了因果關係推論之效度。且實驗者可自由操控自變數，讓其決定因果關係的方向。缺點則是：與眞實情境相去較遠，且受測者可能非出於所欲探討的母體，因此弱化了外在效度，所得之結論難以應用於現實環境中。

(一) 等組前後測設計（equivalent control-group design）

亦稱「前測－後測控制組設計」（pretest-posttest control group design）。有實驗組與控制組之分，並隨機分派，可視為「單組前後測設計」的延伸。就提高實驗的內在效度而言，是完美的實驗設計（表12-10）。

表12-10

R實驗組	$O_1 \cdots\cdots X \cdots\cdots O_2$
R控制組	$O_3 \cdots\cdots\cdots\cdots O_4$
處理效果	$(O_2 - O_1) - (O_4 - O_3)$

此設計的第一步驟是，以隨機的方式分派（R）受測者至實驗組與控制組。其次，對二組受測者施以前測，了解依變項的反應（O_1、O_3）。第三步驟對實驗組進行處理（X）。第四步驟對二組受測者施以後測，了解依變項的反應（O_2、O_4）。第五步驟進行處理效果比對，從各組前、後測的觀察值之差異（$O_2 - O_1$）、（$O_4 - O_3$）顯示實驗的效果。最後，為確定實驗處理的效果是否與控制情境有明顯差異，可進行（$O_3 - O_1$）、（$O_4 - O_2$）的比對。本設計的優點：(1) 可對無關變數的控制；(2) 內在效度威脅可透過隨機分派而妥善控制。缺點：(1) 二組受試者參加前測，故有「測驗的反作用效果」之外在效度威脅，研究結果無法推論至無前測的群體；(2) 若二組成員的流失率不同，仍可能發生實驗的反應效果。

(二) 等組後測設計（posttest-only, equivalent-group design）

亦稱「僅有後測控制組設計」（posttest-only, control-group design）。將控制組的前測省略，並以隨機化分派二組受試者。若隨機分派後，二組的條件相等，將使是否實施前測重要性降低（表12-11）。

表12-11

R實驗組	$X \cdots\cdots O_1$
R控制組	O_2
處理效果	$O_1 - O_2$

其程序為：首先隨機分派（R）受測者於實驗組與控制組，實驗組接受處理（X），控制組則不接受處理。接著對二組受測者進行後測，並獲得依變項之觀察值（O_1、O_2）。最後進行二組觀察值比對（$O_2 - O_1$）。優點：(1) 容易進行，省去前測的成本；(2) 方便於前測不可行的情形使用；(3) 內在效度威脅可透過隨機分派而妥善控制。缺點：(1) 沒有前測，無法分別探討各組的處理反應；(2) 存有外在效度之威脅。

另外一種等組後測之變形，就是「實驗組控制組受測者配對」。先將受測者加以組成配對組或區組，然後再隨機分派，以MR表配對組或區組。此方式與前者最大差異是，實驗者可安排使二組受測者，除自變項外其他條件儘量相等（表12-12）。

表12-12

M_R實驗組	$X \cdots\cdots O_2$
M_R控制組	O_4
處理效果	$O_2 - O_4$

(三) 索羅門四群組設計（**Solomon four-group design**）

「等組前後測」因具有前測與處理的交互作用之顧慮，因而有人主張可儘量增加新組，而不施以前測，以中和其影響力。據此Solomon提出「索羅門四群組設計」以改善其缺點。將「等組前後測」及「等組後測」二種設計合併，形成了二個實驗組、二個控制組的實驗設計（表12-13）。

表12-13

第一組	R（實驗組1）	O_1……X……O_2
第二組	R（控制組1）	O_3……O_4
第三組	R（實驗組2）	X……O_5
第四組	R（控制組2）	O_6
	處理效果	(O_2-O_4)、(O_6-O_4)、$(O_2-O_4)-(O_5-O_6)$……

其程序為：先將受測者以隨機方式（R）分配到四組；接著選取一組實驗組與一組控制組接受前測，而獲至依變項觀察值（O_1、O_3）；進一步對二組實驗組受測者進行處理（X）；最後四組學生接受後測，獲得四組觀察值（O_2、O_4、O_5、O_6）。本實驗設計為確定處理的效果，可作以下觀察值的比對：

1. 「前測」效應：從O_6-O_4的比對可了解是否產生前測效應。
2. 「歷史」或「成熟」效應：從O_4-O_3的比對，可了解是否產生前測效應。
3. 實驗效果：O_2-O_4或O_5-O_6，若O_2、O_5均優於O_2、O_6則更有足夠的證據支持實驗後的效果。
4. 內在效度的威脅：$(O_2-O_4)-(O_5-O_6)$。
5. 「前測」對實驗結果的影響：$(O_2-O_5)-(O_4-O_6)$。

Solomon四群組設計除了兼具「等組前後測」及「等組後測」的優點外，尚有交互比較的優點，因此不管內在效度及外在效度都無缺點可言。缺點是：程序過於複雜，在尋找受試者及研究經費方面，均會遭遇困難。易產生「測試」及實驗者操弄（X）之間的複雜交互作用，在實際應用上較不經濟。

四、實驗設計的延伸類型

當典型的真實驗設計無法滿足研究之需求時，我們必將真實驗設計加以改良，以下各種實驗設計可說是真實驗設計的延伸，與真實驗不同之處為：實驗者是針對不同實驗刺激做考量，且對受測者的分派要求更為講究。

㈠ 完全隨機設計（**completely randomized design**）

為真實驗設計的基本變形，是最簡單的正式實驗設計。此種設計屬於單因子不同層級的處理，以完全隨機方式分派受測者至各層級，只有實驗組沒有控制組。

表12-14

R（實驗組1）	X_A……O_1
R（實驗組2）	X_B……O_2
R（實驗組3）	X_C……O_3
處理效果	$O_1 - O_2 - O_3$

如表12-14，以三組實驗組表三個層級為例，各實驗處理之間究竟有無差異，則可運用變異數分析（analysis of variance）來檢定各實驗的平均值之差異。例如：某糖果製造商，除了原有的鐵罐包裝外，擬再增添2種新式包裝，一為塑膠罐、另一為玻璃罐。公司欲了解何種包裝之銷售效果最佳，即隨機抽樣選定3家超商做為實驗樣本，分別銷售一種包裝的糖果，何家超商銷售何種包裝糖果亦以隨機方式分派。顯然銷售鐵罐包裝的超商為「控制單位」，而另外二者為「實驗單位」。實驗方式是每星期進行1次實驗，為期4星期，共4次。此即一種3個實驗處理與4次重複實驗的完全隨機設計。所得的結果可透過統計方式進行變異數分析，以了解3種包裝的銷售效果有無顯著差異。

本設計的優點：可了解層級間的關係，內在效度與外在效度良好。缺點是：因採隨機方式進行樣本分派，實驗組之間的差異性並未予以考慮、可能缺乏一致性，如：超商的規模、販售地區等條件差異大，自然購買者的反應也不一樣。另外，此實驗設計並未控制實驗變項所造成的影響，實驗結果的可靠性降低。

㈡ 隨機區集設計（**randomized blocks design**）

隨機區集設計，如同分層隨機抽樣方法（stratified random sampling），將各實驗組之差別予以考慮和控制。凡性質和規模相同的實驗單位（受測者）歸納於一區，使各「區內」的實驗單位比「區間」的實驗單位更接近同質性，是一種相依樣本（dependent sampling）的設計或受測者內的設計。例如：實驗單位按其大小（大、中、小）分成三區，此即是一種外生變數，當研究中存有一個外生變數時，即可使用隨機區集設計進行實驗，對此一未能控制的因素加以控制，消除其影響力。每一區的實驗即可當成一次實驗，每一區中的個別實驗觀察值，除了受總平均值、實驗處理及誤差影響外，尚多一項因素即區的影響力。示意圖如下：A為一個因子而B為一個外生因子，將A因子使用隨機模式分派，而B因子採固定模式，以二因子變異數分析（Two-Way ANOVA）可計算出主效果（A或B因子），及交互作用（A×B）是否達顯著差異（表12-15）。

表12-15

區（blocking factor，B）	實驗處理（treatment factor，A）		
	A$_1$	A$_2$	A$_3$
B$_1$	A$_1$ B$_1$	A$_2$ B$_1$	A$_3$ B$_1$
B$_2$	A$_1$ B$_2$	A$_2$ B$_2$	A$_3$ B$_2$
B$_3$	A$_1$ B$_3$	A$_2$ B$_3$	A$_3$ B$_3$

　　仍以完全隨機設計之糖果包裝為例，假定該公司認為各銷售區域間的差別應列入考慮，決定選定三個區域作為實驗區域，至於何種包裝應在何區實驗，仍以隨機方式決定。其結果如下表。優點：有利於樣本太小，實驗過程無法做到完全隨機分派者。缺點：只適用於外生變數是屬性變數者（表12-16）。

表12-16

區（blocking factor，B）	實驗處理（treatment factor，A）		
	鐵罐	玻璃罐	塑膠罐
第一區	觀察值1	觀察值2	觀察值3
第二區	觀察值4	觀察值5	觀察值6
第三區	觀察值7	觀察值8	觀察值9

(三) 拉丁方格設計（Latin squares design）

　　又稱平衡對抗設計或輪換實驗設計。隨機區集設計只能消除（不能控制）一個外生變數對實驗結果（依變數）的影響，若欲控制二個外生變數，則可採用拉丁方格設計。此種設計利用平衡設計互相抵消外生因素的方式，可消除二種變異產生的影響力，減低實驗誤差、提高準確性。拉丁方格設計中，實驗處理的行與列之數目必須一致，如有三個實驗處理，則必須有三行及三列，由於行列數目相同，構成一方格，故稱為拉丁方格設計。最後，可透過統計方式，以多因子變異數分析（multivariate analysis）了解實驗處理效果之差異。如表12-17，其中細格（cell）以隨機方式分派。

表12-17

A因子 ＼ B因子	B1	B2	B3
A1	C1（cell- 1）	C3（cell- 2）	C2（cell- 3）
A2	C3（cell- 4）	C2（cell- 5）	C1（cell- 6）
A3	C2（cell- 7）	C1（cell- 8）	C3（cell- 9）

再以上述糖果包裝為例，該公司認為只控制一種外生因素，即銷售區域的差別，仍嫌不足，假如零售商店的類別也是一種影響因素，則應列入考量。即實驗設計應設法消除因零售商店的類型不同所產生的影響。將零售商店種類置於列（或行），銷售區域置於行（或列），而實驗處理（鐵罐、玻璃罐、塑膠罐）置於細格（cell）中，各實驗處理只能在每一行、列出現一次。實驗處理在細格中的指派以隨機方式決定，最後結果如表12-18：

表12-18

A因子＼B因子		銷售區域		
		第一區	第一區	第一區
商店種類	超級市場	鐵罐	塑膠罐	玻璃罐
	量販店	塑膠罐	玻璃罐	鐵罐
	雜貨店	玻璃罐	鐵罐	塑膠罐

本設計的優點：可把因個別差異所造成的效果加以平衡。缺點：無法清楚了解檢定的結果，是否受各因子交互作用的影響。

(四) 多因子實驗設計（factorial design）

前述所論之實驗設計，事實上都只考慮一種原因而已（例如：包裝），即實驗者只操縱一個自變項，以觀察其對依變項的影響。但人類的行為模式，很少只是單純一個原因，通常是許多原因交互作用的結果，因此，研究者以同時操控二個以上的自變數，來觀察依變數的影響及其相互作用的比較多。此即稱為「多因子實驗設計」。在統計上，所謂「因子」（factor）是自變數的另一種稱法。以前述糖果包裝為例，除了包裝形式外，如欲考慮另一個條件（例如：價格），其實驗設計就有二個「因子」。而每個因子又可能有不同的「水準」（level），代表對不同次群體的不同層級（treatment levels）之實驗處理。多因子實驗設計的處理對依變項有二種作用：主效應（main effect）與互動效應（interaction effect）。除了主效應之外，還要分析因子交互作用的互動效應，以判斷實驗結果所受到的相互影響究竟有無意義。

前例中「包裝」的因子，可分為鐵罐、玻璃罐、塑膠罐三種包裝，即稱為三種水準。而另一個「價格」因子也可分成幾種不同水準。因此，包裝與價格便會產生各種組合方式，購買者購買時的選擇，會受此二個因子的交互作用影響。此即為「二因子實驗設計」。同理，同時觀察二個以上的自變數對一個依變數之影響，以及自變數與自變數之間的交互作用效果對依變數的影響，即稱之為「多因子實驗設計」。再以糖

果包裝為例，公司在擬定糖果銷售策略時，欲了解何種形式的包裝及採用何種售價，顧客的接受程度較佳。例如：包裝型式有鐵罐、玻璃罐、塑膠罐三種；售價有80元與100元二種。採多因子實驗設計，其內容如表12-19：

表12-19

因子2 ＼ 因子1		包裝類型（z）		
		鐵罐(1)	玻璃罐(2)	塑膠罐(3)
售價（x）	80元 (1)	80元鐵罐 （處理一）	80元玻璃罐 （處理二）	80元塑膠罐 （處理三）
	100元 (2)	100元鐵罐 （處理四）	100元玻璃罐 （處理五）	100元塑膠罐 （處理六）

本實驗設計有「售價」與「包裝」二個因子，其組合共有六種實驗處理。透過多因子變異數分析，檢定主效應（X因子或Z因子）是否造成「處理效果」的顯著差異，並檢定二個因子的交互作用（X因子 × Z因子）（表12-20）。

多因子實驗設計的優點：較能滿足真實世界的狀況。缺點：仍無法處理真實世界中的屬性變數、區間因素。

表12-20

組別	實驗設計的符號表示			
處理一		X1	Z1	O1
處理二		X1	Z2	O2
處理三		X1	Z3	O3
處理四	R	X2	Z1	O4
處理五		X2	Z2	O5
處理六		X2	Z3	O6

X＝售價因子；Z＝包裝因子；O＝依變數觀察值。

柒、實驗法之應用

實驗法在學術研究上應用很廣，以設計（design）為例，無論在產品設計、空間設計或視覺傳達設計都有應用空間。特別是在設計認知、操作功能、行銷管理或教育成效方面，都常需要借助實驗研究的驗證。實驗法之應用，應配合研究目的與條件，採用適當的方法與實驗設計，依據科學的推理，才能產生良好的效果。依據張紹勳先生（2001）的研究，認為實驗法論文之評論準則，包括五方面：

一、研究問題與研究目標

1. 問題及目標是否明確、內容與結論是否相符？
2. 是否具備：待驗證命題、構念的因果關係、變數不會太多、變數可測量之特性？

二、理論基礎與研究假設

1. 具備問題領域相關理論基礎？
2. 假說來自相關理論？研究模式中所有變數是否完全掌握？
3. 構念（變數）的操作型定義有無理論基礎、是否合理？
4. 假設是否簡約？
5. 文獻理論是否均為演繹假設、結果推論之用？

三、研究設計（內部、外在效度）與資料蒐集

1. 研究方式（橫斷面、縱斷面）之設計是否合理？
2. 變數的操作型定義是否合理？量表的信、效度檢驗是否合理、確實？
3. 樣本選擇是否符合研究問題？抽樣設計是否合理？
4. 資料分析單位判斷是否正確？
5. 資料來源是否多樣化，以便交叉驗證？有無避免人為偏誤？

四、資料分析

1. 統計方法選擇是否適當？單因子變異分析、多變量統計分析？
2. 檢定力（power）的訂定是否適當？

五、結果解釋與客觀性

1. 是否作區位謬誤（locus problem）之判斷？
2. 因果關係之結論是否具備先後順序？相關性是否顯著？干擾變數是否完全控制？
3. 有無提出研究的限制？
4. 是否提供研究建議？後續研究建議？
5. 結論與研究主題是否呼應？

捌、應用實例

實驗法是科學性的研究方法之一，對於探討事物的因果關係，具有重大的驗證或推論功能，在學術研究上應用很廣。惟其條件複雜，影響效度的因素眾多，真正完整的實驗設計不易。研究者除了必須充分了解實驗題材與目的外，更需要細心處理變項控制及配合相關統計作業，才易獲得合理、有效的實驗結論。列舉國內近年來應用實驗法從事設計研究之重要案例（表12-21），並擇部分實例分析之。

表12-21　應用實驗研究法之設計相關研究論文

	年度	論文題目	作者	來源出處	應用領域
1	2001	中文字在電腦顯示器上視認性之研究	嚴貞 黃琡雅	科技學刊，第10卷6期	視傳設計
2	2002	幾何圖形對稱性之喜好調查	傅銘傳 林品章	設計學報，第7卷2期，PP.47-60	構成設計
3	2002	包裝弧面曲度對中英文標準字體設計之視認性比較	王韋堯 周穆謙	設計學報，第7卷3期	設計認知
4	2003	造形影響辨識與記憶之研究	蕭坤安 陳建雄	設計學報，第8卷1期，PP.83-96	設計認知
5	2004	汽車輪廓形態特徵關係之研究	陳鴻源 張育銘	設計學報，第9卷2期，PP.87-105	工業設計
6	2004	高齡者使用小型觸控式螢幕之研究	李傳房 郭辰嘉	設計學報，第9卷4期，PP.45-55	工業設計
7	2004	不同色彩的重疊對圖形前後知覺判斷之研究	王藍亭 陳俊宏 李傳房 黃詩珮	設計研究，第4期，PP.1-18	設計認知
8	2005	材質表面屬性與震動屬性對觸覺感性意象影響之探討	張育銘 陳鴻源 林可欣 洪子鞜	設計學報，第10卷2期，PP.1-12	工業設計
9	2005	高齡者對 PDA彩色文字之視認度研究	李傳房	設計學報，第10卷2期，PP.1-12	設計認知
10	2006	色彩數量與面積因素影響圖像複雜度之量化研究	魏碩廷 楊清田	設計學報，第11卷4期	色彩學

> **範例一：中文字在電腦顯示器上視認性之研究。**
>
> 嚴貞、黃琡雅（2001）。科技學刊，第10卷06期。

一、實驗研究背景

㈠ 實驗目的

　　探討電腦顯示器（visual display terminal）上中文字因字體大小、行距、字數長度的改變對視認性（legibility）的影響。

㈡ 實驗假設與界定

1. 中文字的閱讀效率，會因字體、筆畫粗細、字形、筆畫數、字距、行距、字數長度等因素而受影響。
2. 視認性（legibility）的定義：指人能輕易的看和讀內文的特質；以視覺人因的角度，著重在文字彼此間辨識出何者為何者的屬性，它有賴筆畫粗細、字體形式、對比及照明、文字間隔、行距、周邊留白等條例的影響。

二、實驗設計解析

㈠ 實驗工具

　　以不同大小、行距、字數長度之中文字串為工具變項：

1. 字體：繁體中文、中明體（文鼎字形庫）、內文字。
2. 字選：「教育部頒中文常用字」依筆畫序以等距抽樣法，每12字抽一字，計採用308字（含標點）。無意義的組合。
3. 編排：按不同大小、行距、字數長度作排列組合。文字變項：字體大小3×行距3×字數長度3，合計27組變項。
4. 色彩：白底黑字。
5. 閃現秒數：5秒。

㈡ 實驗設備

1. 設備：PC電腦、15吋螢幕顯示器（visual display terminal）、PowerPoint軟體呈現設施。
2. 環境：一般電腦教室及燈光。

㈢ **測驗對象及樣本**

受測（實驗）對象包括三類年齡層（18歲以下、18~30歲、30歲以上）、二種不同專業屬性及男女性別。樣本總數482人；採「非隨機抽樣」。

㈣ **實驗方法（過程）**

1. 前測

 (1) 目的：以預設之字體大小、字數長度、行距三因子（各6組題材）及閃現秒數為變項，試測效果較佳（前三位）之排名，以為正式測驗取樣參考。

 (2) 變項設計

  ① 字體大小：12點～24點（point），6式。

  ② 字數長度：20字～45字，6式。

  ③ 行距：19點～35點，6式。

  ④ 閃現秒數：1秒～5秒，5級。

 (3) 對象：高職、大專組學生各20人。

2. 正式實驗：依前述實驗架構測試之。

3. 後測檢驗

 (1) 目的：為驗證正式測驗結果是否與一般閱讀的有意義文章相符。

 (2) 方法：將實驗所得視認性前5組字形大小、行距、字數長度的組合，分別以有意義的文章內容加以驗證。

 (3) 驗證工具：以高中國文課本之白話文5篇（隨機抽樣），與5組字形組合配對。

 (4) 對象：高職、大專組學生各20人（未曾作過本實驗測試者）。

三、實驗結果分析

㈠ **實驗資料處理**

以SPSS統計軟體進行資料分析，討論各類受測者對電腦顯然器上中文字視認性的認同程度與差異。

㈡ **結果分析與討論**

1. 青少年（18歲以下）之認知結果

 (1) 視認性的順位：依平均數（mean）統計，以14點字大小、22點行距、35字長度的效果最佳。

(2) 依單因子變異量檢定（one-way ANOVA），男女性別間差異未達顯著水準。專業與非專業間差異亦不顯著。

2. 年輕人（18～30歲）之認知結果

(1) 視認性的順位：以20點字大小、22點行距、35字長度的效果最佳。

(2) 依單因子變異量檢定，男女性別間差異達顯著水準。專業與非專業間差異亦顯著。

3. 輕中年（30歲以上）之認知結果

(1) 視認性的順位：依平均數統計，以20點字大小、22點行距、35字長度的效果最佳。

(2) 依單因子變異量檢定，男女性別間差異未達顯著水準，而專業與非專業間則有顯著差異。

4. 整體受測者視認性高低之檢定

(1) 依單因子變異量檢定，受過專業訓練（視傳系）與非專業者間，在中文視認性上有顯著差異。

(2) 三種不同年齡層者間，亦有顯著差異。年齡愈大，接受愈大的字；年齡輕者對較小的字較能接受。

(3) 男女性別間差異未達顯著水準。

5. 後測檢驗結果

(1) 青少年（18歲以下）部分：後測結果發現，以14點字大小、22點行距、35字長度的閱讀時間最短，與前揭正式測驗之結果一致。其他組別亦大致吻合。

(2) 年輕人（18～30歲）部分：以20點字大小、22點行距、35字長度的閱讀時間最短，與前揭正式測驗之結果亦一致。其他組別亦大致相符。

四、實驗研究評述

本研究採用三個實驗組（年齡層別），分別對27種處理變相作檢測，包括前、後測及嚴格的變項控制實驗。文中所謂的「前測」指的是正式測驗前，對問卷內容的「預先測試」，目的在事先了解問卷設計之良窳，或取捨研究對象與範圍；其「後測」則是對正式測驗結果進一步的檢證。以上二者之內容與「實驗法」所言之前、後測不盡相同。正式之實驗設計中，並無「實驗組」與「控制組」區分（無「隨機分派」），基本上並非典型之實驗法結構，而屬實驗設計的延伸類型。實驗設計中採用三個實驗組（年齡層別），每組人員都面對相同的「處理（變相）」，以單組而言，類屬「前實驗設計」中的「單組後測設計」。又，實驗對象分層中區分「專業」與

「非專業」二組，近似「靜態組比較設計」模式中的「實驗組」與「控制組」，惟其「處理」並非在實驗過程直接施行，而是取自於測驗對象本身專業背景之有無。

本實驗研究之結果，在視認性的順位上主要依據描述性平均數（mean）統計；不同年齡層者（三實驗組）間、男女性別及專業與非專業間，則以單因子變異量檢定（one-way ANOVA）。結果發現，不同年齡層者間具有顯著性差異；男女性別及專業與非專業間差異均未達顯著水準。

範例二：包裝弧面曲度對中英文標準字體設計之視認性比較。

王葦堯、周穆謙（2002）。設計學報，第7卷3期。

一、實驗研究背景

㈠實驗目的

針對字體（取中文字部分為例）在不同包裝弧面曲度與編排方向的因素影響下之視認性研究。

㈡實驗假設

1. 商品包裝標準字在不同包裝弧面曲度上，是否因曲度大小差異而影響消費者視認閱讀的反應？

2. 標準字字體特徵，與「包裝弧面曲度」及「編排方向」等二因子間是否有交互作用存在？

二、實驗設計解析

㈠實驗工具

以弧面包裝體上標貼之標準字形式為實驗工具，標準字之形式設計規範如下：

1. 字體大小：36pt字級（依視認距離推論，在視距80cm處應能看清楚）。

2. 文字色彩：採明視度高的「黃底黑字」。標貼上之干擾元素相同，視為常數控制。

3. 字組編排：標準字施用於7種（2：5、3：5、4：5、5：5、5：4、5：3、5：2）圓形橫直軸徑比例的弧面曲度上。編排位置為柱體包裝之正中央，方向為「由左至右」、「由上至下」二式。

4. 字體：字體粗細程度比值0～4與筆畫可讀程度0～4區間，中文字體選用中明體、粗圓體、毛隸體、廣告體、藝術體、采藝體、勘亭流等7種。
5. 字組內容：以「教育部頒中文常用字」依筆畫數分層隨機抽樣，每4字一組，組合成無意義字組，計得40個刺激字。

(二) 實驗設備

1. 硬體設備：電腦一臺、15吋螢幕顯示器、PowerPoint軟體閃現設施。
2. 軟體設備：標準字以電腦繪圖輸出成標貼形式，逐一裱貼於包裝體弧面，經數位相機拍攝成影像檔後，置入於Director軟體內。另以Lingo語言撰寫反應時間紀錄。
3. 測試環境：視認距離80㎝。受試者眼睛位置與螢幕中心保持水平。

(三) 測驗對象

受測對象採「非隨機抽樣」；臺灣科大商設系學生35人，平均年齡為24.3歲。

(四) 實驗方法（過程）

1. 預試：測試字體與包裝弧面曲度比例、字級與字組排列之適切性，及判讀流程的合理性，以為正式測驗取樣參考。結果：將原來9階的包裝弧面橫直軸徑比例，刪除1：5及5：1等級，保留上述七級之比例。
2. 正式實驗：依前述實驗架構進行測試，並以「實驗指示語」引導。

三、實驗結果分析

(一) 實驗資料處理

1. 基本描述性統計，了解每個包裝弧面樣本視覺反應時間之平均值與標準差。
2. 二因子變異量分析（two-way ANOVA），檢測字體與包裝弧面之間視讀反應時間是否有差異。當交互作用達顯著水準時，進行單純主要效果檢定及事後比較。

(二) 結果分析與討論

1. 包裝弧面曲度上之標準字視讀反應變異數分析：
   (1) 根據自變項「字體」與「包裝弧面」之主要效果，及交互效果項之顯著性檢定，發現二變項間的交互作用的確存在（$p<0.05$）。
   (2) 進一步檢定單純主要效果，「字體」對「弧面軸徑」除3：5外，餘皆達顯著水準；「弧面軸徑」對「字體」，F值均達顯著水準。

(3) 單純主要效果檢定達顯著水準者，經LSD法進行事後比較。「字體」對「弧面軸徑」的反應績效，以軸徑5：3時較佳，而曲度較大的2：5視讀效果較差。但並不能證明弧面曲度愈小，視讀反應愈快的假設，惟確可知在軸徑比例4：5至2：5之間，視讀反應時間有顯著性差異。由「弧面軸徑」對「字體」的反應績效得知：中明體的反應時間在各個比例之間，皆是最快。反之，采藝體、廣告體、勘亭流則視讀績效差。

2. 編排方向對包裝弧面曲度上之視讀反應變異數分析

(1) 根據自變項「字體」與「編排方向」之主要效果，及交互效果項之顯著性檢定，發現二變項間的交互作用的確存在（p<0.05）。

(2) 單純主要效果檢定，「編排方向」對7種「字體」，只有部分（采藝、粗圓、廣告體）達顯著水準；「字體」對2種「編排方向」，F值均達顯著水準。

(3) 經LSD法進行事後比較，字體在橫式編排方向因受曲度影響，使得位於二側的字體變形難辨，視讀效果變差，而在直式編排方向則不受影響。

四、實驗研究評述

本研究係針對（中文）字體在不同包裝弧面曲度與編排方向的因素下之視認性實驗。採用二個自變項因子：字體（七種）與包裝弧面曲度（七級），另外以二種「編排方向」分別實驗比較之。實驗設計包括「前測實驗」與正式實驗；「前測」的目的以檢視實驗工具之適用性為主。實驗設計無「實驗組」與「控制組」區分（無「隨機分派」），基本上類屬實驗設計的延伸類型。實驗設計中採用雙因子（「字體－包裝弧面」與「字體－編排方向」），類同二個「實驗組」的「隨機區集設計」模式。

本實驗研究之結果，一方面依基本描述性統計，了解每個包裝弧面樣本視覺反應時間之平均值與標準差；其次，以二因子變異量分析（two-way ANOVA），檢測二因子之間視讀反應的關係。結果發現，「字體」與「包裝弧面」二變項間的交互作用的確存在（p<0.05）。進一步檢定單純主要效果，「字體」對「弧面軸徑」大多達顯著水準；經LSD法事後比較，發現軸徑比例4：5至2：5之間，視讀反應時間有顯著性差異。而「弧面軸徑」對「字體」的反應績效，以中明體的反應時間最快。另外「字體」與「編排方向」變項間也存在交互作用。「編排方向」只對部分「字體」達顯著水準；「字體」對2種「編排方向」均達顯著水準。

本研究在工具樣本的設計嚴密，而統計分析完整、論證明確是一大特色。

範例三：高齡者使用小型觸控式螢幕之研究。

李傳房、郭辰嘉（2004）。設計學報，第9卷4期，PP.45-55。

一、實驗研究背景

㈠實驗目的

驗證不同年齡族群，尤其高齡者在使用小型觸控式螢幕PDA時的操作性。

㈡實驗假設與界定

1. 不同年齡層的使用者對小型觸控式螢幕的操作能力有別；高齡者因視力衰退與手指的靈敏度降低等因素，而操作性較差。

2. 小型觸控式螢幕PDA的操作性，受使用者年齡、按鍵尺寸、輸入方式與操作姿勢等因素影響。

二、實驗設計解析

㈠實驗工具

1. 實驗載具為一市售PDA（Compaq，IPAQ 3850C），具有彩色螢幕，大小為57.6mm×76.82mm，解析度為240×320（pixels）。

2. 實驗變項包括30種變相：

   (1) 按鍵尺寸（3mm×3mm～11mm×11mm）5種。

   (2) 輸入方式（用手指輸入、觸控筆輸入）2種。

   (3) 操作姿勢（坐著手持PDA、坐著PDA置於桌上、站立手持PDA）3種。

㈡實驗環境與設備

1. 模擬一般的作業環境，視覺距離與視線不限，照度控制在600～800 lux之間。

2. 實驗程式以Embedded Visual Basic撰寫。

㈢測驗對象及樣本

受測者共有三組，每組12人，合計36人。

1. 年輕組：20～35歲；平均26.8±4.5標準差。

2. 中高齡組：45～55歲；平均48.8±4.4標準差。

3. 高齡組：65歲以上；平均69.5±4.8標準差。

（四）實驗方法

1. 模擬輸入電話號碼的作業，電話號碼以立意抽樣的方式設定。

2. 記錄受測者按「電源」鍵開始到按下「確定」鍵為止，為其一次作業的操作時間；以操作時間來衡量其操作性的優劣。

3. 每位受測者皆操作全數30次作業（5種按鍵尺寸×2種輸入方式×3種操作姿勢），其操作順序依拉丁方格法排序。

三、實驗結果分析

（一）實驗資料處理

實驗數據以SPSS統計軟體做四因子（受測族群、按鍵尺寸、輸入方式、操作姿勢）變異數分析及Scheffe法事後比較；檢定結果以$p<0.05$為自變數對依變數（操作時間）有顯著性影響的判斷基準。

（二）實驗結果分析

變異數分析結果，自變數中受測族群、按鍵尺寸、輸入方式三者有交互作用，再進行因子單純主要效果比較及事後比較。結果如下：

1. 受測族群之單純主要效果變異數分析顯示，在「用手指輸入」時，按鍵尺寸大小對操作時間有顯著性的影響（$p<0.001$）；經事後比較，高齡者所需的操作時間都比中高齡者或年輕人的操作時間長；在按鍵尺寸為3mm×3mm（最小）或5mm×5mm時，中高齡者所需的操作時間也比年輕人長。在「用觸控筆輸入」時，按鍵尺寸大小對操作時間也有顯著性的影響；在任何按鍵尺寸之下，高齡者所需的操作時間都比中高齡者與年輕人長，而在按鍵尺寸為3mm×3mm時，中高齡者所需的操作時間也比年輕人長。

2. 對年輕人而言，用手指輸入時，按鍵尺寸對所需的操作時間有顯著性的影響（$p<0.001$）；經事後比較，按鍵尺寸為3mm×3mm（最小）時所需的操作時間皆比其他尺寸的時間長，但其他尺寸之間則無顯著性差異。在用觸控筆輸入時，亦沒有顯著性的影響。對中高齡者而言，在用觸控筆輸入時有顯著性的影響（$p<0.05$）。對高齡者而言，用手指輸入時，所需的操作時間隨按鍵尺寸的加大而遞減（$p<0.001$）；用觸控筆輸入時，在3mm×3mm時所需的操作時間明顯比其他尺寸長。

3. 「輸入方式」對任何使用族群而言，在按鍵尺寸為3㎜×3㎜時，用手指輸入比用觸控筆輸入所需的時間長（p<0.001）。而高齡者在按鍵尺寸5㎜×5㎜與7㎜×7㎜時，用手指輸入也比用觸控筆輸入所需的時間長。

4. 「操作的姿勢」對所需的操作時間有顯著性的影響（p<0.001），但與其他因子之間並沒有顯著性的交互作用。事後比較，坐著且PDA置於桌上時，比其他二種操作姿勢所需的時間短。

四、實驗研究評述

本研究以PDA的操作性機能（操作時間）測量為實驗目標，實驗變項包括：族群年齡、按鍵尺寸、輸入方式、操作姿勢等四因子。實驗設計無「實驗組」與「控制組」區分，類屬實驗設計的延伸類型之「多因子實驗設計」。

實驗研究以操作時間作為衡量其操作性的優劣。經多因子變異數分析發現，自變數（受測族群、按鍵尺寸、輸入方式）間有交互作用，因而再進行單純主要效果比較。結果發現，對受測族群分析，在「用手指輸入」及「用觸控筆輸入」時，按鍵尺寸大小對操作時間都有顯著性的影響；高齡者所需的操作時間都比中高齡者與年輕人長。對按鍵尺寸分析，年輕人在「用手指輸入」時，有顯著性的影響，但在「用觸控筆輸入」時則不顯著。中高齡者在「用觸控筆輸入」時有顯著性的影響。高齡者在「用手指輸入」時，操作時間因按鍵尺寸而遞減；「用觸控筆輸入」時，在3㎜×3㎜（最小尺寸）時所需的操作時間明顯比其他尺寸長等結論。

本實驗研究由於實驗工具與變因控制嚴謹，統計分析具有明確結論。唯因變項因子眾多及交互作用影響，PDA操作性的結論相對複雜。

附表　符號表示實驗設計的摘要表

類別	實驗設計名稱	R	c1	c2	c3	c4	c5	c6	c7
真實驗設計	等組前後測（古典實驗設計）	R			O		X		O
					O				O
	等組後測	R					X		O
									O
	Solomon四群組設計				O		X		O
		R			O				O
							X		O
									O
	完全隨機設計				O		X		O
		R			O		X		O
					O		X		O
	拉丁方格設計	R	O	Xa	O	Xb	O	Xc	O
			O	Xb	O	Xc	O	Xa	O
			O	Xc	O	Xa	O	Xb	O
			O	Xa	O	Xb	O	Xc	O
			O	Xb	O	Xc	O	Xa	O
			O	Xc	O	Xa	O	Xb	O
	多因子設計	R		X1		Z1		O	
				X1		Z2		O	
				X2		Z1		O	
				X2		Z2		O	
預實驗	單一組前後測						X		O
	單組前後測				O		X		O
	靜態組比較設計						X		O
									O
準實驗	不相等控制組設計				O		X		O
					O				O
	不同樣本的前後測設計				O		(X)		
							X		O
	單組多次測量設計（時間序列）		O	O	O	X	O	O	O
	雙組多次測量設計（時間序列）		O	O	O		O	O	O
			O	O	O	X	O	O	O

資料來源：筆者整理

參考文獻

1. 王文科（2002）。**教育研究法**。臺北：五南。

2. 吳萬益、林清河合著（2000）。**企業研究方法**。臺北：華泰。

3. 姚景星、劉睦雄合著（1988）。**實驗設計**。臺北：華泰。

4. 席汝楫（1999）。**社會與行為科學研究方法（初版二刷）**。臺北：五南。

5. 楊國樞、文崇一、吳聰賢、李亦園編（1989）。**社會及行為科學研究法（上）**。臺北：東華。

6. 楊國樞、文崇一、吳聰賢、李亦園編，張春興（1989）。**社會及行為科學研究法（下）——實驗觀察研究**。臺北：東華。

7. 閔游。**市場研究：基本方法**。臺北：巨浪。

8. 陳順宇、鄭碧娥（2002）。**實驗設計**。臺北：華泰。

9. 陳建和（2002）。**觀光研究方法**。臺北：五南。

10. 張紹勳（2001）。**研究方法**。臺中：滄海。

11. 張紹勳、張紹評、林秀娟（2000）。**統計分析——初等統計與高等統計**。臺北：松崗。

12. 張輝煌（2002）。**實驗設計與變異分析（增訂版）**。臺北：建興。

13. 賣俊英（1987）。**行銷研究（第三版）**。臺北：華泰。

14. 榮泰生著（2002）。**企業研究方法（初版四刷）**。臺北：五南。

15. 簡春安、鄒平儀合著（2000）。**社會工作研究法**。臺北：巨流。

16. Allen Rubin，Earl Babbie著（2000），趙碧華、朱美珍編譯。**研究方法社會工作暨人文科學領域的運用**。臺北：學富文化。

17. Donald R. Cooper, C. William Emory著（1996），古永嘉譯。**企業研究方法**。臺北：華泰。

18. Earl Babbie著，李美華譯（1998）。**社會科學研究法（上）**。臺北：時英。

19. W. Lawrence Neuman著（2000），朱柔若譯。**社會研究方法質化與量化取向**。臺北：揚智。

20. W. Lawrence Neuman原著（2000a），朱柔若譯。**社會研究方法——質化與量化取向**。臺北：揚智。

21. Bracht, G. H., & Glass, G. V.（1968）。**The external validity of experiment**. American Educational Research journal, 5, 437-74.

22. Neuman, W. Lawrence（1999）. **Social Research Methods: Qualitative and Quantitative Approaches**. Allyn & Bacon; 4 edition.

23. Rubin, Allen& Babbie, Earl（1996）. **Research Methods for Social Work**. Brooks/ Cole Pub Co .

第四部分

團體研究法及專家研究法

第十三章 焦點團體法

郭辰嘉

焦點團體屬於團體訪談法的其中一種方式，此研究方法是以某團體爲對象，針對某種共同的興趣話題，利用輕鬆和諧的談話方式，將團體成員的互動內容記錄而成。此研究方法重視每個團體成員之間互動內容，希望藉由團員間的彼此激盪，發表對於共同主題的想法與內心感受，以得初步的研究結果，作爲更深入研究的基礎。

壹、源由、定義、特性與目的

一、焦點團體的定義

朋友聚在一起總會討論共同關注的話題，透過共同的討論可以激發出不同的想像空間，焦點團體正是利用這樣的激盪獲得研究的結果。但焦點團體並非漫無目的聊天，而是在於某研究議題特定範圍中，進行相關的討論。簡單來說，當人們對於某一事物具有相同興趣，在某場所聚集共同討論內心的看法與動機，利用輕鬆自由的討論氣氛，研究者可從團體成員討論的互動過程中，透視其內心深處的真正動機。

焦點團體法屬於探索性的研究。焦點團體訪談法與個別訪談法的差異在於，焦點團體訪談法可藉由每位成員的互動過程產生較多的激盪與資料，且在實施的過程中，焦點團體必須依據事先準備的討論大綱，由仲介者（moderator）引言，並負責記錄（或另設置一個記錄）整個訪談的過程。其中仲介者的角色，負責蒐集互動過程的任何資料，且控制整體的討論情形，但不介入其中討論，以避免產生偏誤。

二、源由

焦點團體研究法源自於的雛型來自於1941年哥倫比亞大學的廣播研究處，進行評估聽眾對於廣播節目反應的研究。在實驗的過程中，研究者要求聽眾在聽到任何有關負面情緒的資訊時（如：憤怒、無聊等）按下紅色的按鈕；若聽到正面情緒的資訊時（如：快樂、愉稅等）按下綠色按鈕，將反應記錄於分析記錄器中。實驗結束時，要求聽眾對於實驗過程中正負向的情緒結果，討論當時反應的理由，至此開始了焦點團體法的雛型（歐素汝，民88）。

三、焦點團體的特性

1. 焦點團體成員的內心想法，是研究結果最主要的來源。
2. 焦點團體法的彈性很大，且常產生意外的收穫。
3. 焦點團體法可針對主題，在最短的時間之內，獲得與主題相關之結果。
4. 主持人鼓勵團體成員踴躍發表意見，讓每位團體成員聽取別人的意見，也向其他成員表達自己的看法，藉由個人的意見互相交流與激盪，可發展多向度的意見溝通，所得的訪談結果也較為完整。

四、焦點團體的目的

焦點團體法多數用在主題較不明確，或研究者對於欲探究的主題不甚了解時，因此屬於探索式研究，其主要目的有以下四點：

1. 研究主題需要新的想法或創見。
2. 欲詢問使用者或團體成員對於某項產品的意見。
3. 作為更進一步研究的基礎，如問卷的問項。
4. 焦點訪談資料，可用來比對量化的結果，以供討論彼此間差異的來源。

貳、焦點團體的實施

在焦點團體法的實施過程中，團體成員是整個討論過程的靈魂，因此，團體成員的抽樣相當重要，且焦點團體並非漫無目的的聊天，必須依據一定的研究架構與議題進行。以下就焦點團體法的各研究步驟說明如下：

一、焦點團體實施的步驟

步驟一：事前準備工作

1. 界定研究目的與討論的問題，必須包含明確的預期成果。
2. 製作討論的問題大綱。
3. 團體成員的取樣與聯繫。
4. 討論的環境與擺設之設定。

步驟二：訪談實施

正式實施的工作有以下四點：

1. 主持人的開場與指引。
2. 針對問題大綱進行討論，引導團體成員儘量踴躍發言，並避免成員偏離主題。討論的範圍先求廣度再集中於某個焦點，形式如同一個漏斗形狀，最後集中於某個焦點上。
3. 每位成員都能發表自我的看法，並與他人進行討論與互動。
4. 研究者必須適時的掌握討論的狀況，並觀察討論過程的細微變化。

步驟三：結束訪談

結束工作有以下三點：

1. 主持人必須適時結束訪談。

2. 在結束之前，主持人可以請每位團體成員總結自己的看法，同時總結所有討論議題。

3. 主持人必須向團體成員表達保密的立場。

步驟四：資料分析與詮釋

資料分析工作有以下三點：

1. 將原始口述資料轉換成容易分析的資料型態，並配合其他記錄，使資料的完整性更高。

2. 分析內容，以客觀的態度詮釋既有資料。

3. 撰寫報告，並作為更進一步研究的基礎，以便將來可以對應或比較。

二、焦點團體實施的注意事項

焦點團體法實施時應注意的事項，分成硬體設施、主持人、團體成員抽樣等三點，分述如下：

㈠ 硬體設施

1. 實施焦點團體法之討論空間的擺設，盡量以輕鬆、愉悅沒有壓力的環境為原則；

2. 團體成員的位置盡量以圓圈的形式排列，一方面可以讓成員看見彼此，同時也表示每位成員是平等的，以降低心理壓力。研究者亦可藉此觀察，什麼樣的團體成員坐在一起互動性較佳？及其互動的氣氛如何？

㈡ 主持人

1. 主持人必須秉持中立的態度，並只擔任記錄觀察與仲介的角色，不可隨意加入主觀討論，並扮演良好的傾聽者。

2. 訪談前須深入了解研究主題，以應變討論過程發生的狀況。

3. 隨時記錄語言或非語言的資料，可備筆記、錄音機與錄影機等輔助工具。

4. 以親切、幽默的談話態度，較能引起團體成員的發言動機。

5. 隨時掌握討論的進度，並注意每個受訪者的發表內容與次數。

㈢ 團體成員的抽樣

1. 一般而言，一個焦點團體大約為6～8人左右，亦可視研究主題增減。

2. 團體成員之選定或抽樣，要注意其相關背景，盡量以同一水平為原則。

3. 同一主題，可採用不同團體進行訪談，且每團體可進行3～4次的訪談，每次大約2小時左右。

參、焦點團體法的資料分析

焦點團體訪談資料的分析方式，應視研究目的與研究問題來決定。當焦點團體法實施完成後，會留下大量的文字或錄音檔案，如何將大量的原始資料轉化為有系統、有組織且有作用的研究結果，其分析技術相當重要，且焦點團體的實施並非只有一個團體單一次，而是多個團體多次的訪談，因此每次的訪談記錄與結果，都將成為下一次訪談的重要指標，資料分析的步驟如後段所述。

一、原始資料轉換逐字稿

團體訪談後會產生大量的文字、錄音甚至錄影的資料，然而絕大部分的焦點團體資料分析的第一步驟，就是必須將所有的原始資料轉換成逐字稿。在轉換的過程中，研究者可能會發現錄音原始資料常有遺漏的情形，這時必須仰賴主持人當時的筆記，或其他錄音錄影的檔案填補而成，且逐字稿必須保留團體成員最原始的想法、語句，若有非語言的資料則必須透過錄影的檔案重現。逐字稿的目的為儘量將當時的情形完整呈現，並且轉換成較容易閱讀的資料型態，以作為下一階段的基礎。

二、資料的拼貼與有系統的歸納

當原始資料轉為逐字稿之後，研究者必須依據研究的目的，或研究的相關問題，檢視逐字稿的資料，並且將所有相關的內容進行剪貼，例如：某詞句重複機率很高，或與另一詞句關聯性頗高，可進行歸納；或是某段討論內容相當重要，直接命中研究目的或問題等，這些都必須將其歸納，使原始資料能更進一步的轉化成為系統化的資料，才能更進一步分析研究結果。此階段可以利用一些小技巧，如：顏色歸納、括弧特別註明等。

三、分析與解釋

系統性的資料產生後，可以利用內容分析法解釋所得資訊。在焦點團體中，語言資料扮演極為重要的角色，任何的詞句或字組背後所蘊含的意義，可能就是團體成員最直接的想法，某字串出現的頻率高，可能代表與團體成員的內心動機最為接近，研究者更應以客觀的角度，從中解釋與推估，以獲得較準確的研究結果。

肆、優點與缺點

　　焦點團體法適合探索性的研究，且只要天時地利人和，很容易獲得所需要的資料，但在團體的互動過程中，參與人員的角色非常重要，因為這些參與討論的人員，會直接影響研究的結果，因此焦點團體法仍有些缺點值得注意，以下就其優缺點分別敘述：

一、優點

優點分析如下：

1. 相對於深度訪談法，其實施成本低。
2. 研究者與團體成員的互動情形可具體掌握，並可依據當時的情形，再進行更深入的訪談。
3. 研究者可獲得較深層的動機，亦可掌握非語言的想法，如：表情、肢體動作。
4. 參與成員背景具相當彈性，適合不同背景的成員，如：老人、孩童、盲人等，這些特殊族群也許會產生防備心態，因此透過此研究法，較容易融入其中，亦容易獲得研究資料。
5. 具相當的彈性，研究者可視當時的討論情形，決定議題的廣度與深度。
6. 容易理解研究結果，且表面效度高。

二、缺點

缺點分述如下：

1. 由於人數與抽樣限制，研究結果較難概化，因此適合探索性研究。
2. 參與焦點團體法實施的工作人員，如主持人扮演極為重要的角色，須經由訓練，才能養成，以避免結果偏誤。
3. 成員不容易取得，且團體的互動氣氛與討論進度較難控制。
4. 參與討論成員的配合度可能會直接影響訪談的結果。
5. 訪談結果較難分析與解釋。

伍、與其他方法之比較

　　焦點團體法是屬於團體資料蒐集法之一，在諸多的研究方法中，與其相似的有啟發式評估（Heuristic Evaluation）、德菲法（Delphi）等，其中有許多不同的地方，研究過程與目的也不盡相同，以表13-1說明其差異性：

表13-1 焦點團體、啓發式評估、德菲法之比較表

	焦點團體	啓發式評估	德菲法
屬性	探索式	評估式	預測式
人數	約6～8人，可視研究主題而定。	約3～5人（最理想爲5人，可得到較好的評估效果）	文獻中無顯示特殊限制，需視研究主題而定。
成員背景	使者用	使用性專家	決策者、工作人員、填寫問卷者或專家。
實施方式	每團體訪談3～4次，以團體互動結果爲主，採面對面討論方式進行。	單獨評估，但提出意見互相溝通，最後並整合意見爲研究結果。	以匿名的方式，進行問卷之來回整合，來回次數至少3次以上，反覆修正，以最後整合資料爲研究結果。
優點	1.研究者可與使用者互動。 2.受訪族群彈性大。	1.可提供有效的評估效果與建議。 2.執行容易。	1.匿名方式可免除互相干擾。 2.多次反覆修正，可提供團體成員多時間與空間之思考。
缺點	1.可能因研究者或團體成員的態度造成結果偏誤。 2.資料較難分析。 3.結果難以概化。	1.專家較難界定。 2.可能因專家個人因素，影響進度。	1.費時、難以控制團體進度。 2.不同專家的看法較難整合。 3.缺乏立即性互動，無法較深入的討論深層問題。

陸、結語

　　目前焦點團體法多用於教育研究、社會研究等範疇。在研究者進行更深入的研究之前，焦點團體可說是研究新主題的入門方式。再者，由於其以口語資料爲主，因此對於特殊族群（如：孩童、高齡者、視障礙者），應用一般研究法，較無法直接得知受訪者的立即反應與想法，透過焦點團體法可讓這些族群受訪者的資料更爲直接與透明。

　　一般研究法中，受訪者（或受測者）都是處於被引導的狀態，然而受訪者可能會因爲某些特定因素（如：個人情緒、當時健康或精神狀態、環境等）對於主題有所隱瞞或保留，但焦點團體藉由成員彼此互動，降低受訪者的防禦程度，所得資訊較爲立即且眞實，因此亦適合較貼近受訪者內心感受與想法的議題。

若要將焦點團體法的結果更進一步分析，必須配合其他研究方法，如：問卷法、調查法等，可將焦點團體的初步結果進行量化分析，以獲得較好的概化結論。一般而言，焦點團體法都會配合其他方法進行，一方面可以獲得初步的研究資料，避免未來主題偏誤也可針對後續量化結果進行比較。

柒、焦點團體法於設計領域的角色

焦點團體法屬探索性研究方法。在設計領域中，設計的成功與否往往取決於設計師與消費者的認知是否一致。設計師在進行設計前，必須取得消費者實際的需求，但消費者的內心想法往往難以得知，尤其在面對高齡者、孩童等較特別的族群時，利用團體的討論，降低其心理防備，更能幫助設計師快速獲得正確的消費者資訊。特別是新產品開發時，焦點團體法可說是設計師了解消費者最快速的研究工具。除了可快速得到消費者的動機之外，更可進一步做為研究基礎，以獲得消費者更深層的想法。

捌、應用實例

範例一：知識管理在學校營繕工程之運用。

劉淑娟（2000）。東華大學教育研究所，碩士論文。

一、摘要

本研究旨在以「知識管理」的相關理論為基礎，建置出──「花蓮縣國民中小學營繕工程網站」，應用知識管理概念，設計與執行網站各單元之功能，進而了解知識管理在營繕工程業務之重要性，以做為學校各處室承辦行政業務之參考依據。

本研究的研究方法主要有三：第一先以焦點團體法之方式，蒐集有關總務處營繕工程之書面文件與個人經驗，再將所得之資訊與知識，透過營繕工程網站加以建置與管理。第二則以問卷調查之方式，對花蓮縣國民中小學總務主任進行知識管理在營繕工程業務運用之現況普查；最後再以訪談法的方式，由四位花蓮縣國民中小學總務主任進行案例模擬，以求深入了解花蓮縣國民中小學總務主任對營繕工程網站的看法及建議。

本研究之結論有以下幾點：

1. 根據焦點團體與訪談之結果顯示，營繕工程是總務處最困難的業務。
2. 總務主任的知識是營繕工程網站最重要的關鍵。整個網站的建置過程，從開始的蒐集資料至完成單元網頁，主導者是總務主任，網站設計擔任支援的角色。

3. 調查統計發現，網站的功能給予學校總務主任行政資源之協助，花蓮縣國民中小學總務主任對營繕工程網站有很高的接受度。

4. 網站設計力求功能明確與設計簡單，動畫設計會影響網路資料的傳輸速度。

5. 營繕工程網站資料正確且豐富，有助於加快辦理業務之速度。

6. 營繕工程網站的網路連線設計，使得花蓮縣國民中小學總務主任逐漸接受行政業務網路化的趨勢。

7. 營繕工程網站需要業務承辦單位全力支援，才能確保資料的可信度與可行性。

二、使用焦點團體法的目的

嘗試以知識管理概念，建置一個適用於花蓮縣國民中小學總務處營繕工程之網站，希望藉由焦點團體彼此提供經驗，再利用網站技術將內隱知識具體呈現於電腦介面上。

三、焦點團體的討論內容

1. 確定分析主題：總務處工作中最困難之業務為何。

2. 討論工作流程圖：基於分析主題，討論工作流程。

3. 討論知識流程圖：基於工作流程圖，討論在每一階段所需要的相關知識（資料、資訊、知識）。

4. 討論知識結構圖：基於知識流程圖，討論每一相關知識所在的部門位置。

5. 討論知識的動員圖：如何蒐集、整理、儲存、傳遞、發展知識。

四、焦點團體的實施

1. 時間：本文共分為二次焦點團體時間，研究者皆事先以電話聯繫，確認時間。第一次為民國88年12月14日14：00～16：00；第二次為89年1月5日14：00～16：00。

2. 對象：分為業務承辦單位（2人）、學校單位（4人）與技術人員（3人），共9人。

五、評述

本篇論文以焦點團體為起始研究法，並配合問卷法、訪談的方法，將所有的研究結果進行整合與分析。在本文中的團體成員皆為與議題直接相關的人員，但其每個單位的人數不同，是否會造成討論上的偏差，可能要再進一步商討。因為焦點團體法的實施，可以找出問題的癥結，卻無法直接探討問題間的因果關係，因此，在本篇論文中搭配問卷、訪談法的實施，將整體的研究內容進行交叉比較，以得更完整的結果詮釋。

參考文獻

1. 高博銓（2002）。**教育研究法：焦點團體訪談法**。教育研究月刊，N.103，2002.11，PP.101-110。

2. 陳向明（2002）。**社會科學質的研究**。臺北：五南。

3. David W. & Prem N. Shamdasani（1990），歐素汝譯（2001）。**焦點團體：理論與實務**。臺北：弘智。

4. 張紹勳（2001）。**研究方法**。臺中：滄海。

5. 黃俊英（1999）。**行銷研究**。臺北：華泰。

6. 劉淑娟（2002）。**知識管理在學校營繕工程之運用**。東華大學教育研究所，碩士論文（未出版）。

第十四章　德菲法

高新發

德菲法（Delphi）是一種匿名式的專家集體決策技術，針對某一主題，詢問相關人員意見，經由一系列精心設計的問卷，並伴隨相關摘要資訊與先前問卷回應意見的提供，以系統化的方式整合群體專家的專長和意見，獲得複雜問題之答案（陳麗珠，1999）；此法採用匿名各自填答方式，可減少因面對面而產生的互相影響或衝突，使每位填答者可以忠實表達自己的意見，對於團體溝通或預測未來十分有效（黃政傑，1987；王雅玄，1998；黃任宜，2003）。

壹、德菲法的基本假設

擷取專家團體決策的優點：群體成員集思廣益所產生的決策，應該會比個人獨思想出來的辦法更周全，尤其成員都是專精該領域的專家時，決策品質理當更佳。

排除面對面的溝通干擾：群體成員面對面溝通時，很容易因為眾多干擾因素，如：團體迷思現象（groupthinking）[①]、群體極化現象（group polarization）[②]、從眾效應（bandwagon effect）[③]等，而影響了原本應有的決策品質（楊宜真，1999）。

德菲法為了保有專家團體決策的優點，並力求避免面對面的溝通干擾，因此採用匿名式的專家集體決策技術；就是以專家為施測對象，針對某一問題或未來事件，以個別調查、成員間彼此匿名的方式，經過特定程序和反覆步驟，試圖在無干擾的溝通環境下，結合該領域中眾專家的之事、意見與想像力，最後達成專家間一致的共識，藉以推斷可能發生的事件、有效預測未來趨勢，或獲得對某一問題的一致結論（楊宜真，1999）。

貳、命名由來及中文譯名

一、命名由來

德菲法的英文為「Delphi」，Delphi原為希臘古城，城內最有名的即是太陽神阿波羅的神諭（Apollo Oracle），神諭是神殿中用來解惑與預測未來的工具。因此哲學家Abraham Kaplan便以此名稱命名，引諭這種方法具有權威及預測未來的功能。

二、中文譯名

國內對於Delphi的中文譯名頗多，常見的譯法有：

1. 疊慧法：累「疊」眾人智「慧」的方法（蘇諼），具音譯與意譯雙重的效果。

[①] 群體極化：當溝通對象群體所持觀點意見和自己相似時，經由相互的肯定與分散責任的心理作用，容易發生強化偏見，集體形成極端的立場現象（寇或，2003）。也就是說原來傾向冒險的決定，經過團體的決定後，會更勇於冒險；而原來傾向保守的決定，經過團體的商議後，會更加地保守（王震武等，2001）。

[②] 團體迷思：指在高度凝聚力的團體作決定的過程中，成員們過分追求共識，在意見表達上會自動地傾向減少歧見（王震武等，2001），而缺乏對於問題解決之道的真正了解，導致決定的品質不佳影響到整個決定的效果。（吳清山、林天祐，2002）

[③] 從眾效應：個人的觀念或行為，由於真實或想像的群體的影響或壓力，於趨向與多數人一致的方向變化的現象，例如跟隨潮流、人云亦云、順應風俗習慣等。（寇或，2003）

2. 大慧調查法：獲得廣「大」智「慧」的方法（簡茂發、劉湘川，1993），具音譯與意譯雙重的效果。

3. 得懷術：獲「得」人們心「懷」裡意見的技術，也是具音譯與意譯雙重效果。（謝全文，1978）

4. 德菲法（張紹勳，2001）、德懷術（吳清山、林天祐，2002）、德爾斐（謝潮儀，1983）、特耳菲調查法等，採直接音譯，「德菲法」為目前國內最多人使用之中文譯名。

參、德菲法的起源與應用

德菲法是於1948年，由美國加州蘭德（Rand）公司研究發展出來。起初德菲法的研究計畫是由Norman Dalkey及Olaf Helmer二位數學家主持，集合國防與軍事專家的看法，推斷需要投下多少顆原子彈，才能使美國在一場戰爭中完全癱瘓，以供國防長期規劃的參考。蘭德公司與美國空軍合作的預測研究中，選擇科學突破、人口成長、自動化、太空發展、戰爭的可能性與其預防及未來的武器系統等六個題材進行研究，因為屬於國防機密，當時並未對外公開研究內容與結果。1963年Norman Dalkey與Olaf Helmer於管理科學期刊中，首次對外介紹德菲法；接著Theodore J. Gordon與Olaf Helmer在1964年發表一份研究報告之後，才引起世人對這個方法的注意。

之後，德菲法逐漸為其他領域所採用，而各類修正或衍生的方法也陸續產生。大致而言，依其發展時間與使用特性區分，德菲法可分為原始的「數據德菲法」與衍生出來的「決策德菲法」二種，其特點說明如下：

一、數據（Numeric）德菲法

早期的德菲法被用來做「量」的評估，預測日期或未知的數值。例如：在1948年曾用來預測賽馬的賭注金額。在1950年～1960年代的研究，德菲法主要用於國防軍事方面，估計日期、數量、價格及人口總數等數據。

二、決策（Policy）德菲法

在1970年以後，德菲法主要應用於管理決策領域，透過此研究方法，除了在「量」的預估外，更可獲得參與者「質」的意見。尤其德菲法所獲得的文字型式意見結果，係來自各個層面，且經過多次的討論取得某些共識，因此除作為政策決定時的

參考外，德菲法也被視爲一種溝通的工具。

由於德菲法不只局限於未來事件的預測，更被視爲一種十分有效的團體溝通技巧，或是一種專家間溫和的意見互動方式（陳麗珠，1999）。尤其對專家而言，對於自己親自參與而產生的結果，因視同己出而更加認同與支持。德菲法可尋求共識更能爭取支持，因此應用的層面日趨廣泛，並逐漸普及至其他領域，例如：政治上，用以預測未來的總統人選；經濟上，用以預測匯率的走勢；教育上，用以預測可能實施的教育改革方案等。

肆、德菲法的參與人員

德菲法的施行過程需有下列三組人員參與：

一、決策者

德菲法是協助了解事實與作決策的工具，其結果通常用於高層管理決策，因此決策者需要積極參與整個德菲法實施的過程。通常由決策者擔任主持人，並與工作人員組成5～9人的工作小組，共同負責設計問卷、遴選問卷填答者及解釋統計問卷結果等工作。

二、工作人員

工作人員的數目通常依問卷題目的多寡與份數來決定，一般爲4～8人。工作小組的成員中最好有一位熟悉德菲法的實行步驟，他最好了解研究的主題，可擔任整個研究過程的協調者。此外，尚需數位後援人員，從事問卷的打字、寄發、回收、整理結果、及安排會議等事務性工作。

三、問卷填答者

工作小組在問題擬定之後，才進行問卷填答者的遴選。合適的填答者，是德菲法成功的必要條件之一；問卷填答者可能是具有權威性的學者、專家或政府官員，也可以是與研究問題有密切關係的民眾。

問卷填答者需願意作答或甚至進一步提供意見，因此成功的德菲法研究，所有參與者需要具備熟稔的書面閱讀與表達能力、高度的參與動機，再配合完整的實行步驟及充裕的時間等（蘇諼）。

伍、德菲法的進行步驟

我們可以將德菲法的進行步驟分為準備、實施、結論三個階段（圖14-1）：

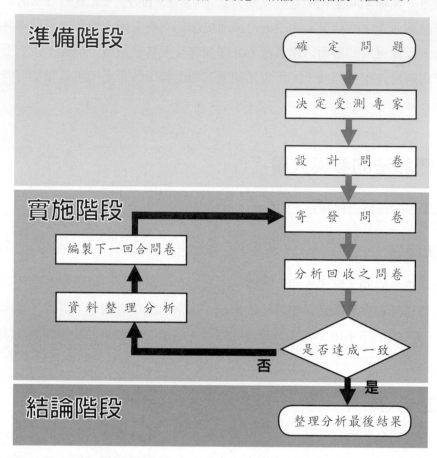

準備階段

確　定　問　題

決　定　受　測　專　家

設　計　問　卷

實施階段

編製下一回合問卷

寄　發　問　卷

資　料　整　理　分　析

分　析　回　收　之　問　卷

是否達成一致

否

是

結論階段

整理分析最後結果

圖14-1　德菲法的進行步驟

一、準備階段

由主持人（或工作小組）針對主題深入探討，將其可能方案、建議、批評與預測等，統整製成問卷式表格，並選取多位的專家參與預測。

準備階段工作重點為：

(一) 確定問題

這是德菲法成功與否的重要關鍵，倘若問卷設計者無法將研究問題描述清楚，填答者則無法了解研究問題與目標，導致在整個實行的過程中，對多回合的問卷產生困惑，甚至沒有興趣作答。因此，在確定研究的問題時，工作人員必須與決策者充分溝通，確實了解下列三個問題：

1. 研究的問題與研究的目的為何？

2. 決策者需要的是什麼資訊？

3. 決策者將如何應用所獲得的資訊？

經由此步驟後，工作人員才能明確的以文字，敘述出研究的主要問題，然後再根據主題編製問卷。

(二) 設計問卷

問卷的編製應注意：

1. 問卷內容應採結構式（structured）的編纂，使受訪專家了解回答的方向，而答案回收後也容易整理歸納。

2. 對重要名詞予以明確的定義，避免產生曲解，誤導作答方向。

3. 避免含混不清，模稜兩可的用語。

(三) 選擇專家

德菲法肯定專家們對其專業領域的認識超越一般人，專家們所作出的判斷或預測也會比其他人更接近事實的狀況。因此，如何選定合適的專家是德菲法的重要關鍵。

所謂「專家」，根據Helmer的定義，必須具備知識水準、可信度、精確度三個條件（謝潮儀，1983）。

但是在現實情況中，知識水準、可信度、精確度這三個標準，不僅資料不易完整取得，也缺乏適當的衡量工具。因此在既有的文獻裡，大部分都是採用一些變通的標準，例如：專家的自我評價、專業經驗、同僚間的評價、所受的教育，或一些綜合性的客觀指標等。例如Hill等人以是否具有「專業能力」為指標，判斷的標準有三：

1. 是否比大部分人有更完整、深入的了解。

2. 是否具有相關的工作經驗。

3. 是否為相關專業團體的會員。

其次，為了使德菲法能順利進行，還需考慮專家的經歷、動機及意願等（蘇諼），項目有：

1. 填答者是否了解此研究的問題？

2. 填答者是否與此研究問題有密切關係？

3. 填答者是否對於此研究問題有興趣？

4. 填答者是否有能力經由文字表達出個人的意見，並全程參與德菲法的問卷工作？

經衡量上述的項目後，才決定問卷的發放對象。

㈣ 專家人數

問卷填答者人數的多寡，可依研究問題的性質而異，且差距頗大。填答者若屬同性質的團體成員，只需5～15位；但若需要多元對象的參與時，則可能需上百位問卷填答者，尤其是需要獲取多人對某一事件的了解或支持時，就需要有較多的填答者（蘇諼）。

其遴選的方式可請各類團體的領導者及相關的政府單位，分別推薦數位填答者，工作小組再視實際需要做適當分配。待問卷填答者的名單確定後，工作人員透過電話或書信，邀請每位被推薦的填答者參加研究計畫，並說明研究的目的、填答人意見的重要性、德菲法實施的過程及可能占用的時間。在聯絡中，並強調填答者的專家性與代表性，及被推薦的過程，如此可加強問卷填答者對此研究的重視及參與的意願。

二、實施階段

將問卷分別寄送給所有專家，強調以匿名方式詢問，請他們回答哪些預測事件是他們認為可能會發生的，並可陳述理由。表格回收後，工作小組歸納整理專家們的回答資料，統計出每項事件的贊成人數，列成統計表，再寄送給每位專家，請他們根據表列結果，修正自己的意見，再重新回答一次問卷，做出新的預測（王雅玄，1998）。

德菲法的實施階段大致可分為三個重點（黃政傑，1987）：

1. 向專家們個別調查意見。
2. 讓專家們知道其他專家所預測的內容，並容許他們修正自己的預測。
3. 重複數次這種個別調查的程序。
4. 至於實際實施的回合數，則需至獲得最後結論。

實施階段的工作包括：

㈠ 準備與寄發第一次問卷

1. 打字、預試、寄發：第一份問卷是請填答者，回答廣泛性的問題，通常是開放式的問題。除了問卷外，亦需要附上簡函（cover letter），說明德菲法實施步驟與預計耗費的時間。
2. 回應時間：在一週後，可對填答者再送出一封信函，除了提醒截止的日期外，也可統一答覆問卷填答者曾透過電話提出的問題。
3. 催繳：倘若截止日期已過，尚未收到問卷，可與填答者電話聯繫，詢問對問卷是否有任何問題，並強調填答者意見的重要性。

問卷的形式除傳統郵寄紙本問卷外，最近也有利用網路郵件e-mail者；至於回應答覆與催繳的方式，除了電話外，當然也可以使用e-mail。

(二) 分析回收問卷及編製下輪問卷

1. 第二份問卷：

工作人員在回收問卷後，將眾人的意見整理、分析、歸納，並參考其他文獻，設計出條列式的問題或陳述，並對回收的問卷進行統計分析，做為設計第二份問卷的依據。

統計分析的工作通常包括填答者對各個項目贊同程度的平均值與標準差，並列出填答者對各個問題的評論；平均值用以了解全體填答者對同一項目贊同的趨勢，標準差則反應出贊同程度的差異大小。

2. 第二份問卷的目的與特色：

(1) 找出回應意見尚未一致的部分。

(2) 發掘回應意見已經一致的部分。

(3) 再補充說明模棱兩可的意見。

(4) 呈現出意見的優先次序。

3. 第三份及其後的問卷：

是讓問卷填答者有機會來修正對各個項目的贊同程度，並再次表達個人的意見。其回收的問卷，一樣進行統計分析，並列出填答者對各個問題的意見。視各問題項目達成一致的程度，決定是否再進行下一輪的問卷，直至獲得適當的結果為止；在國內一般的研究大部分進行三次的問卷流程。

第三份問卷的功能：

(1) 結束討論：在第一、二次問卷中，問卷填答者所提出的意見，經整理後列在第三次問卷中，並顯示全體填答者贊同的程度，這些結果將會令問卷填答者感到以往的努力已有成果，因而更重視這個研究，肯定這個結果。

(2) 呈現多樣化的判斷：雖然透過量表來決定各個議題的贊同程度，填答者個別的意見仍然存在。

(3) 產生未來規劃的指引：第三份問卷裡，問卷填答者將可得到：

質的訊息：含各個項目同意與不同意的各類綜合意見。

量的訊息：含各個項目的統計結果，包含平均值與標準差，及填答者本人第二次問卷中的回答。

德菲法研究所得到的最後結果，可成為決策者未來規劃的指引或參考。

三、結論階段

反覆進行若干回合的預測之後，若共識已漸達成，或各回合間的回答情形已經沒有顯著的變動時，即可終止預測而提出最後的結論。

結論階段的工作為整理與分析最後的結果，依據研究需要來決定所需的統計處理方式，德菲法通常需要計算下列統計數（簡茂發、劉湘川，1993）：

1. 所有專家對各方案評價值的平均數（平均數愈大，相對重要性愈大）。
2. 計算各方案之評價滿分頻率（滿分率愈高，相對重要性愈大）。
3. 計算方案的評價等級和（等級和愈小，重要性愈大）。
4. 計算方案的平均等級。
5. 計算專家意見的離散程度（平均標準差，愈小愈好）與諧調程度（愈大愈好）──此法可篩選出諧調度低的專家，必要時可排除之。

德菲法在終止溝通之後，強調一個最後結論的產生。一般採取二種方式以代表所有專家的最後結論：

1. 以眾數作為最後結論的代表，亦即採取多數決定的原則（謝潮儀，1983）。
2. 以中位數作為最後結論的代表（陳麗珠，1999）。

德菲法研究所得到的最後結果，無論是各類綜合意見或統計結果，都是決策規劃的重要指引與參考。

陸、德菲法的特色與優點

一、特色

德菲法的特色包括：

1. 匿名性：經由不具名的問卷方式來獲得專家意見，可使個人自由的表達意見，而不會受到團體壓力或為主流意見所支配，因此調查結果較能反應填答者的真正意見。
2. 多次反覆：經過多次的意見調查，每次問題均相同，但從第二次起提供上一次填答的統計值，供填答者重新衡量意見。
3. 回饋：每一次的問卷回收，都要進行統計，將統計值附在下一回問卷中，經多次的問卷調查得穩定之一致看法。

4. 團體意見統計：問卷回收後均作團體意見的統計，可作為專家們意見集中程度的指標（張紹勳，2001）。且專家意見會有一明確的結果產生，全部同意之項目納入分析結果，未達全數通過項目則剔除（黃任宜，2003）。

二、優點

1. 團體的意見交流能激發出更充份的資訊，更客觀、正確的判斷。

2. 多次的溝通提供了參與者反覆思考的空間，使他們可以在周詳的思慮下修正自己的看法，提出最完善的意見。

3. 經由特定程序與反覆步驟，能獲得幾乎代表所有專家意見的結果；而且是由眾人形成的共識，也較能獲得眾人的支持。

4. 調查施行方法簡單，不需艱深的統計分析，就能分析複雜、多面向的問題；另外，藉由眾多專家的肯定意見，可增加研究者的信心（吳清山、林天祐，2002）。

5. 採取匿名的、非公開的方式，參與者可以毫無顧忌地表達自己的意見，因而能在壓力最低的情況下達到團體互動的效果。避免一般會議中出現離題、附和多數人意見、不願表達與公眾相反的意見，或被某些權威或善於發言者影響的情形。

6. 採用郵寄或電子郵件的方式溝通，無須面對面會議，因此不需排定特定時間、地點，可節省經費，與受測者之時間、精力。（楊宜真，1999）

柒、德菲法的適用範圍

德菲法藉由專家集體智慧，澄清未來不明情境，以便人類對未來的控制（黃政傑，1987），適用於預測未來技術發展方向，可作為決策之用（莊謙本，1998）。

而德菲法使用匿名式多回合的問卷，也可蒐集個別成員的意見和判斷，澄清不同團體的觀點和價值取向，以確認問題，並尋求解決之道（林振春，1992）。

德菲法並具備團體溝通達成共識的效果，故適用在實際工作的決策調查中（葉至誠、葉立誠，1999），例如：應用在商業、工業、政治、教育、醫藥、區域計畫等領域；運用的情境包括未來預測、目標評量、長期規劃、建立優先預算、生活品質評估、政策形成、問題確認或是解決方案等（王雅玄，1998）。

德菲法的使用時機

與其他研究方法相比較，德菲法特別適用於下列時機（王雅玄，1998；楊宜真，1999）：

1. 研究問題本身可提供的資訊少，不確定性又高。

2. 研究問題本身無法提供精確的分析技術，但可藉由蒐集主觀判斷資料做為答案。

3. 對於廣泛、複雜的議題，需與其他專家互動討論，或各有不同專業與經驗，需要彼此交流。

4. 因為時間、距離、經費等因素而無法舉行經常性的群體會議。

5. 群體中有重要人物或小組，不便開會討論。

6. 必須保留參與者的異質性，避免因多數意見的壓力，或個人不善表達等特質，而影響了結論的變異性。

捌、德菲法的限制及其使用困境

1. 德菲法的理論基礎十分薄弱，必須仰賴專家的直覺知識，易受專家本身主觀判斷的干擾（林振春，1992）；且專家選取不易，優秀的專家不一定能參與施測。

2. 實施過程由施測者統籌主持，因此研究結果容易受施測者主觀意識的干擾（林振春，1992）。

3. 無法深入討論、腦力激盪：德菲法僅能看到所有專家的評估結果，並不能深入探討原因，亦缺乏了共聚一堂腦力激盪所衍生的累積效果。

4. 多回合的問卷進行起來相當費時，不易控制進度，故不適用於緊急決策的狀況。

5. 又因時間耗費較長，且次數較多，參與者需有相當的耐心與熱心，方能完成有效的意見調查分析。

6. 樣本流失的問題：問卷回收漸少將使得代表性降低，調查樣本失去代表性，將使得結果失去意義。

7. 統計處理的弱點：德菲法所運用的統計原理之內部一致性考驗，是指題目的信度而非意義的信度；較缺乏信度、效度之鑑定標準。

8. 不同專家小組意見整合的困難：例如在課程評鑑或課程發展方面，欲兼顧教育專家、實務工作者與學生，甚至家長們的意見，其整合難度高。（楊宜真，1999）

玖、結語

　　德菲法藉由問卷方式蒐集彙整各方的意見，採用書面溝通，發現存在的問題、可行的方案或產生共識，以做為規劃未來的參考。所得結果的質與量，較容易令人接受。雖然此研究方法有其限制，發展過程也有爭議，但其廣徵博議的功效，卻是其他研究方法所不能及。

不論是「三個臭皮匠勝過一個諸葛亮」，或是西諺「Two heads are better than one」都還不足以詮釋德菲法的特色與優點；我們認為「三個諸葛亮，勝過一群臭皮匠」才是德菲法的最佳寫照。

拾、應用範例

> **範例一：我國大學圖書館網站品質評估之研究。**
>
> 翁慧娟（1999）。臺灣大學圖書資訊所，碩士論文。

一、研究目的

鑑於網路資源評鑑之重要性與必要性與日俱增，期以此研究建構大學圖書館網站評估準則，以做為圖書館建構網站或讀者利用網路資源時之參考。

具體而言本研究擬達成下列幾項目的：

1. 分析國內外大學圖書館網站內容。
2. 彙整網路資源評估準則，序列網站品質評估指標。
3. 比較國內大學圖書館館員與讀者，對大學圖書館網站品質評估與服務項目之意見及其差異。
4. 建構大學圖書館網站品質評估準則，供已建置網站的圖書館或尚未建置者之參考。

二、研究對象

就國內臺大、政大、中央、中原及銘傳等5所大學圖書館為調查樣本，調查對象包括館員與讀者二個群組。

三、研究方法

本研究首先採用文獻分析法進行相關文獻的探討，接續則用內容分析法了解國內外大學圖書館網站的建置情況及服務內容，以德菲法彙整館員意見，問卷調查法了解讀者看法。

本研究的調查對象共涵蓋館員與讀者二個群組，研究者先凝聚館員對大學圖書館網站品質評估意見之共識，再據以此做為讀者問卷調查之藍本。針對館員進行網站品質評估準則之意見蒐集，選定樣本後告知館員研究問題、研究目的及德菲法實施步驟，以徵得其同意參與進行2回合問卷的發放，以達到意見整合之效益。

四、德菲法進行步驟

採用德菲法，進行二回合的問卷調查。

	第一部分	第二部分	第三部分	問卷回收率
第一回合	主要參考相關文獻研擬建置一理想大學圖書館網站所需具備的項目共50題，包含網站使用組織架構維護及設計等方面，請館員就個人意見勾選重要程度。	館員個人基本資料。	無。	寄發187份問卷，回收131問卷，有效問卷131份，淨回收率為70.05%。
第二回合	第1回合問卷中說明不夠詳盡及差異較大的題目做進一步說明，請館員表達看法使其有修正選項的機會。	調查館員對大學圖書館網站服務項目之意見。	提供第1回合問卷整體統計結果。供館員在進行第2回合問卷填答時的參考。	寄發129份問卷，回收99份，有效問卷88份，淨回收率為68.22%。

五、研究方法評論

1. 本研究以圖書館館員為研究對象，然圖書館網站之建置未必為一般館員專業能力所能涵蓋，故對象的範圍可限縮到實際參與網站建置與維護的館員，研究結果才真正是彙整專家的共同意見。

2. 第一回合的50個問題中僅有9題在第二回合問卷中須再次作答，表示其他問題均獲得館員們的一致意見，讓人質疑本研究以德菲法進行的價值與必要性。

範例二：傳播科技人才能力需求與學程設計原則：修正式德菲研究。

楊宜眞（1998）。交通大學傳播研究所，碩士論文。

一、研究目的

確認未來新傳播科技工作者的能力需求，並探究以培育新傳播科技工作者為目標的新傳播科技學程，在設計上應遵循的種種原則。本評鑑量表之發展完成，期望可以具體了解以下問題：

1. 未來五、六年間的資訊傳播產業，對於新傳播科技的相關人才需求如何？
2. 未來五、六年間，一個優秀的新傳播科技人才應具備哪些知識或能力？
3. 一套新傳播科技學程對於未來五、六年新傳播科技人才養成的重要性如何？
4. 為能順利因應傳播產業未來五、六年的發展情況，未來的新傳播科技人才必須了解、熟悉傳播科技的哪些面向？
5. 哪些傳播科技形式是未來五、六年間優秀的新傳播科技人才必須了解的？
6. 哪些課程是一套完善的新傳播科技學程應該提供，或未來五、六年間優秀的新傳播科技必須修習的？
7. 為因應未來五、六年傳播產業的發展情況，培育優秀新傳播科技人才需要怎樣的師資條件？
8. 為了因應傳播產業的急遽變化與未來人力需求，一套針對培育未來新傳播科技人才的新傳播科技學程，在設計上應依循哪些原則？

二、研究對象

以國內各大學院校專精於新傳播科技領域的學者為研究對象，並透過國立交通大學傳播研究所所長李秀珠、副教授周倩二位學者遴選推薦，列出原本包括傳播學者、資訊傳播產業負責人，以及官方代表等共38位專家成員建議名單。經邀請函徵詢，最後共有21位專家同意擔任本研究之專家小組成員。

三、研究方法

本研究採用德菲法，針對本研究之目的，以專家組成德菲小組經過多次的問卷調查，然後蒐集、組織、反覆修正意見，期獲得一致的看法。

1. 為節省時間迅速集中議題，以文獻研究整理替代專家群的開放式調查，作為德菲法研究中的結構式問卷基礎。
2. 以焦點訪談作為問卷之前測，諮詢討論第一回合問卷的內容與設計，並遴請專家提供修正意見。
3. 附回郵以限時掛號郵寄，或傳真回覆，也可研究者親自送、取件。
4. 為深入了解受試者看法，問卷結尾有開放式意見欄供補充意見。
5. 為避免混淆與統計困擾，第一回合問卷採李克特六選項量表。

四、德菲法進行步驟

本研究的正式問卷調查經歷二回合，歷時約7個星期：

	發出份數	歷時天數	回收份數	回收率
第一回合	21	20	18	85.7%
第二回合	18	28	15	83.3%

五、研究評論

1. 參與專家小組的21位成員,以國內大學傳播相關系所教師及產業重要負責人為主體,缺乏官方代表與國際人士,其涵蓋性與代表性稍嫌不足。

2. 截至所有問卷調查結束,僅餘下15位專家持續參與,專家成員流失率達28.6%,在研究挑選專家之初,若能增加成員人數,即使在相同或更高流失率下,仍能保留較多的專家參與人數,提高研究的預測準確度。

範例三:促進學習者有效進行網路合作學習之操作策略。

王國棟(2005)。國立臺南大學資訊教育研究所,碩士論文。

一、摘要

本研究的目的在擬定針對網路上促成國小學童有效合作的操作策略項目。本研究首先透過文獻分析,彙整有關所有可能促成學習者有效進行網路合作學習之操作策略的作法,再透過德菲法研究,尋求專家對這些操作策略項目的重要性與難易度之共識。參與德菲法研究的專家共10位,經過三次反覆的德菲法問卷調查,共得30項「促進學習者有效進行網路合作學習之操作策略」。

二、研究目的

本研究二個主要的研究目的:

1. 探討網路合作學習的文獻中,有哪些操作策略是重要而且有效的。
2. 目前使用的操作策略有哪些是難以實行,需要加以修正的。

三、參與人員

1. 研究小組

研究者特地成立一個3人的研究小組,共同負責問卷設計、遴選Delphi小組成員,以及解釋統計問卷結果等工作。

2. Delphi小組

Delphi小組需有網路合作學習相關之教學或研究經驗，本研究限於經費與人力資源，無法採用完全的異質性小組，只能儘量考慮不同的研究領域成員，並且於研究限制中提出此問題以供注意。本研究共邀請到十位對本主題具有研究與教學經驗的人士作爲Delphi小組成員。

四、研究方法

本研究第一次問卷由研究者透過國內、外文獻分析，並與小組成員研討後所整理而成；第二、三、四次之問卷乃根據上回問卷所回饋之意見修訂而成。

本研究利用「Delphi問卷調查」網站，作爲Delphi小組成員進行問卷填答之系統。每次問卷填寫均在網路上進行，可縮短郵件往返以及數據整理及統計之時間，並掌握德菲法成員們的填答情況，以提高回收率。

德菲法問卷進行期間，Delphi小組成員可於任何時間經由瀏覽器連接至網站，輸入密碼登入並進行問卷填寫動作，填寫過程中可任意修改自己所填之答案選項，並且可以隨時中斷填寫，所填寫之答案均會保留，下次登入時可繼續填寫。

研究者於第一次問卷實施前，以電子郵件隨回帳號與填答說明一併寄予所有Delphi小組成員。在每回合調查開始前二天，研究者會再利用電子郵件通知，此外亦會利用電話提醒各成員完成問卷之填答。

五、德菲法進行步驟

本研究依照以上之流程與德菲法研究之步驟，第一回合調查問卷由研究小組確立後，隨即進行網路之德菲法問卷調查，3次施測時間依序爲7天、5天、5天。問卷回收後每次以2天左右時間進行整理，隨即進行下一回合問卷。

	填答人數	填答時間	歷時天數	回收率
第一回合	10	2005/06/16～2005/06/22	7	100%
第二回合	10	2005/06/25～2005/06/29	5	100%
第三回合	10	2005/06/30～2005/07/04	5	100%
第四回合	10	已達穩定		100%

六、資料處理方式

1. 質的部分

   根據各次問卷各項目的小組成員意見陳述、各向度的綜合評論以及問卷最後的整體評論，並參照相關的文獻加以分析。將同質性較高的意見加以整合，對於不同的看法則予以分類歸納，並分析其意涵與見解，以做為刪除或增列項目之參考。

2. 量的部分

   對於問卷各項目的重要性評定，以簡單的平均數、標準差、次數分配及百分比等，來呈現每題的填答次數、集中與離散的情形，並於下次問卷內提供統計結果予填答者參考，以期能達到凝聚共識的功能。

   針對問卷上操作策略的重要性及未來實施的難易度給予意見和等級，等級以五點量表的方式表示。每次問卷調查結束後，研究小組即配合量表特性，分別對各操作策略的「重要性」及「難易度」計算次數分配、中位數（Md）、四分差（Q）以及算數平均數（M），以了解次數分配狀況、問卷結果的集中情形，及整體結果的分散程度。此外，亦提供標準差（SD）供德菲法小組成員參考。

七、研究評論

1. 參與Delphi小組的10名成員，其中8位有實際從事小學合作教學經驗，能以小學生之學習情境來思考，因此所獲得的結果適用於小學生的情境。然而成員中缺乏學者、官方、使用者等，其涵蓋性與代表性稍嫌不足。

2. 本研究每回合之時程未超過一週，太過匆促。每回合間隔約2天，未能給Delphi小組成員有充分的時間去充實、消化所需之知識，並考慮、修正自己的意見，以增加專家效度。

3. 超快的調查速度與100%的回收率，難免令人對研究的品質與效度產生疑慮。

參考文獻

1. 王雅玄（1998）。**德懷術（Delphi）在課程評鑑上之應用**。教育資料與研究雙月刊，第25輯，http://www.nioerar.edu.tw/basis3/25/gz11.htm。

2. 王震武、林文瑛、林烘煜、張郁雯、陳學志（2001）。**心理學**。臺北：學富文化。

3. 吳清山、林天祐（2002）。**德懷術**。教育研究月刊，92期。

4. 吳清山、林天祐（2002）。**團體迷思**。教育研究月刊，95期。

5. 林振春（1992）。**社會調查（第三版）**。臺北：五南。

6. 寇彧（2003）。**心理學自學考試課件（第九章，第三節）**。北京師範大學心理學系。http://student.zjzkb.edu.cn/course_ware/psychologycai/study.htm。

7. 張紹勳（2001）。**研究方法（修訂版）**。臺北：滄海。

8. 莊謙本、張吉成（1998）。**Delphi、DUCAM、V-TECS行業分析效能之比較研究**。第十三屆全國技術及職業教育研討會論文集，PP.345-352。

9. 陳麗珠（1999）。**以德懷術（Delphi Method）評估臺灣省教育優先區補助政策實施成效之研究**。http://nknucc.nknu.edu.tw/～t1466/publication/publication-03-06.doc。

10. 黃任宜（2003）。**高職圖文傳播科學生應具備專業科技能力分析研究**。國立臺灣師範大學圖文傳播研究所，碩士論文。

11. 黃政傑（1987）。**課程評鑑**。臺北：師大書苑。

12. 楊宜眞（1998）。**傳播科技人才能力需求與學程設計原則：修正式德菲研究**。國立交通大學傳播研究所，碩士論文。

13. 葉至誠、葉立誠（1999）。**研究方法與論文寫作**。臺北：商鼎文化。

14. 謝全文（1978）。**得懷術在教育研究上的應用**。今日教育，34卷，P.35。

15. 謝潮儀（1983）。**德爾斐（Delphi）專家學者問卷法之應用——以臺北都會區爲例**。法商學報18期，PP.109-132。

16. 簡茂發、劉湘川（1993）。**電腦式會議式大慧調查法及其在教育上之應用**。資訊與教育雜誌，35期，PP.6-11。

17. 蘇諼。**研究方法報告——疊慧法**。http://blue.lins.fju.edu.tw/～su/rm91/rm_del.htm。

第十五章　啓發式評估法

管倖生、童鼎鈞

　　1990 年代初期，網頁使用性專家傑克伯‧尼爾森（Jakob Nielsen），為了改善電腦軟體的操作介面，發展出一種簡易而實用的研究方法，稱為Heuristic Evaluation（啓發式評估）。

壹、概述

啓發式評估的主要步驟包括：

1. 根據使用網站的經驗法則，建立網站評估的指標。
2. 邀集多位具代表性的專家，實地操作該系統。
3. 觀察並記錄專家們操作系統時所發生的問題及其感想。
4. 找出網站系統中違反使用性（Usability）法則的設計，並分析其原因。

Jakob Nielsen的研究最後獲得以下結論（Nielsen，1993）：

1. 使用簡單且自然的對話（Simple and Natural Dialogue）
2. 使用使用者熟習的語言文字（Speak the User's Language）
3. 減少使用者的記憶負擔（Minimize User Memory Load）
4. 一致性的介面設計（Consistency）
5. 適當的回饋（Feedback）
6. 提供明顯的出口（結束or離開）（Clearly Marked Exits）
7. 提供簡便的操作方式（如功能鍵、快捷鍵等）（Shortcuts）
8. 提示錯誤訊息（Good Error Messages）
9. 預防錯誤並提供補救的機會（容錯設計）（Prevent Errors）
10. 求助功能與操作手冊（Help and Documentation）

這些研究成果，成為日後評估電腦軟體與介面設計的重要原則。

貳、啓發式評估法之定義與特性

一、定義

根據Jakob Nielsen（1993）的說明，啓發式評估法（Heuristic Evaluation）是在觀察一個軟體的操作介面設計時，嘗試提出一種觀點去討論這個介面設計優劣處，其目的是找出操作界面的設計問題，使我們得以注意問題，並改善設計。換言之，所謂啓發式評估是一種能用來引導設計的決策，或評論已完成的設計之指引或通用的原則。

二、特性

1. 啓發式評估法不選用一般使用者參與研究，而借重「專家」以發現問題並提出解決方案，具有屬於診斷性及驗證性研究的特質。

2. 啟發式評估的研究中，專家通常指的是有介面設計經驗與從事人因工程研究者，或二者兼具的人。

3. 因為專家有較多操作電腦軟體的經驗，所以能發現問題並可提出解決方案。

4. 在一個使用者介面的評估會議中，只需要幾位專家，便能找出並解決大部分的問題。

5. 專家常需把自己當作經驗不足的使用者，來描述一般使用者可能遇到的操作問題。

6. 啟發式評估有二個不同於傳統使用者測試的特徵：

   (1) 觀察者會很樂意去回答評估者在評估期間所提出的問題。

   (2) 評估者可以對界面設計提供某個程度的意見。

7. 回答評估者所提出的問題，可以使評估者對此領域深入了解，並且能對介面的使用性有較好的評估效果。而且當評估者在操作界面遇到問題時，倘若他們可以得到一些提示，則有助節省評估時間。但必須注意當評估者未明顯遭遇問題或未要求說明時，則不需要給予援助。

8. 另一種使啟發式評估法更有用的方法，是在做完最後一次啟發式評估之後，舉行研討會以提供一些設計原則。參加研討會的人員應包括：評估者、觀察者、設計代表小組、焦點團體等，而這個研討會主要透過腦力激盪的方式，討論使用性問題及設計有問題的部分。

參、啟發式評估的實施

一、專家評估者的人數

　　雖然專家可以獨立完成介面評估，但單獨的評估者可能會錯過某些問題，因此集合多位評估者的意見有助於找到不同的問題點，能達到整體上較佳的成果，不過太多的專家則會有結果重複性過高，並提高研究經費的缺點，故一般邀請3～6位專家即可。

二、專家評估者的考量與要求

　　在評估者的專業背景方面，必須注意以下幾點：

1. 專家應有適當的經驗。

2. 為了確保得到客觀公正的意見，專家不應參與該系統先前版本或雛型的開發。

3. 專家所模擬的角色（即系統未來的訴求對象）需要定義清楚，以幫助專家在評估系統時，能採取適當的態度。

4. 專家所需執行的操作，以及提供給專家的使用手冊、教學課程等相關資料，需要具有代表性，並儘量以最終使用者所使用的狀況（如：電腦系統、周邊設備、使用場所等）為評估基準。

三、啓發式評估步驟

1. 邀請專家評估者3～6位，進行實驗測試。
2. 研究者先採用半結構式的問題，在使用性的構面效標上，提出問題的癥結。
3. 讓每位專家單獨地個別檢驗評估，時間以不超過2小時為原則。
4. 將個別評估後的問題，提出互相溝通與整合，並徵詢他們對使用性的發現。
5. 最後，彙整他們的意見後，將評估認定的結果，以檢核表來查詢符合使用性的程度高低。
6. 為了要確保每位專家的評估獨立自主、公平無偏見，每次只由一位專家來完成檢查。
7. 評估的結果是由專家填寫評估報告的方式提出，研究者視需要再加以訪談，並以紀錄表記錄對話內容。而使用紀錄表的優點包括：(1) 擁有直接正式的紀錄：清楚地記錄評估的細節與結果，有助於分析與了解研究的結果；(2) 當專家在評估操作遇到問題時，可便於研究者提供援助或說明。

四、評估報告的樣式

目前在啓發式評估中，已發展出三種供專家評估報告的樣式；

1. 預先定義的分類（條列式問卷）（predefined categorization）：事先給參與評估的專家們一個條列式問卷，專家們則針對這些問題加以測試、分析、報告。
2. 結構化（structured）報告：專家必須以某種結構化的方式呈現其評估結果，例如：遇到何種問題、問題來源、可能改善的方法。
3. 非結構化（unstructured）報告：專家們報告他們的評論與建議，然後將共通的問題領域加以分類。

這三種評估報告樣式各有其優缺點，條列整理如表15-1。

表15-1　啓發式評估報告樣式優缺點

報告樣式	優　點	缺　點
條列式問卷	列出已知的問題以供評估，非常易於分析。	缺乏評論與提供額外建議之機會，容易造成遺漏。
結構化報告	易於分析。	需要較多時間來分類問題，並阻礙其他建議之提供。
非結構化報告	有助於提供更多的評論與建議。	問題與建議需更進一步分析，報告整理難度較高。

肆、啓發式評估之特色與優缺點

一、優點

1. 評估過程不但節省時間和經費，對多數人而言也是容易執行的。
2. 有助於提供改進設計建議，進而幫助設計者改善問題、重新設計，或集中再進一步測試的焦點。

二、缺點

1. 專家選擇困難。
2. 專家可能因個人的因素而影響整個預期進度。
3. 專家的定義會因研究者的主觀看法不同而異。

伍、應用實例

> **範例一：不同族群於博物館網站介面操作之研究——以國立自然科學博物館爲例。**
>
> 高蓁瑩（2004）。雲林科技大學視覺傳達設計所，碩士論文。

本研究採用網站使用性評估中的「回溯式測試」、「教練法」與「啓發式評估法」，以國立自然科學博物館網站爲範例，探討使用者於網站介面操作上發生的使用性問題；另一方面，對國內外博物館網站進行首頁內容分析，藉由科博館網站之使用性調查與國內外博物館網站內容分析二部分結果，獲得更客觀與專業的意見，將研究結果提出建議作爲往後科博館網站建構上的參考。

本研究結果發現：

(一) 科博館網站介面之使用性問題

1. 網站介面方面：(1) 網站架構應簡單、清楚；(2) 選項工具列設計需提示瀏覽者所在位置；(3) 提供適當的搜尋功能；(4) 選項標題能提供瀏覽者正確的判斷。
2. 視覺設計方面：(1) 版型與視覺要素應具延伸性；(2) 色彩搭配應具注意力；(3) 圖片與文字應相互搭配具吸引力；(4) 版面宜適當留白，以增進可讀性。
3. 資訊內容方面：(1) 資料建檔與歸類應明確；(2) 提供適當的延伸查詢；(3) 資訊內容宜採條列方式呈現；(4) 首頁資訊區應簡潔；(5) 良好的線上觀眾服務。

(二) 不同族群於網站瀏覽時之差異

針對科博館網站測試時，老師、學生與家長在一些瀏覽過程中，會有一些問題發生：

1. 須注意選項名稱的合適性。
2. 適當地突顯功能選項。
3. 提供各族群瀏覽者適當的訊息。

(三) 博物館網站資訊內容規劃建議

綜合分析國內外8個博物館網站的資訊內容呈現方式，大致可歸納出「資訊」、「教育」、「服務」與「其他資訊」四個子項，建議各子項宜提供之資訊內容如下：

1. 「資訊」方面：基本資訊、最新消息、展覽資訊、活動資訊、日期表。
2. 「教育」方面：教育活動、線上學習、研究資訊、典藏或是數位博物館、出版與圖書、好站連結。
3. 「服務」方面：參觀服務、導覽服務、諮詢信箱與FAQ、線上訂票、留言版或討論區、加入會員、加入義工。
4. 「其他資訊」方面：網路商店、搜尋功能、網站導覽。

(四) 博物館網站規劃建議

以45名國中老師、國中學生與家長，針對新舊版科博館網站進行瀏覽測試，以下幾點建議提供給往後博物館網站設計時的參考，詳細內容如下：

1. 愈複雜的網站架構更需要考量網站的使用性問題。
2. 不同族群瀏覽經驗的差異。
3. 宜依據不同族群之瀏覽認知規劃不同的瀏覽路徑。
4. 訊息的呈現與版面規劃須有博物館網站的感覺。

範例二：旅遊網站使用性及介面設計之研究。

管倖生、黃靜純（2003）。商業設計學報。第7期，PP.499-514。

本研究針對旅遊網站的介面設計與使用性進行評估，結合了「啓發式評估法」、「教練法」、「觀察法」、「問卷訪談法」與「回溯式測試法」等五種常用使用性評估方法進行操作性評估，以發現網站介面在設計上與使用性之問題，此綜合性評估方法可以有效節省研究時間。另採用五階李克特（Likert）尺度量表，要求受測者於完成

典型工作後，對該網站之操作性與設計感進行評量，並於施測後輔以事後訪談，以期深入了解使用者心中之眞正想法。找出旅遊網站查詢訂購介面上之使用性問題，然後藉由專家訪談與相關意見蒐集，作爲新版網站重新建置之依據，並針對新版網站進行研究，最後再將施測結果與原網站進行比較分析。

eztravel旅遊網站的查詢訂購介面問題爲：

1. 「點選出發日期」與「分配房間入住人數」，同爲旅遊網站查詢訂購介面中，受測者操作時較易感到困擾者。

2. 在視覺傳達設計介面問題：

   (1) 跑馬燈文字或閃爍跳動的文字設計容易影響閱讀。

   (2) 色彩搭配不能突顯網站特色。

   (3) 同一頁面色彩使用數量不恰當。

   (4) 頁面編排樣式不一致。

3. 在整體操作介面上旅遊網站較易造成使用者困擾之問題：

   (1) 操作錯誤時視窗不具提示作用。

   (2) 未明確提出錯誤操作時的具體解決方法。

   (3) 彈跳式視窗會造成閱讀干擾。

   本研究結果，提出以下七點旅遊網站介面設計原則：

   (1) 善用旅遊相關圖片突顯企業屬性。

   (2) 宜用鮮明活潑色彩作爲網站色彩計畫。

   (3) 圖文編排應於變化中力求統一。

   (4) 旅遊資訊內容應充實豐富，但勿重複繁雜。

   (5) 選項名稱應一目了然或易於聯想，選項歸類則應注意其適當性與合理性。

   (6) 查詢與訂購介面應建立線上操作輔助說明。

   (7) 訂購介面應善盡告知使用者之權利義務。

範例三：兒童WWW人際溝通網路介面之研究。

洪郁修（2002）。國立成功大學工業設計所，碩士論文。

　　本研究探討兒童網路介面設計準則、圖像風格和介面配置喜好，進行了兒童網站介面設計啓發式評估實驗、兒童網站人際溝通圖像設計風格探討實驗、兒童網站人際溝通圖像風格測試實驗、兒童人際溝通網路介面配置設計實驗與兒童人際溝通網路介面配置驗證實驗，共5個實驗。

　　研究結果發現：

1. 專家評估互動方式介面設計爲主的兒童網站，使用性問題最多；傳統超文字連結介面之兒童網站，使用性問題最少。
2. 兒童喜歡與認知性最佳的網路圖像是可愛風格圖像。
3. 兒童喜歡網頁將性質相同或相似的介面編排在一起。
4. 本研究開發的介面經由操作性、記憶性、錯誤率與滿意度效標測試後，各方面的績效均比擁有兒童網域的雅虎奇摩人際溝通網頁介面還要好。

　　本研究徵募了7位10～11歲國小學童加入爲期4個月的參與式設計。基於兒童認知相關研究與兒童電腦/網路能力問卷，研究人員可發展與了解兒童電腦心智模型，在成功地和參與兒童建立互信關係之後，所有成員組成參與式設計小組，進行網路議題研討與提出可能性介面。

　　爲了解兒童對人際溝通網站之需求，並規範網站所應包含之功能。本研究進行了網際網路溝通媒體功能與優缺點分析、兒童情境化結構式訪談與入口網站人際溝通功能服務介面使用狀況調查三部分，研究結果發現：

1. 兒童希望人際溝通網站可讓他們儲存個人收藏的資訊（圖片、文章、影片與遊戲），最好還要提供電子郵件、聊天室、討論區功能。
2. 事實上目前入口網站電子郵件提供的附加文件傳輸功能可滿足兒童資訊收藏與交流需求；聊天室可提供如ICQ般即時溝通的功能；討論區可改善BBS純文字資訊呈現之缺點；加上上述介面沒有龐大的資訊封包問題。

　　因此，適合兒童的人際溝通網路介面可以針對目前現行入口網站的服務介面改善，符合兒童使用即可。

範例四：美術館網頁設計及使用性之研究。

黃如足（2002）。南華大學美學與藝術管理研究所，碩士論文。

　　本研究探討美術館、網頁設計與使用性三者的關係，針對網頁設計的介面問題及使用性評估方法進行研究。探討美術館應用網路傳播的機制取向，人機互動的內容詮釋；說明美術館的網頁設計流程與內容規劃，並探討案例中的介面設計分析根據網頁使用性的介面問題，徵詢具有設計專業的評估者，綜合啓發式評估法和德菲法之應用，共分三階段實施使用性評估，於第一階段進行美術館網站的介面問題之發現，第二階段進行使用性問題的介面設計諮詢，第三階段則透過使用性問題的準則歸納，達到問題共識與凝聚，且經由研究結果得到使用性設計之評估檢核表與提昇網頁使用性的設計原則及建議。

參考文獻

1. Nielsen, J.（1993）. **Usability Engineering.** Academic Press LTD, U.K.
2. 洪郁修（2002）。**兒童ＷＷＷ人際溝通網路介面之研究**。國立成功大學工業設計學系，碩士論文（未出版）。
3. 高蓁瑩（2004）。**不同族群於博物館網站介面操作之研究——以國立自然科學博物館為例**。雲林科技大學視覺傳達設計所，碩士論文（未出版）。
4. 管倖生、黃靜純（2003）。**旅遊網站使用性及介面設計之研究**。商業設計學報，第7期，PP.499～514頁。
5. 黃如足（2002）。**美術館網頁設計及使用性之研究**。南華大學美學與藝術管理研究所，碩士論文（未出版）。

整合性研究法

第十六章　行動研究

張文山

　　行動研究（Action Research）在1940年代由美國學者Kurt Lewin及Stephen M. Corey等人所倡導，是一種非常強調將實際的「行動」與「研究」相結合的研究方法，其主要目的，在於探究實務工作者本身的決策方式和實踐過程，並努力提出實務的改進方針，以促成專業上的提昇，或是獲得問題的解決，因此行動研究可以說是一個「解難工具」，可用於解決個人、專業或社群等問題，應用的範圍非常廣泛。如果實務工作者想要解決實際所面臨到的困難，並增進實務工作的理解，以求得更專業的成長，則行動研究法將會是一個值得考慮的方法。

壹、行動研究的發展模式與實施步驟

國內外許多學者對行動研究的發展模式有許多不同的觀點，但所有發展模式的基本理念皆源自於Lewin所提出的「螺旋循環模式」。Kurt Lewin（1946，1952）將行動研究的歷程加以模式化描述，並將行動研究的進行過程描述為一種「螺旋循環」的步驟迴圈，在每一個螺旋步驟中，迴圈包含了計畫（Planning）、行動（Action）、觀察（Observation）與反省（Reflection）等四個步驟；而每一個「研究──行動」迴圈會導致另一個「研究──行動」迴圈的進行（陳惠邦，1998）（圖16-1）。由上述說明得知，Lewin將行動研究建構在一個連續且不斷演進的歷程，Kemmis（1988）以Lewin的思想為基礎，認為行動研究是一個螺旋式上升的過程，每一個螺旋發展圈包含四個相互聯繫、相互依賴的環節。各階段的實施內容說明如下：

1. 計畫（Planning）：清楚擬定出待解決的問題或現況，以大量的事實發現為前提，內容應包含整體研究的實施計畫和每一個具體的行動步驟。
2. 行動（Action）：按照實施計畫，執行靈活的行動程序，每一個程序執行後應該包含行動者的認識與決策。
3. 觀察（Observation）：對每一個行動程序的過程、結果、背景和行動者的特質進行資料的蒐集與觀察。此階段並沒有特定的研究程序和技術，建議可以因個案特性而採用各種有效的研究手段和方法。
4. 反省（Reflection）：對觀察或感受到的現況進行歸納，以描述出本循環迴圈的過程和結果，對其做出判斷，並對現象和原因做分析與解釋，指出計畫與結果之間的不一致性，形成基本設想，並計畫下一循環迴圈的行動計畫。

Kemmis and McTaggart 指出，上述的Lewin行動研究螺旋模式在實施的過程中，先以一個待改進或需改變的議題開始，而這個欲改進的議題是全體成員所共同關心，且是已經察覺到的議題。所以，整個研究團體是在「關心共同主題」下一起工作的。（McTaggart，1998）。

圖16-1　行動研究的螺旋循環模式

貳、行動研究的優點與缺點

由於行動研究非常重視行動中的歷程，因此行動研究具有三項優點：(1) 採用的研究方法和實驗設計具彈性，在研究過程中可以做適當的修正；(2) 具實用性，可以補強基礎研究和應用研究之間的鴻溝；(3) 有助於個別研究者與集體專業的發展。行動研究的應用範圍廣泛，近年來應用範圍涵蓋教育、工業組織、社會工作、警政、醫療衛生、婦女運動等與社會福利有關的「社會實踐」議題的研究（陳惠邦，1998）。在設計領域的研究中，亦可應用於設計問題與提昇設計教育品質等議題的探討。但行動研究也有缺點：(1) 樣本是以工作情境的對象為主，並非以隨機做取樣，因此較不具有代表性；(2) 對研究變項的控制不夠嚴密，內在與外在效度較差，所以只能將研究結果用在改進工作情境中的問題，而無法做廣泛的推論或建立理論。

參、行動研究與其他方法的比較

各學者在套用行動研究時有其不同的強調重點，因而表現出不同的研究風貌，但任何一位研究者都不應有階層高下或是不同價值判斷之分。套用行動研究概念的同時，理論與實際必須不斷辯證與反省，如此才能更促進理想的實現。以下就行動研究的特質與其他相關研究做應用概念性的比較（表16-1）：

表16-1　行動研究與其他質性研究之比較（參考並整理自Creswell，1998）

項目	傳記	現象學	紮根理論	民族誌學	個案研究	行動研究
研究焦點	探討一個個體的生活。	從田野中了解經驗現象的本質。	在實地田野工作中，藉由資料發展理論解釋。	描述與詮釋一個文化與社會團體。	針對單一或多重個案，發展出深度的分析。	以研究者（實踐者）自身的環境或情境為研究焦點。
學科源流	人類學、文學、歷史、心理學、社會學。	哲學、社會學、心理學。	社會學。	文化人類學、社會學。	政治學、社會學、評估研究、都市研究與其他社會科學。	社會心理學、自然科學、組織科學、社會規劃。
傳統研究對象	單一個人（特殊且仍可接觸者）。	共同經歷過某種經驗的一群人。	多人共同響應某個行動或參與某重要現象的過程。	享有共同文化的團體或足以代表某群體的個人。	有界線的系統：如一個過程、活動、事件、計畫或一群人。	共同在一個情境或組織中的參與者。

項目	傳記	現象學	紮根理論	民族誌學	個案研究	行動研究
研究主體與場域的選擇	多個策略，且因人而定（如：方便性、政治意義上的重要、典型的、關鍵性的個案）。	判斷性抽樣：尋找一群經歷過某些特定經驗的人。	以理論為基礎的樣本：發現同質的樣本，理論性樣本。	找出特別不同的、對某文化群體具有代表性的樣本。	尋找單一個案或多個個案、非典型個案、變異極大個案，或極端個案。	研究者（實踐者）在工作情境中遭遇到困難問題時，盡速採取行動來進行研究，找出解決問題的策略與途徑。
獲取支持途徑	獲得個人允許、取得檔案資料。	尋找經歷過共同經驗的人。	安排同質性的樣本。	透過「守門員」進入、取得資訊提供者的信任。	透過「守門員」進入、取得資訊提供者的信任。	研究者（實踐者）。
資料分析內涵	故事、生命中重要事件、歷史記載與內容。	陳述、意義、意義主題、經驗的一般性描述。	開放式登錄、同軸式登錄、選擇式登錄、情境式矩陣。	描述、分析、詮釋。	描述、主題、論點。	計畫、行動、觀察與反省的螺旋分析。
敘事體型式	詳細描繪個體的生活。	經驗「本質」的描述。	理論或理論性的模型。	描述個體或團體的文化行為。	對個案或一群個案的深度研究。	有系統的進行情境或環境的研究，並產生行動與改變方法。
資料蒐集與分析方法	開放性訪談、文件與檔案資料、日誌、日記、參與觀察、非正式閒談。	長時間深入訪談，至多10個受訪者。	深入訪談20～30個受訪者，以回應理論的細節。	參與觀察、深入訪談、物品紋飾、文件記錄。	多元資料來源：文件、檔案記錄、訪談、觀察、物品紋飾。	質性：觀察法、深入訪談法。量化：問卷調查法、實驗研究法、文件檔案分析法(可質量用)。
資料記錄方式	筆記、訪談記錄。	長的訪談記錄。	訪談記錄、備忘錄。	田野筆記、訪談與觀察記錄。	田野筆記、訪談與觀察記錄。	觀察筆記、敘述性記錄、行動日誌。
資料儲存方式	檔案夾、電腦檔案。	錄音謄稿、相片、錄影帶、電腦檔案。	錄音謄稿、相片、錄影帶、電腦檔案。	田野筆記、訪談與觀察記錄、錄音謄稿、相片、錄影帶。	田野筆記、訪談與觀察記錄、錄音謄稿、相片、錄影帶。	觀察筆記、敘述性記錄、行動日誌、錄音謄稿、相片、錄影帶。
蒐集資料常見議題	資料獲取的難易程度、資料與陳述的真實性。	了解與架構人的經驗、訪談的安排與規劃。	訪談的議題（如安排與規劃、公開性）。	田野的議題（如反身性、回應、互惠、被同化、洩漏私人資料、欺騙）。	訪談與觀察相關議題。	重視研究的歷程、事件的意義與理解。

第十六章　行動研究

285

肆、應用實例

範例一：以視覺藝術爲核心之統整課程設計與實施之行動研究——以基隆市東信國小及信義國小爲例。

陳建伶（2004）。國立彰化師範大學藝術教育研究所，碩士論文。

本研究以當代藝術教育思潮、美國俄亥俄州立大學藝術教育研究所TETAC專案的研究結果及統整課程設計模式爲基礎，探討關於後現代藝術教育思潮、多元文化、社區取向及環境建構的藝術教育內涵，加以整合與轉化後，設計一個以視覺藝術爲核心之統整課程，並在研究者任職的實際教學現場實施。旨在探討在臺灣教育改革背景下，以視覺藝術爲核心之統整課程落實之可行性與成效以及視覺藝術核心統整課程所可能扮演之角色與意義。研究者以「教師即研究者」的行動研究爲主要研究方法，並輔以文獻探討及內容分析等方法進行，將所設計完成的視覺藝術統整課程經過實施、修正再實施二次循環的歷程，進行歷時二年的行動研究，並以內容分析的方法，探討各教學歷程的現象與意義，以及學生學習資料與成果的表現與意涵。

透過本研究，教師即研究者以實際的行動，驗證教育學術理論與教育實務工作相互合作支援的可能，達到學術理論與實務工作進行對話的理想。並於研究中發現以視覺藝術爲核心的統整課程，不但能貼近學生生活世界及經驗，培養多元、包容的價值觀，更藉著具有多元文化觀及社區取向的課程內容，喚起學生對生活環境與社區文化的認同與關注，對當今教育改革中各項課程目標、基本能力及重大議題內涵具有優越的統整功能與良好的學習成效。

一、陳建伶（2004）針對研究結果提出以下研究結論

1. 視覺藝術核心課程具備優越的統整功能並能獲致良好的學習成效。
2. TETAC專案統整課程模式在臺灣的成功執行。
3. 本課程內容對學生的深遠影響：對自我以及社區環境與文化的關注與認同。
4. 本課程模式對小學藝術課程的啓示：跳脫傳統美勞課媒材取向與作品主義的迷思。
5. 本課程設計對教師的啓示：課程的活化與彈性。
6. 本課程設計對教師的啓示：課程內容的多元考量。
7. 教育理論與實務結合的實現。

二、陳建伶（2004）針對研究結果與結論提出以下建議

1. 本研究課程的彈性調整與後續發展建議。
2. 藝術教師應隨時提昇專業素養，以達教師專業自主之實。
3. 藝術課程的設計及教材編寫應落實課程實驗部分。
4. 教育學術與教學實務單位應建立長期合作的機制。

範例二：網路藝術課程設計之行動研究。

劉賢美（2003）。國立臺灣師範大學美術系在職進修碩士學位班，碩士論文。

本研究乃基於e時代網路的盛行嘗試設計網路藝術課程的觀察，以及透過行動研究增進教師專業知能的成長。藉由K12數位學校平臺進行網路藝術課程實施教學行動，目的在於進行網路藝術課程之規劃與實施的歷程，以及以行動研究法進行網路藝術課程的意義。

本研究先以探討相關的文獻資料，並增加對於研究的了解；並以行動研究為方法，專家學者的意見規劃課程於虛擬教室進行教學，由行動中反省教學與修正課程設計發展方向。獲得以下研究的結果：

1. 教學者要進行網路課程設計除了對電腦熟悉外，對於設計的課程的內涵、方式以及課程設定的了解有其必要性。
2. 教學者對於設計的課程的內涵、方式以及課程設定，也會影響實施的策略。
3. 透過行動研究實施與反省，影響課程規劃與實施的因素，也使教學者對於網路課程實施改進的動力。

另外，張文山（2004）建議於實施網路藝術課程教學者：

1. 應用網路資源進行網路教學是可行的，網路課程需要團隊合作，課程才能發展進行。
2. 對於課程結果或是行動研究的效能，以學生的學習態度，採取包容評價及鼓勵、讚美的態度，同時站在協助、輔導者角色。

範例三：建構環境藝術教育課程設計與實施之行動研究。

廖敦如（2005）。師大學報50(1)，PP.53-78。

一、研究目的

　　長久以來學校教育往往過度依賴視聽器材引介教室外所發生之事，卻很少帶領學生，直接去經驗環境週遭的事物，因而許多藝術教育學者紛紛主張，藝術教育課程必需更積極推動社區參與，來反應學生對社會意義的關心和自我意識的表現；也因此本文研究目的在於透過「行動研究」來研擬：

　　1.「建構環境」的藝術教育課程。

　　2. 以社區環境資源為媒介來進行教學之可行性。

　　3. 進一步省思「建構環境」藝術課程未來實施的取向。

　　據此目的，研究者挑選學校附近具有歷史及文化意涵的四個場域，分別以藝術為主軸的統整方式進行教學。

二、研究過程

　　研究過程為：「產生問題」、「研擬可行方案」、「修正後再規劃」、「採取實施方案」、「評鑑與回饋」、「公開結果」等。此課程長達一學期，其中需不斷地檢討與反省，並與校內、外專業人士協同教學，才能逐步修正與完成教學。

三、研究結論

　　1. 本研究是藉由文獻資料、教學場域評估、學校團隊支援，而逐一發展「建構環境」的藝術課程。

　　2. 抽取社區環境中相關歷史、人文、生態等資源，可以設計多元性及廣泛性的藝術課程。

　　3. 藉由教師教學資料和學生學習過程的綜合分析，可以省思「建構環境」藝術課程，未來實施的取向。

　　據此並進一步提出的研究檢討為：教學者不斷進修有助於提昇教學內容；學校團隊的支持有助於課程的推展；社區資源的融入有助於藝術教學的延展。

參考文獻

1. 王文科（1999）。**教育研究法**。臺北：五南。

2. 吳明隆（2002）。**教育行動研究導論——理論與實務**。臺北：五南。

3. 張世平、胡夢鯨（1998）。**行動研究**。輯於楊深坑、賈馥茗：教育研究法的探討與應用。臺北：師大書苑。

4. 陳向明（2002）。**社會科學質的研究**。臺北：五南。

5. 陳建伶（2004）。**以視覺藝術爲核心之統整課程設計與實施之行動研究——以基隆市東信國小及信義國小爲例**。國立彰化師範大學藝術教育研究所，碩士論文。

6. 陳惠邦（1998）。**教育行動研究**。臺北：師大書苑。

7. 廖敦如（2005）。**建構環境藝術教育課程設計與實施之行動研究**。師大學報50(1)，PP.53-78。

8. 劉賢美（2003）。**網路藝術課程設計之行動研究**。國立臺灣師範大學，美術系在職進修碩士學位班，碩士論文。

9. 歐用生（1994 a）。**提昇教師行動研究的能力**。研習資訊，2，PP.1～6。

10. 歐用生（1994 b）。**教師即研究者**。研習資訊，4，PP.125～136。

11. 歐用生（1999b）。**行動研究與學校教育革新**。教育部指導，國立臺東師範學院主辦，1999行動研究國際學術研討會主題論文集（PP.1～16）。1999年5月19日～23日。

12. 蔡清田（2000a）。**行動研究及其在教育研究上的應用**。中正大學教育研究所主編：質的研究方法。高雄：麗文。

13. 蔡清田（2000b）。**教育行動研究**。臺北：五南。

14. Altrichter, H., Posch, P., & Somekh, B.（1993），夏林清等譯（1996）。**行動研究方法導論——教師動手做研究（Teachers Investigate Their Work）**。臺北：遠流。

15. Atweh, B., Kemmis, S., & Weeks, P.（Eds.）（1998）。**Action Research in Practice**. New York: Routledge。

16. Australia（1999）. **Action Research Resources at Southern Cross University**. WWW page: URL http://www.scu.edu.au/schools/gcm/ar/arhome.html（visited 12/31/2000）.

17. Bogdan, R. C. & Biklen, S. K.（1982）. **Qualitative Research**. New York. :Allyan & Bacon.

18. **Canada: Participatory Action Research of Queen's University**. [WWW page] URL http://www.goshen.edu/soan/soan96P.htm （visited 12/31/2000）.

19. Carlgren, I., Handal, G., & Vaage, S. （1994）. **Teachers' Minds and Actions: Research on Teacher's Thinking and Practice**. London: The Falmer Press.

20. Carr, W & Kemmis, S.（1986）. **Becoming Critical: Education**, Knowledge and Action Research. London: The Falmer Press.

21. Creswell, J. W. （1998）. **Qualitative inquiry and research design: choosing among five traditions**. Thousand Oaks, CA: Sage.

22. Elliott, J.（1981）. **Action Research: A Framework for Self-evaluation in Schools**. Norwich: Centre for Applied Research in Education, University of East Anglia.

23. Elliott, J.（1991）. **Action Research for Educational Change**. Milton Keynes: Open University Press.

24. Heale, G.（2003）. **Applying Theory to Practice: An Action Research Resource Pack for Professionals**. Clinical Chiropractic, 6, PP.4-14.

25. Kemmis, S. & McTaggart, R.（1988）. **The Action Research Planner. Geelong: Deakin University Press**.

26. Maxwell, J. A.，高熏芳等譯（1996）. **質化研究設計──一種互動取向的方法** （**Qualitative Research Design: An Interactive Approach**）。臺北：心理。

27. McNIff, J.（1988）. **Action Research: Principles and Practice**. London: Macmillan.

28. O'Hanlon, C.（1996）. **Professional Development through Action Research in Educational Settings**. London: The Falmer Press.

29. Rearick, M. L., & Feldman A.（1999）. **Orientations, Purposes and Reflection: A Framework for Understanding Action Research**. Teaching and Teacher Education, 15, PP.333-349.

30. Reason, P.（1988）. **Human Inquiry in Action: Developments in New Paradigm Research**. CA: Sage.

第十七章 絮根理論

李佩玲

絮根理論（Grounded theory）是由芝加哥大學社會學者Barney Glaser和Anselsm Strauss所發展出來的（Strauss & Cobin，1990）。他們是定性研究的開創者，特別強調「由資料來發展理論」並採取歸納法來發展一組命題，以解釋某一現象的整體，故人們發現新東西，不能先有理論與成見，而必須藉由研究情境的互動中，慢慢地獲得一些概念以及範疇，而後從編碼的過程中導引出理論。

壹、定義與特性

紮根理論是一種方法而非理論，是藉由由下而上的方式，從田野中發展理論，也就是紮根在資料上所發展出來的理論。因此必須依序程序蒐集與分析資料，觀察與訪談是常用來蒐集資料的方法，而 Strauss & Cobin（1990）認為分析資料的程序包括開放式編碼（open coding）[1]、主軸譯碼（axial coding）[2] 和選擇性譯碼（selective coding）[3] 等過程。基本上紮根理論著重發現邏輯而非驗證邏輯，因此適用於探討行動、互動的意義。再者，紮根理論並沒有學科上的限制，但大體而言在護理以及女性研究上是最廣泛使用的領域。

發展紮根理論並不是依循既有的理論去證實或驗證，而是先有一個待研究的議題，然後從中萌生出概念，而後再發展理論，因此紮根理論是要去建立並能夠忠實地反映社會現象脈絡的理論。一般來說，紮根理論在質性研究中被視為最科學的方法，最主要的原因在於它運用科學的原則，也就是採歸納與演繹並用的推理過程，以及比較的原則、假設驗證與理論的建立（胡幼慧，1996）。

貳、譯碼的程序

一般研究方法的書均依開放性譯碼、主軸譯碼、選擇性譯碼作為紮根理論的譯碼程序，在進行譯碼前，已有一些觀察筆記、文件或訪談稿，甚至是靜態或動態影像，茲簡介如下：

一、開放性譯碼

開放性譯碼可以概分為以下四個步驟：

1. 將初步的資料逐字逐行予以分解並加以標籤，稱為開放性譯碼。
2. 標籤的行為稱為譯碼，不僅是賦予名稱亦形成概念化。
3. 將相關概念化的名稱聚合成一群，則稱為「範疇」（category）。
4. 概念與範疇的譯碼名稱，可直接使用被研究者言談的語彙，或者由研究者直接命名或參考其他的文獻現有名稱。

---

[1] 開放性譯碼：將資料分解、檢視、比較、概念化和範疇化的一種過程。

[2] 主軸譯碼：研究者藉由譯碼典範，依照所分析現象的條件、脈絡、行動／互動的策略和結果把各範疇間聯繫起來，使得資料組合到一起的過程

[3] 選擇性譯碼：其主要工作是選擇核心範疇，把它有系統地和其他範疇予以聯繫，驗證期間的關係，並把概念化向未發展全備的的範疇補充整齊的過程（余宗國，2002）。

二、主軸譯碼

此階段主要的目的是要發展主要的核心範疇，當逐步發展並使各範疇間密實化時，會有一至二個核心範疇浮現出來，因此可將核心範疇與其他範疇的關係一起串聯起來。以資料驗證，並交叉運用歸納及演繹的方式，連結範疇和範疇間的關係。

三、選擇性譯碼

在已發展好的幾個主要範疇間，藉由「故事線」以找出核心範疇（core category）。依故事線的軸線，把核心範疇與其他範疇連結在一起（包含面向的層次），然後利用所有的資料來驗證範疇間的關係。

參、建立紮根理論的原則

1. 觀察和資料蒐集：無論深度訪談、焦點群體（focus group）或參與式觀察。紮根理論的資料蒐集、分析和文獻閱讀是交互進行，而非線性的流程。
2. 資料分析的技術：進行資料蒐集時，應該不斷問問題，從受訪者的口述文稿中逐字逐句「譯碼」（coding），並將資料分解、概念化。另外，研究者必須在研究過程中提醒自己，受訪者看似平淡無奇的回應，其實隱藏許多可探索的因素。所以紮根理論是周而復始地進行，以發掘資料的的新意義和理論線索。
3. 抽樣的原則和方法：紮根理論採取「理論性飽和」的概念和比較的方法，以達到提出命題、建立理論的目標。Strauss和Crobin提出紮根理論有開放性抽樣④，理論性抽樣⑤和區別性抽樣⑥（林本炫，2003）。

肆、研究步驟

吳清山與林天佑提出，在教育體系中紮根理論的研究步驟可分為五個階段，第一階段為研究設計階段：包括文獻探討及選定樣本（非隨機）二個步驟；第二階段為資料蒐集階段：包括發展蒐集資料的方法和進入現場二個步驟；第三階段為資料編排階段，依時間年代發生先後順序的事件排列；第四階段為資料分析階段：包括採用開放

---

④ 開放性抽樣用在開放性譯碼，也就是隨研究狀況而做調整，較沒有原則性，也可以是立意取向（purposive sampling）
⑤ 理論性抽樣用在主軸譯碼的階段，也就是從中蒐集到面向層次較歧異與變化性的資料，以促成理論性飽和，再者因存有變異，可以與其他範疇產生關聯性。
⑥ 區別性抽樣乃用在選擇譯碼上，亦即針對範疇間的關係，或補強未成熟的範疇而抽樣。

式登錄（open coding），將資料轉化爲概念、範疇和命題，以及撰寫資料綜合備忘錄和排列備忘錄；第五個階段爲比較階段：將最初建立的理論與現有文獻進行比較，找出其相同相異之處，做爲修正最初建立理論之依據。

陳昉麟（2001）則認爲Pandit（1996）提出的研究程序的看法是最爲深入且完整。Pandit提出了五個階段與九個步驟，茲簡述如下：

1. 研究設計階段

    (1) 文獻探討：目的在提高理論觸覺，並將研究問題及研究的初步構想釐清楚。

    (2) 立意取樣：找幾個典型的、有用的個案嘗試做做看，而所謂有用的個案，在於能否形成理論、測試理論。

2. 蒐集資料階段

    (1) 資料蒐集方法：著重設計嚴謹的方法如深度訪談、參與式觀察與文件分析。此過程中，可利用「三角校正」（triangulation）來強化理論基礎，並提高研究的內在效度。

    (2) 進入研究情境：研究者進入研究情境中蒐集資料，可應用即時、彈性的蒐集資料方法，並選擇獨特的個案特色。

3. 資料整理階段

    (1) 資料整理：包括筆記、紀錄和建檔。

    (2) 分析個案資料：資料分析包含開放性譯碼、主軸譯碼與選擇性譯碼。

4. 形塑理論階段

    (1) 理論取樣：尋找不同個案的聯集，以形成理論，此步驟耐利用不斷地比較，直到理論飽和（theoretical saturation）爲止。

    (2) 形成理論飽和：找出新的樣本來考驗初步理論。

5. 文獻比較階段

    導出的理論與既存的文獻做比較。

伍、優點與缺點

目前在許多研究上應用並不是非常普遍，最主要的原因在於研究過程相當費時且具有某種程度不確定性，另外研究者必須具備耐心和毅力以及豐富的研究經驗，才能克服這些問題。（吳清山，林天佑）

紮根理論對於理論的建立和問題的解決，有其實質的價值，隨著電腦資料分析軟體的研發，有助於增加未來紮根理論應用的便利性，但是仍需透過推廣與教育才能獲

得研究實務的了解。像南華大學教研所近幾年來已舉辦幾屆的質性研究方法研習營，因此透過這類的活動，對於紮根理論在不同研究領域的運用仍有其發展的空間。

相對於設計領域，運用的普遍性亦不高，最主要的原因在於面對量化研究者對其隨機抽樣以及對樣本數多寡的質疑，甚至是研究者主觀的判定，再者則是處理資料的煩冗以及研究歷程的費時，然而紮根理論為了處理資料的便利性，目前亦有WinMAX與ATLAS.ti這二套電腦軟體，可以方便編碼時的資料統合，尤其是後者它可以處理如聲音檔與影像檔，減少上述研究歷程冗長的問題。因此面對自然世界中研究議題的多元性，重要的並不是採取何種研究方法，而是研究結果反映什麼樣的真實性與其價值，而不應因先入為主的觀念，否定質性研究的方法。

陸、紮根理論與其他方法之比較

紮根理論主張研究者在詮釋角色上的責任，不僅報導或描述研究主題的觀點，並且需要具有理論的分析。

紮根理論強調根植於現實資料的蒐集與分析之間持續互動，因而達成的結論。資料的蒐集分析及理論處於相互影響的關係，研究並非由理論開始再驗證，而是由研究的現象領域開始，理論在緩慢中形成。

紮根理論強調概念豐富性，「不斷地比較」策略使得紮根理論更具效力及影響力。

以上為Strauss與Corbin提出紮根理論不同於其他方法的差異點，若依研究的問題來分類，紮根理論乃為研究過程型的問題，重點在於了解時間維度上事情變化的過程，且由於人文科學涵蓋被研究者的主觀世界，因此不可避免地來自於被研究者的主觀世界，例如：被研究者的經驗、理解過程中的認定、知覺、記憶的主觀世界。研究問題的類型參見表17-1。

表17-1 研究問題的類型

研究問題的類型	策略	學科
意義型問題：了解生活經驗本質的問題。	現象學	哲學
描述型問題：對文化的群體的價值觀念、信念和行為進行描述。	民族誌	人類學
過程型問題：了解時間維度上事情發生的變化。	紮根理論	社會學
口語互動和對話型問題。	俗民方法論	語言學
行為型問題、宏觀、微觀。	參與觀察 質性的生態學	人類學 動物學

柒、應用實例

紮根理論作為一個方法論和一組研究方法，此研究策略也被實務領域所採用，例如：教育、護理、商業和社會工作，以及心理、建築、大眾傳播和社會人類學（Strauss,& Corbin,，2001），其應用範圍大致運用於教育、社會、心理、護理、管理以及藝術設計等相關領域。基本上此方法被定義在社會學的領域中，其研究範疇乃在探討真實的社會世界中，人們如何達到共識？人類如何創造符號環境並在期間互動與環境有關（張紹勳,2001）。

目前在設計相關領域中，工業設計、織品設計、室內設計以及廣告學、應用藝術系的碩士論文均有運用紮根理論的實例，茲說明如下：

範例一：應用符號學理論探討圖像符號的意義建構與解讀之特質。

陳美蓉（2001）。國立交通大學應用美術藝術研究所，碩士論文。

一、研究目的

比較設計者建構圖像符號，與觀賞者解讀圖像意義的差異，探索建構與解讀間的脈絡關係。

二、研究實施

對資深專業教師與專業設計師採開放性深度訪談，以紮根理論組織資料範疇，再依據符號學觀點，討論圖像符號與意義的交互關係。

三、範疇

依據紮根理論獲得三大範疇，「圖像符號建構」、「圖像符號解讀」與「圖像符號建構與意義解讀之共質點」。

1. 圖像符號建構：為設計者建構圖像符號的歷程及設計考量，包括建構前期的設計動機、時間醞釀、知識累積等因素。

2. 圖像符號解讀：包含「解讀前提」、「解讀觀點之任意性」及「意義解讀之差異」三階段。解讀前提是經由觀賞者感興趣的面向引發解讀的吸引點，並藉由符號外觀、感動的情境內涵引導，進而了解訊息內容。

3. 圖像符號建構與意義解讀之共質點：建構圖像符號者與解讀圖像意義者的共識需由共質點來達成。並由「共質點的作用」、「共質點的切入」、「突顯共質點」三階段構成。

範例二：探討廣告手法導入產品設計開展下物品意義傳遞過程模式。

楊朝順（2001）。國立雲林科技大學工業設計系，碩士論文。

一、研究動機

主要在探討設計者與使用者對物品意義建構及解讀之差異

二、研究內容

研究分為：(1) 研究準備；(2) 研究實施；(3) 研究整合三個部分。藉由符號學的名稱與概念作為理論基礎，以紮根理論作為資料解析與歸納的方法，以整合與建立初步假設理論，並將初步假設的設計概念應用於實務設計中，進行第二次訪談。

三、研究目的

1. 從設計者與使用者對物品意義的認知過程中，探討建構與解讀之間的偏誤。
2. 從廣告設計者與訊息意義傳遞的過程中，探討廣告手法加入的助益。
3. 探討產品設計體系過程加入廣告設計的手法，並進行理論的階段性假設與驗證。

四、研究結果

1. 設計者在物品意義建構的階段，透過訴求的推動、設計脈絡的操作、設計進行的分歧，與訊息意義的傳遞等四個歷程，建立整個設計歷程的脈絡。
2. 廣告設計者在廣告訊息的傳遞過程中，主要經由物品意義再建構、概念到形式的推衍、版面設計的思維及客觀機制的輔助四個主要歷程，建立整個廣告設計的過程脈絡。
3. 在物品意義的傳遞過程中，由原本的設計師意義建構、賦予物品意義，透過使用者的解構來獲得物品意義。重新修正傳遞模式為結合廣告設計的訊息傳遞方式，將廣告手法的助益，融入物品意義的建構過程，賦予物品更豐富、更易理解的訊息意義，提供給使用者進行解構，以達到理想型的物品意義傳達模式。

參考文獻

1. 王舒芸、余漢儀（1995）。**奶爸難爲──雙薪家庭之父職角色初探**。婦女與二性學刊，第八期，PP.115-141。

2. 吳清山、林天佑著（2000）。**教育名詞──基礎理論**。http://www.nioerar.edu.tw/basis3/34/gc13.htm。

3. 胡幼慧編（1996）。**質性研究──理論、方法及本土女性研究實例**。臺北：巨流。

4. 徐宗國著（1996）。**紮根理論研究法：淵源、原則、技術**。質性研究──理論、方法及本土女性研究實例。臺北：巨流。

5. 徐亞瑛（1996）。**紮根理論之介紹──以「臺灣地區殘病老人家庭照顧品質」研究爲例**。護理研究，4(3)，PP.263-278。

6. 齊力、林本炫（編），林本炫著（2003）。**紮根理論方法評介**。質性研究方法與資料分析。嘉義：南華教社所。

7. 陳柏璋著（1990）。**教育研究方法的新取向──質的研究方法**。臺北：南宏。

8. 黃政傑著（1998）。**質的教育研究：方法與實例**。臺北：漢文。

9. 陳昺麟著（2001）。**社會科學質化研究之紮根理論實施程序及實例之介紹**。勤益學報。

10. 張紹勳著（2001）。**研究方法**。臺中：滄海。

11. Patton, Michael Q.著（1990～1995），吳芝儀、李奉儒譯。**質的評鑑與研究**（**Qualitative Evaluation and Research Methods**）。臺北：桂冠。

12. Strauss, A. & Corbin J.M.著（1990～1997），徐宗國譯。**質性研究概論（第一版）**（**Basics of qualitative research: grounded theory procedures and techniques**）。臺北：巨流。

第六部分

比較研究法及彙總研究法

第十八章 比較研究法

郭辰嘉

　　比較研究，顧名思義，「比較」一詞，必須為二者或二者以上之間的相互比對，因此本研究方法必須涵蓋二種或二種以上不同主體的現象進行研究，企圖從中尋找主體間之異同。

　　在本文參考的資料中，比較研究所應用的範圍主要著重於社會科學，出版專書的範疇有比較社會學、文化比較研究、比較教育等，因此本章節有關比較研究之敘述，將著重於這些領域。

壹、比較研究的定義與特性

一、定義與目的

在日常生活中，我們常常會將某些現象或事物相提並論，例如：誰比較高？棉花和鐵哪一個重？就「棉花和鐵哪一個重」的論點而言，必須有共同的基礎單位才能比較，如重量（公克），否則就表相而言，很難定奪誰比較重。因此，比較研究的定義為：經由二個或多元的現象，以共同基礎單位，經由資料分析，確定其差異性和相似性，進而得到更深入之論點。過去有許多學者針對比較研究的定義提出看法，如Stanislav Andreski（1971）指出，狹義的比較研究應是分析由不同社會所蒐集的資料，進而針對結果進行比較，以探討彼此關係。Warwick & Osgerson（1973）也認為，比較研究是討論如何研究不同社會和文化的相同問題，重點在於跨越國界與文化社會的界線；Smelser（1976）將比較研究視為一主體對於二個或二個以上，不同性質或類型的社會單位之比較。

除了針對某種議題，比較不同主體的異同之外，比較研究更重要的目的為詳述各主體的現象，並深入的探討現象的潛在意義，與主體之間所存在的關係。然而在不同的研究範疇中，比較研究會扮演不同的角色，如比較社會學中強調，除了單純的描述不同社會的某現象或主題，更重視現象的解釋與其背後所蘊涵的意義，以及現象之間的因果關係。而比較文化研究中，則是利用各種不同的文化為研究主體，以各文化的資料為基礎，用以驗證對人類各項行為假設（楊國樞等，2002）。

二、源由

在比較社會學中，談起比較研究可追溯至社會學之父孔德（Auguste Comte，1798～1857）的社會學說，首先創用了社會學（Socilolgy）的名詞，其比較觀點是從人類學的角度而言，整個人類進化的過程就像一個人由嬰兒、青年至成年、老年的成長過程。涂爾幹（Emile Durkheim，1858～1917）提出，比較社會學即為社會學的概念，他認為二者是密不可分的，藉由歷史的變遷可了解工業社會中，社會的連帶責任影響人類行為的演變。

貳、研究步驟與分析步驟

比較研究必須有明確的研究主題或對象，由上述可得知，明確基礎點是比較研究的重要課題，因此，在進行蒐集資料前，清楚的界定研究範圍與假設，是比較研究法之首要工作，其步驟如下：

一、訂定明確的主題與假設

研究假設最好以已成立的科學理論爲基礎。

二、資料的選擇與蒐集

在樣本的選擇上，最好是依據已定的標準中取樣，進而蒐集相關的資料。

三、資料的分析

依據蒐集資料的內容與特質，進行資料的解析，才能更進一步探討研究對象間的關聯性或異同。

在下段，將敘述貝瑞德（Bereday, G.Z.F.，1920～1983）所提出的比較研究四階段，其所談及的四階段比較偏向比較研究資料的研究步驟。對於研究對象的資料，其四階段具有系統的分析步驟，說明如下。

貝瑞德比較研究之四階段

由於比較研究應用的範圍著重於社會科學中，波蘭人貝瑞德將社會科學研究法與分析研究方式，引入比較教育其四階段的研究程序與分析步驟（四階段於第參點中詳述），目前仍有許多研究者採用此四階段研究程序與分析步驟。貝瑞德所發展的四階段，如圖18-1所示。

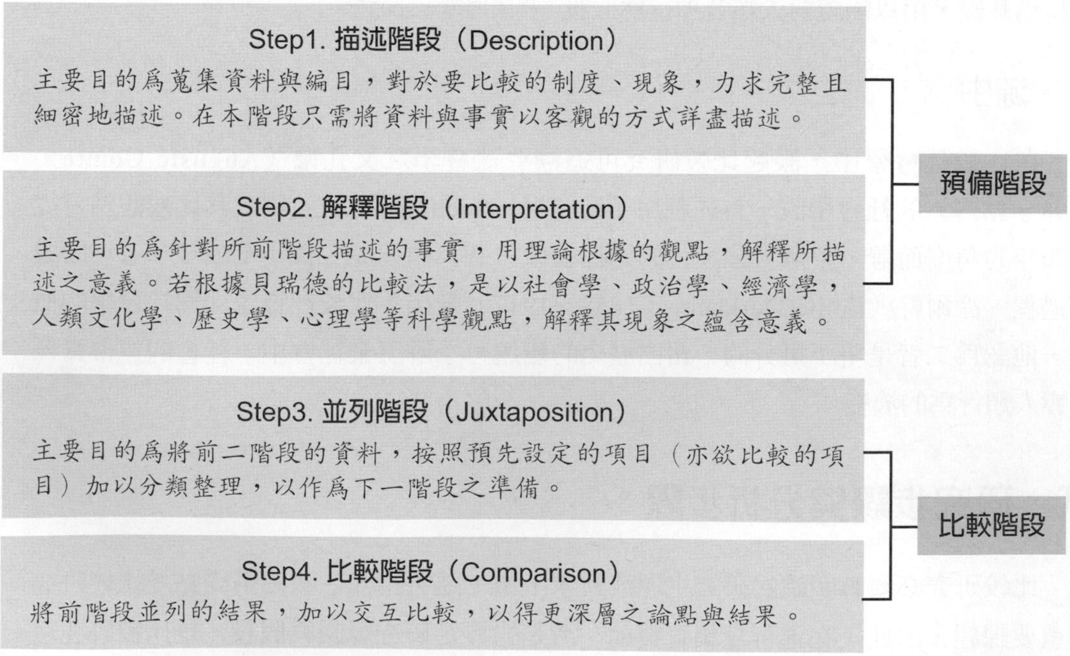

Step1. 描述階段（Description）
主要目的爲蒐集資料與編目，對於要比較的制度、現象，力求完整且細密地描述。在本階段只需將資料與事實以客觀的方式詳盡描述。

Step2. 解釋階段（Interpretation）
主要目的爲針對所前階段描述的事實，用理論根據的觀點，解釋所描述之意義。若根據貝瑞德的比較法，是以社會學、政治學、經濟學，人類文化學、歷史學、心理學等科學觀點，解釋其現象之蘊含意義。

預備階段

Step3. 並列階段（Juxtaposition）
主要目的爲將前二階段的資料，按照預先設定的項目（亦欲比較的項目）加以分類整理，以作爲下一階段之準備。

Step4. 比較階段（Comparison）
將前階段並列的結果，加以交互比較，以得更深層之論點與結果。

比較階段

圖18-1　比較研究之步驟說明　　資料來源：蔡振昆（2001）、陳品仲（2002），本文重新整理。

參、特性與分類

比較研究狹義的特性，在於二者是否在平衡的起跑點上比較；而廣義的特性，則是這個比較是否有正面意義與其作用，如果未能對研究的領域產生正面的意義，比較研究所能發展的空間就有限，因此，研究者在選擇「比較研究」為研究方法之前，課題的選擇是非常重要的。從任何角度而言，比較研究的前提為研究的對象必須建立在相同的基礎，才能進行更進一步的分析與比較。其主要的特性有：

1. 無論範疇，需有共通的基礎觀點，才能進行比較研究。
2. 二個（或二個 以上）研究的對象，必須具有相同的問題點可比較。
3. 二個（或二個 以上）研究的對象，其欲研究主題的重要性必須相當。
4. 研究對象與主題，在各研究的範疇中，必須具有相同的作用與意義。

比較研究會因研究對象的特性而產生不同的分類，如在比較社會學中，具有二大派別：一為歷史學派，是以探討社會變遷的時間過程為目的者，其注重的是某研究主題或現象於時間之變遷情形；另一方面認為比較社會學為二個或二個以上的不同文化或社會之比較，稱為經驗學派，其注重的是主題資料的蒐集、統計與分析。在比較社會學中，比較研究具有四個不同的層次：社會內部體系單位比較、歷史比較法、比較社會法、多層次比較法（如表18-1）。

表18-1 比較研究的四個層次

	變動空間	固定空間
固定時間	比較社會	社會內部體系單位比較
變動時間	多層次比較法	歷史比較法

資料來源：蔡文輝（1989）；本文改編。

1. 社會內部體系單位比較：比較之軸線不在時間或空間上，在同一社會體系（或某研究主題）之下，比較內部的關係屬於內部族群或現象的相互比較與分析。
2. 歷史比較法：比較的軸線為時間軸，主要比較在同一社會（或某研究主題）中，不同時期的發展與變遷，著重的是某現象因時間而改變的情形。

3. 比較社會法：比較的軸線為空間軸，重點則針對某一主題或現象，存在於二個（或以上）不同的社會或族群的比較與分析，強調的是不同族群的差異性。

4. 多層次比較法：比較的軸線同時具有空間與時間，這類比較研究，重視時間的變遷也重視彼此的差異，屬於多元性的比較研究。

此外，在比較社會學家涂爾幹的理論中，比較研究方法可分為三種不同層次（蔡文輝，1989）：

1. 社會內部的比較：必須從社會內部的比較做起，才能進而做二個不同社會（或以上）之間的比較。

2. 歷史比較法：是比較不同社會或同一社會在不同時期的差異。研究者必須利用過去的資料了解現況，強調的社會學理論相關的歷史研究上，而非單一歷史事件之描述。

3. 民族學比較：著重二個或二個以上的社會之間的比較，亦稱為空間的比較，建議用統計數字來做比較，會產生較強而有力之論點。

肆、應用範圍

比較研究多用於社會學、文化等，近年也有許多研究利用比較研究進行分析探討，以下就文化領域、社會科學領域、教育領域，與設計領域等，分別舉出實例，概略說明其應用的情形。

1. 文化領域：楊國樞等（2002）認為，文化比較研究在行為與社會研究方法中，發展較晚的一種，源於人類學家，但近年來已逐漸受到其他行為科學家的注意，並成為行為與社會研究的重要方法之一。例如：文化比較研究之驅John Whiting，曾針對Robert Sears等人（1950）有關兒童斷奶時間與兒童情緒之關係，進行更深入的比較研究。

2. 社會科學領域：黃賢良（2001），進行我國兵役替代役政策執行與他國之比較研究。

3. 教育領域：蔡振昆（2001），於教育觀點，進行中傳統教學與網路教學之比較研究。

4. 設計領域：鍾明樺（2002），於建築觀點，探討臺灣閩客傳統民宅構造類型，進行旗山鎮與美濃鎮之比較研究。

伍、優點與缺點

比較研究在社會科學中具有相當的重要性，在時間軸上，比較研究可探討歷史演變的情形；在空間軸上，則可探討各主體或族群的異同。但在研究過程中，也會因為時間或空間的因素，產生優缺點，說明如表18-2。

表18-2　比較研究法之優缺點

優點	1. 完整研究結果之呈現：無論於時間或空間，比較研究法都可以進行較完整的論述。 2. 科學的研究方式：須以社會科學或其他學門的基礎理論，將資料重新組織與論述，進而比較，因此，其獲得的結果具有科學根據。 3. 研究結果可呈多元性：可獲得單一主體的變遷情形，亦可經由交叉比較分析，進而達到多元的研究結果，並增進研究者對於不同主體的了解。
缺點	1. 研究時間過長：若以時間軸為比較軸，研究所需的時間可能較長，因此可視需要，搭配回溯的時序技術蒐集所需資料，以節省時間。但回溯式涉及他人記憶與口語表達，資料分析實應更為謹慎。 2. 資料蒐集不易：比較研究需要龐大的資料來源，但可能因為時空轉換，資料的不完整性。再加上跨國界、民族文化因素，獲得所需之完整資料，是一大挑戰之一。 3. 完整語言表達不易：深層的比較研究有時需跨越不同之國界、民族社會，在語言資料方面，較難取得一定的標準，因而在其中可能會產生忽略或會錯意的情形。 4. 研究者須具備專業訓練：根據貝瑞德比較研究的四階段（描述、解釋、並排、比較），研究者對於研究之主題背後所蘊含的社會意義與理論基礎，必須具備相當的專業能力，才能掌握各階段的進行。

陸、與其他方法之比較

由於在比較研究法具有時間序列的觀點，在諸多研究方法中，歷史研究法的特性與比較研究法相近，因此本文擬定二者比較（表18-3、18-4）。

表18-3　比較研究法、歷史文獻研究法比較

研究方法	定義與目的	研究價值
比較法	・ 強調時空軸主體的互相比較，探討某主題在各文化、社會及其他主體的異同。	・ 在某研究主題之下，不但可獲得單一研究的結果，更可進行多元的深入探討，以增加社會科學研究之價值。
歷史文獻	・ 有系統的蒐集並客觀的評鑑過去的事實資料，考驗有關某主題的因果、成效或趨勢，以範例了解過去，並預測未來，必須建立在充分的文獻上（陳建和，2002）。 ・ 主要強調對某研究主題背後的個人、社會或週遭環境等之前後脈絡關係，幫助了解環境產生的變遷，並避免重蹈覆轍。	・ 提供某主題之背景，以審視目前的環境，可協助研究者了解問題的來源，以及曾經採用或未採用的方法，做為更深入研究之基礎。重視脈絡關係，也強調單一階段的獨特性。 ・ 注重「變異」，即不同時期轉變的差異性與特殊性。

表18-4　比較研究法、歷史文獻研究法之優、缺點

研究方法	優點	缺點
比較法	・ 針對某主題研究，可對不同的主體獲得交叉分析的深層結果。 ・ 除了時間序列的資料之外，空間轉換的變遷亦可得到完整的研究結果。 ・ 了解不同文化的研究，刺激社會的融合。	・ 資料蒐集不易：花費時間較長、完整性容易不足。 ・ 研究比較分析的時間較長。 ・ 需要專業的研究人員。
歷史文獻	・ 依據所蒐集之文獻，以客觀的方式陳述與解釋，符合科學研究之精神。 ・ 幫助研究者了解某主題的過去、重建過去，了解現在，推估未來等。 ・ 不需具體的研究對象（指人）。 ・ 只需蒐集資料，較為方便。 ・ 從長期資料可看出某主題於時間序列發展之趨勢。	・ 在陳述或解釋文獻中，仍有可能加入撰寫人的主觀意識。 ・ 無法操控研究之變項。 ・ 歷史文獻法無法直接參與觀察，只能藉由文獻回顧。 ・ 要蒐集完整的資料不易。 ・ 較難概化。

柒、比較研究法於設計領域的角色

比較研究法適用於不同向度的比較。而在設計範疇中，常會面臨不同族群需求的設計挑戰，尤其在多元的時代，族群間差異的因素將影響設計結果，因此在設計的領域中，不同向度的比較研究將可協助設計師釐清設計問題，以滿足不同族群的需求。

捌、應用實例

本文所採用的應用實例為利用貝瑞德比較研究四階段的論文，主要目的為了解貝瑞德的比較研究法實際應用於研究的情形，下列為國內利用比較研究之碩士論文，以下分別敘述之：

範例一：傳統教學與網路教學之比較——從教學媒體、班級經營、教學評量來探討。

蔡振昆（2002）。中山大學資訊管理研究所，碩士論文（未出版）。

一、重點摘錄

由於網際網路的發展迅速，網路教學影響傳統教學的存在，本篇欲探討重點之一為網路教學是否能取代傳統教學，並藉由貝瑞德比較研究法與文獻蒐集法，探討國內傳統教學與網路教學的差異性。

本篇論文從教學媒體、班級經營、教學評量等三面向探討，以提供發展網路教學與改進傳統教學之參考，並希望結合網路教學與傳統教學之優點，以提昇教學成效。主要目的：

1. 探討傳統教學與網路教學意義、內涵與精神；
2. 剖析傳統教學與網路教學歷史發展及其背景因素；
3. 了解傳統教學與網路教學之實施現況，包含教學媒體、班級經營、教學評量三個面向；
4. 綜合比較傳統教學與網路教學之特色及異同。

二、內文說明

　　在文獻探討章節中，其摘錄潘怡如（1999），探實驗研究法進行實作學習網頁教學對國小學童資源回收之實驗研究；巫靜宜（1999），以實驗研究法進行網路教學與傳統教學之比較研究；趙之琪（1998）以實驗法探討網路教學與講述教學之研究比較等，在這些研究中，有些共同的特點，都是以實驗法進行比較研究，與貝瑞的比較研究較不同。但在其論文中，作者將所有的文獻做一綜合比較，並以圖表說明傳統教學與網路教學之差異，屬於第一階段的描述。第三章主要解釋網路教學與傳統教學之教學媒體；第四章主要解釋班級經營；第五章主要解釋教學評量，這三章節屬於解釋階段與並排階段。第六章為綜合比較，根據併排的結果，分別進行教學媒體、班級經營、教學評量等分析比較。最後在第七章提出結論與建議。本篇論文將網路教學與傳統教學的教學媒體、班級經營、教學評量等面向，加以比較分析，結果也相當完整與嚴謹，但可惜之處為，其將教學媒體、班級經營、教學評量等面向分開談，若要更深入探討，應可更進一步交叉比對分析，得到之結論會更加完整。

參考文獻

1. 巫靜宜（1999）。**比較網路教學與傳統教學對學習效果之研究——以Word 2000之教學為例**。淡江大學/資訊管理學系，碩士論文（未出版）。

2. 張紹勳（2001）。**研究方法**。臺中：滄海。

3. 楊國樞、文崇一、吳聰賢、李亦園 編著（2002）。**社會及行為科學研究法（上冊）**。臺北：東華。

4. 黃賢良（2001）。**我國兵役替代役政策執行之研究**。銘傳大學公共管理與社區發展研究所，碩士論文（未出版）。

5. 陳品仲（2002）。**網路學習標準的分析與比較**。中山大學資訊管理研究所，碩士論文（未出版）。

6. 陳建和（2002）。**觀光研究法**。臺北：五南。

7. 蔡文輝（1989）。**比較社會學**。臺北：東大。

8. 趙之琪（1998）。**師院生性健康教學效果研究——網頁教學與講述式教學的比較**。花蓮師範學院／國小科學教育研究所，碩士論文（未出版）。

9. 蔡振昆（2001）。**傳統教學與網路教學之比較——從教學媒體、班級經營、教學評量來探討**。中山大學資訊管理研究所，碩士論文（未出版）。

10. 潘怡如（1999）。**實作學習網頁教學對國小學童資源回收學習之實驗研究**。新竹師範學院國民教育研究所，碩士論文（未出版）。

11. 鍾明樺（2002）。**臺灣閩客傳統民宅構造類型之研究——以旗山鎮與美濃鎮為例**。雲林科技大學空間設計研究所，碩士論文（未出版）。

第十九章 彙總研究法

童鼎鈞

　　從1970年代開始，為了解決在初級研究中所衍生出結果矛盾的問題，研究人員於是使用許多「次級研究方法」（Secondary research methods）來克服相關問題，而次級研究法之中常用方法之一即是彙總（meta）研究法，又稱「後設研究法」（meta-research）。彙總研究法是根據初級研究所得到的結果再綜合整理，它的精神在於把大量相關的初級研究資料彙集在一起，再進行下一步分析，則可以找到比較可以信賴的結果，然而，重要的關鍵在於如何將初級資料加以整理，再將各結果列表比較，或進一步做統計分析。

壹、定義與特性

　　所謂「彙總研究」，顧名思義就是「研究各種不同學者之研究」。梁定彭（1997）在資訊管理彙總研究方法中，提出實證研究是資訊管理研究中常用的方法之一，它可以藉由許多所蒐集的資料當中歸納出一些結論，或者以資料來驗證某些理論。而一般實證研究常用的初級方法乃是直接分析所蒐集的資料，例如：個案研究、調查與實驗研究等。但是有些問題常無法由初級研究中直接獲得結論，或者不同研究當中會產生矛盾之結論，此時便需要用進一步的彙總方法來加以分析與探討。

　　彙總研究法的做法即是運用敘述性方法或統計分析方法，來整合許多主題相同的研究，找出最可以信賴的結論。它的本質上與個案研究、調查研究、及實驗研究等的初級研究方法不大相同，初級研究乃是針對一個問題實地去蒐集原始資料來進行研究，而彙總研究則是利用這些初級研究所得到的結果進行下一步的研究與分析。（張紹勳，2001）

貳、演進與分類

　　彙總研究是將初級研究得到的結果再加以整理，也就是「如何將初級資料加以整理」，並直接比較每個結果，或是進一步做分析（梁定澎、洪新原，1997）。Hunter和Schmidt（1990）依據分析方式之不同，分為以下五種方法（圖19-1）：敘述法（narrative methods）、投票法（voting methods）、p值累計法（cumulating of p-values methods）、統計修正投票法（statistically correct vote-counting methods）、彙總分析法（meta-analysis methods）（圖19-1）。

圖19-1　彙總研究五種分析方法

1. 敘述法：就是利用定量或敘述性的方法，將每個初級研究的重點加以摘錄，再彙總比較初級研究的結果，並找出共同的結果。
2. 投票法：可以將每個研究結果的顯著性檢定歸納出「正向顯著、負向顯著、不顯著」等三類，然後依據相同結論中的研究個數最多的者來做為總結論。

3. 統計修正投票法：將投票法的結果利用統計方法予以修改，又可分爲產生「統計顯著水準檢定」和提供「平均效果規模」等二種方法。

4. p值累計法：此法著重在於研究結果的顯著性，因此將每個研究的顯著水準累計，而產生一個全體的顯著水準p值來歸納結論。

5. 彙總分析法：利用統計方法，累計每個研究的效果來找出結論，並從事相關的統計檢定。

其中，敘述法是最直接的方法，就是利用定性敘述性的方法將各個初級研究的重點加以摘要，再彙總比較初級研究所得到的結果，並找出共同的結論。敘述法是這五種方法中最簡單的一種方法，而彙總分析法是最嚴謹的方法。所謂彙總分析，乃是分析中之分析（the analysis of the analysis）（Glass, 1976），即是針對某特定領域內許多獨立研究的結果，運用量化統計的技術再進行分析，以尋求一般性的結論（general conclusion），所產出的是有意義的結果（賀德潤，1997）。由於研究者採用的統計方法，並不是以主觀的、憑印象的方式來評論大量的研究結果，因此常常能獲得強而有力的結論。而當各研究結果愈不一致時，彙總分析的效果便愈彰顯。

彙總分析法的基本概念及運用之法，早在半個世紀之前便已採用。當時是由Thorndike與Ghiselli對智力測驗研究使用相關係數平均法，來累積各研究的結果，Thorndike更進一步把研究期間因爲抽樣誤差所造成的結果變異加以修正（鍾燕宜，1986）。然而，系統性整理科學文獻的，卻是始於1950年代的美國心理學家Glass及其研究伙伴，他於1976年將多年的研究成果以一個更爲嚴謹的整合性計畫方式加以發表，命名爲「Meta-analysis」，後來經由Rosenthal、Hunter和Hedges等人大力倡導，使得各領域研究結果之整合方法更系統、更明確、更具體化。一般而言，彙總分析之特色有三：

1. 彙總分析雖然是量化的方法，但是卻相當仰賴質性之詮釋，當研究者歸納許多獨立研究的發現與結果，再根據研究的數字資料再加以分析，故爲一種量化方法，然而，在進行解釋多個個別研究結果時，彙總分析十分重視以方法論的角度來批判個別經驗研究的成果（賀德潤，1997）。

2. 彙總分析對研究結果並不做預先判斷，故排除研究者爲操弄研究結果而可能造成之結果偏誤（biases）（鍾燕宜，1986）。

3. 不同於初探性研究中，研究者對未知的變項做探測性的發現，或是如同實驗設計般可以得到明確的因果關係。彙總分析所要找尋的是一種普遍性的結論（general conclusion），研究者並不盼望從彙總分析的結果中得到驚人的發現或突破性的結論，而只是被動式的蒐集資料予以分析後找出共同的結論（Glass, McGaw, & Smith, 1981）。

彙總分析仍有其限制及考量（許俊傑、陳慧霞、藍守仁，1995），包括：

1. 研究報告篇數不多時，即使研究結果仍然比單一研究報告的結果來得有支持性，應該對彙總分析研究結果的推論採取較保守之態度。

2. 原始資料不容易取得，導致研究者在進行彙總分析時，只能就各研究報告所呈現之數據資料加以結合，其信度容易受到質疑。

3. 各研究進行的時間、空間、地點不同，因此這些因素往往被研究者忽略，或被假定為無差異，或對研究主題無影響。

4. 各研究主題所採用之介入效果可能隨時有新的發現，以致於進行彙總分析時，常常將那些介入效果類似者視為同一效果進行彙總分析，如此不容易說明單一介入之作用是否有效。

5. 彙總分析選取各相關研究加以整合，而且各研究之樣本來源並非經由代表性取樣過程，或者部分研究取樣具有代表性，因此彙總分析仍未必具有目標母群體的代表性。

6. 彙總分析之統計法目前是以各研究之樣本數加權，仍然需要進一步的探討其他可能的方法。

7. 研究報告中可能有不同的相關因子，如家庭條件、社經地位、種族、性別、等因子存在，不容易做調整。

8. 若蒐集之研究各有正、反或較極端之言論，則進行彙總分析後容易出現較中性之結論。

參、實施步驟

彙總研究的進行都有幾個主要步驟，包括問題形成、資料蒐集、資料編碼，與分析解釋等四個階段（梁定澎、洪新原，1997）。（圖19-2）

問題形成 ➡ 資料蒐集 ➡ 資料編碼 ➡ 分析解釋

圖19-2　彙總研究法步驟

步驟1：問題形成

彙總研究是將初級研究的結果加以探討，因此，適合彙總研究的問題應該已經累積有相當數量的初級研究結果，而且各結果之間又存在著矛盾的現象，所以在研究開

始之初，需要參考相關的理論，並針對問題界定出研究的範圍，提出合理的架構與假說，再根據理論將研究變數之間的關係，明確地界定研究中的自變數與依變數，然後再將這些自變數與依變數的操作性定義，明確地界定出來，才能正確地設定合適的研究範圍。

步驟2：資料蒐集

研究範圍確定以後，就可以依據所界定的範圍來蒐集所需要的初級研究資料。由於資料的蒐集對於研究結果具有相當大的影響，因此資料的蒐集應該更謹慎。在蒐集相關資料時，可運用下列技巧（Copper, 1984; Johnson, 1996）：

1. 透過幾篇探討此問題的研究中所列出的參考文獻，來找出更多的其他相關研究。
2. 先找出一篇重要的文獻，再經由文獻光碟資料庫中查詢，找出引用它的其他相關研究。
3. 利用關鍵字（keywords）搜尋文獻資料庫，找出所有相關的研究。
4. 將目標鎖定在一些從事此相關研究的特定人員，蒐集他們的研究成果。
5. 找出與研究主題相關的重要學術期刊，搜尋所刊登的文章。

這個階段最重要的工作就是所得到的樣本需要具有代表性。因此，有二點需要注意的地方，第一是明確訂定文獻納入與排除於研究樣本中的判定標準，以避免有選擇性納入所造成的研究偏差。第二是由於結果不顯著的研究，比較不容易被公開發表，以至於所蒐集到的樣本常常是結果顯著的研究，所以為求樣本具有代表性，在蒐集文獻時應透過適當的管道（例如：博碩士論文資料庫等），取得一些未發表較易被忽略的研究。

步驟3：資料編碼

資料蒐集完成後，必須根據資料的內容，依照每篇資料與研究問題的切題性，以及所提供資料的完整性來做篩選。篩選之後，再由合適的資料中，將敘述性研究所需要的研究變數值，以及彙總分析所需要的統計量加以編碼。這個階段的工作，有二點需要注意的地方：第一是在從事篩選工作時，需要仔細審核每篇資料對研究變數的操作性定義與衡量方式，確保不同研究之結果是在相同基礎上比較，以免造成把橘子和蘋果加在一起比較的問題。第二是在從事編碼工作時，往往會受到編碼者主觀的判斷所影響，所以最好由二位以上的人員同時進行，然後再比較討論結果，以提高研究的信度。

步驟4：分析解釋

由於描述性研究是採用定性分析，而彙總分析法則採用計量分析，所以分析過程不太相同。描述性研究是將編碼後所得的研究變數值，經過分類、排序，或加總等運算，然後應用簡單的推理法則來比較各研究之間的差異與綜合結果。至於彙總分析則是將編碼後所得到的統計量，經過公式計算後來決定找出結果及可靠度。而整個過程中的分析計算，信度與效度的考量有四點要注意：(1) 變數之間關係假設的強度；(2) 統計顯著檢定；(3) 個別研究的結果是否適合放在一起比較分析；(4) 彙總結論的穩定性。

肆、彙總研究與其他研究法的比較

描述性研究與彙總研究法最常在資訊管理研究中被應用到不同領域的主題，而且各有其優劣性。描述性研究而是利用定性的方式來歸納比較進行彙總研究，也是最早被使用的一種彙總研究方法。它的優點在於容易使用，並不需要複雜的學習與訓練以及分析運算，即可以很快地整理出結論。也因為此方法所得到的結果過於主觀，進行方法上較不嚴謹，以至於不易確定研究結果是否可以重複得到。另外，當初級研究的數量很多時，其之間差異性往往不易被比較出來。再者，如果太依賴結果的顯著水準是否顯著，而不重視每個初級研究不同的顯著程度，則會影響最終彙總研究的判斷（Aldag & Stearns, 1988; Johnson, 1989）（表19-1）。

表19-1　描述性研究與彙總分析法之比較

	描述性研究	彙總分析法
被提出的使用歷史	較早	較晚
需要複雜計算的程度	較低	較高
所依靠的決策型態	直覺	分析
背後的數理基礎	很弱	很強
對文獻權重的衡量	相等	不等
結果的客觀性	主觀	客觀
研究的可重複性	很低	很高
適用的時機	相關文獻數量不多或其間關係不很複雜	相關文獻數量很多其間關係非常複雜

資料來源：梁定澎、洪新原，1997。

伍、彙總研究之優、缺點

一、優點

1. 深入敘述之功能：彙總研究不僅整合各研究結果尋求一般性結論外，更可依研究特性加以分類歸納，進一步探究差異之情形及原因。

2. 再診斷之功能：彙總研究為對研究之分析再分析之法，有益於具爭議性之議題及模糊的焦點進行判斷與釐清。

3. 促進新研究之產生：藉由大量資料的蒐集及整合，間接幫助後續研究者對相關問題的了解，節省摸索的時間，避免做重複一致性結果的研究，而投注精力於未開發或待研究之議題（Rosenthal, 1979）。

二、缺點（Glass, et al，1981）

1. 研究工具、變數與受測差異太大的研究，不應放在一起比較或下結論。

2. 好的實驗設計與不好的實驗設計之研究結果，在彙總分析中無法被區別出來。

3. 公開發表的文章多半是結果顯著的，而結果不顯著的研究則通常不容易被發掘，因而會造成抽樣誤差。

4. 由同一研究中所得到的多重發現，由於這些發現之間彼此並不獨立，所以往往會造成分析結果的誤差，高估其信度。

陸、彙總研究之批評

1. 蘋果和橘子的問題：許多學者批評將不同的研究放在一起比較是不合理的，因為這些研究之研究方法、測量技術、受試者、受試情境等各不相同，如同將橘子和蘋果混為一談，毫無意義。然而Glass認為批評者並無定義何謂「相同」之研究，若每一系列研究在各方面皆相同的話，就無比較之必要了，唯有不同的研究進行整合才有意義（Glass et al., 1981）。

2. 抽樣偏差問題：彙總研究必須依賴研究者的報告，然而可能因擷取上的偏差，所以擷取到的研究並不能代表所有被進行過的研究之母群體，例如：已出版之研究較常達顯著水準，因被刊登的機率往往隨著結果的統計顯著性而增加，所以被刊登的研究並不能代表被進行過的所有研究，此問題亦稱為出版偏差（Publication bias）。

3. 研究品質異質性問題：批評者認為彙總研究對研究之品質無嚴格監控，分析之研究可能設計或品質不佳，然而 Glass et al.（1981）認為研究的品質和效果量之大小並無強烈關係，高品質之研究不見得產生顯著之效果量。例如：在100個研究中，有10個研究在實驗設計較差，有10個研究在測量上有問題，有10個研究內在效度不佳，有10個研究之資料分析處理不當等等，然而這些研究卻一致顯示實驗處理和某變項多少有正效果量，則其結論是相當強的（李懿逢，1999）。

4. 獨立性問題：此問題牽涉到二種，其一為同一研究中，許多效果值或顯著水準是來自於研究中相同的受試者所產生的不同結果，其相關性甚高，彼此不獨立，若依此進行整合，容易錯估研究結果，降低平均估計值或迴歸直線的信度，違反了獨立性原則。

柒、總結

彙總研究方法已經在資訊管理、教育研究、質性研究等領域中被廣泛的應用，而在設計研究領域當中卻是極少被使用的，然而目前國人設計分科眾多，如：工業產品設計、空間環境規劃設計、室內建築設計、視覺傳達設計、服裝設計、多媒體設計等，且相關學術期刊、研討會、雜誌等研究論文已經逐漸蓬勃發展，並且論文研究的數量也不斷地產出，而研討的議題也相當眾多，希望透過此研究方法的介紹，可以吸引一些學者以彙總研究的方法整理過去發表過的設計相關文獻，並彙總出新的結論與建議。

捌、應用實例

範例一：建構使用者導向之產品價值需求模型研究。

陳信宏（2005）。國立雲林科技大學工業設計研究所，碩士論文。

一、研究方法

彙總研究法、紮根研究法。

二、研究對象

產品使用者、設計師、環境。

三、研究內容

建構一個完善的價值需求模型，運用在產品開發初期，客觀地討論各種面向的問題，以便更了解使用者需求。

四、研究結果

建立一個產品價值需求模型，主要分感官價值及使用價值兩大群，每一群再細分各大項，共三階層、八大類，群與群間互動良好，供企業進行產品研發前的先前研究。以清楚了解使用者的需求，最後設計出能夠滿足使用者需求的產品。具體貢獻爲：

1. 建立使用者價值需求模型，未來在規劃策略案時，將能更貼近使用者。
2. 建構的模型屬於大綱的型態，可以提供研發人員配合後續的調查研究方法，找出更細微的設計條件及設計方向。
3. 本模型提供設計師、產業界做爲產品開發初期擬定策略的重要工具。

範例二：國際技能競賽板金職類之彙總研究。

楊萬和（2001）。國立臺北科技大學技術及職業教育研究所，碩士論文（未出版）。

一、摘要

本研究運用內容分析法，彙總近二十年（1979～1999年）國際技能競賽板金職類競賽內涵與演進趨勢進行分析探討。其主要的研究目的有：

1. 探討技能競賽的意義與學理基礎。
2. 彙總探討歷屆國際技能競賽板金職類裁判的聘任及試題命製之方式。
3. 探討國際技能競賽板金職類競賽程序及選手須知。
4. 彙總探討歷屆國際技能競賽板金職類試題內容及使用器材。
5. 彙總探討歷屆國際技能競賽板金職類技能項目及評分方式
6. 分析國際技能競賽板金職類競賽試題、我國養成訓練課程及高職課程技能項目之關聯性及對選手訓練、職業教育與職業訓練的啓示。

二、研究方法

爲達成本研究目的，採取內容分析、彙總研究、專家訪談、專家座談等方式進行。

三、研究動機

1. 傳統工業面臨轉型以提昇競爭力：科技化、自動化促使我國傳統製造業面臨轉型，以提昇競爭力；國際技能競賽每二年舉辦一次，在不同國家比賽中，所使用的先進機器設備、器材以及各國選手所研發之優良技術，均可供企業之參考。

2. 職業教育與訓練課程符合世界潮流與社會需要：在教育改革浪潮中，課程是重要的一環，職業教育與訓練之課程應符合世界潮流與社會需要，國際技能競賽板金職類競賽內涵，每屆（2年）均檢討修訂，在教育訓練方面實具有世界性指標意義。板金職類國際技能競賽技術內涵，可提供職業學校學校本位課程設計及職業訓練修訂課程、編寫教材之參考。

3. 經驗傳承：研究者擔任第25 屆至第35 屆國際技能競賽板金職類指導老師、國際裁判、裁判長，有彙總近二十年（1979～1999 年）國際技能競賽板金職類競賽內涵，提供我國板金選手訓練參考之義務。

四、研究目的

1. 探討技能競賽的意義與學理基礎。
2. 彙總探討歷屆國際技能競賽板金職類裁判的聘任及試題命製之方式。
3. 探討國際技能競賽板金職類競賽程序及選手須知。
4. 彙總探討歷屆國際技能競賽板金職類試題內容及使用器材。
5. 彙總探討歷屆國際技能競賽板金職類技能項目及評分方式。
6. 分析國際技能競賽板金職類競賽試題、我國養成訓練課程及高職課程技能項目之關聯性及對選手訓練、職業教育與職業訓練的啟示。

   依上述研究目的，衍生的待答問題如下：

1. 技能競賽的意義與學理基礎為何？
2. 國際技能競賽板金職類裁判及裁判長如何聘任？
3. 國際技能競賽板金職類試題如何命製？
4. 國際技能競賽板金職類競賽的實施方式與程序如何？
5. 板金職類選手參與競賽有那些應了解的重要規則與應行注意事項？
6. 歷屆國際技能競賽板金職類競賽試題內容如何？
7. 歷屆國際技能競賽板金職類所使用的機具設備為何？
8. 歷屆國際技能競賽板金職類所使用的材料為何？
9. 歷屆國際技能競賽板金職類競賽技能項目為何？

10. 歷屆國際技能競賽板金職類如何評分？

11. 歷屆國際技能競賽我國板金選手成績如何？

12. 歷屆國際賽試題、我國養成訓練課程及高職課程技能項目分析比較如何？

13. 對我國國際技能競賽板金選手訓練的啟示為何？

14. 對我國板金職類的職業教育與職業訓練的啟示為何？

五、資料蒐集階段

為探討上述待答問題，除蒐集國內及國外有關技能競賽之報章、雜誌、期刊、研討會手冊、論文、報告及網路資料等，作為文獻探討外，另蒐集下列資料分析探討：

1. 第25屆至第35屆國際技能競賽板金職類競賽試題。

2. 第25屆至第35屆國際技能競賽板金職類競賽操作說明單。

3. 第25屆至第35屆國際技能競賽板金職類競賽競賽場地機器設備表。

4. 第25屆至第35屆國際技能競賽板金職類競賽使用材料表。

5. 第25屆至第35屆國際技能競賽板金職類競賽評分表。

6. 第25屆至第35屆國際技能競賽板金職類競賽成績表。

7. 第25屆至第35屆國際技能競賽板金職類競賽我國選手競賽成績。

8. 我國職業訓練板金工養成訓練一年期及半年期訓練教材。

9. 教育部八十七年公布之高級職業學校板金科設備及課程標準。

六、資料編碼階段

整理好的第25屆～第35屆國際技能競賽板金職類競賽試題、操作說明單、設備表、材料表，於下端依國際技能競賽組織編碼方式編碼，以利分析、儲存，編碼方式說明如下：

1. 試題或說明文件內容及代號

   (1) ── 簡要工作說明附目錄表。

   (2) ── 藍圖、路線圖等。

   (3) ── 藍圖、材料明細表。

   (4) ── 計算、量度等應用紙張。

   (5) ── 選手使用工具表。

   (6) ── 競賽場地機器設備表。

   (7) ── 競賽補充說明與提示。

(8) ── 評分表、競賽成品評分標準。

2. 標示系統如下：

| 3 | 5 | I | V | T | C | 1 | 9 | 9 | 9 | - | 1 | 4 | - | D | E | / | 1 | - | 3 | / | 0 | 2 | + | - | | |
| a | b | c | d | e | f | g | h | I | j | | k | l | | m | | | n | | p | | q | r | s | t | | |

3. 標示系統說明

a b (35) ── 代表屆次，35 就是代表35 屆。

c d e f (IVTC) ── 代表國際技能競賽。

g h I j (1999) ── 代表年份。

k l (14) ── 職類代號，14 代表板金職類。

m (DE) ── 會員國國際識別代號，DE 代表德意志共和國。

n (1) ── 代表同一職類同一年同一國家編製試題號。

p (3) ── 按文件類別編號填寫，3 代表藍圖、材料明細表。

q r s (0 2 +) ── 文件p 之頁數、下頁+或最後一頁

t ── 依照k l，由秘書處自行標示譯文術語。

七、分析解釋階段

利用蒐集之資料，依研究目的分六節對14個待答問題作定量及定性分析討論，而獲具體結論。

八、結論

1. 技能競賽的學理基礎包括心理學基礎、社會學基礎、教育學基、工作分析等。

2. 國際技能競賽板金職類競賽內涵與演進趨勢：

(1) 國際技能競賽組織訂定競賽規則、職類技術說明書等作為競賽之準則。

(2) 參賽國均派裁判，裁判人數增多，評分複雜但公平性增加。

(3) 競賽採實作方式，試題採題庫式對主辦國有利。

(4) 板金工作範圍很廣但歷屆試題以各類變形管製作為主。

(5) CNC剪床、CNC折床等數值控制機械已列為競賽必備之機器設備。

(6) 除傳統材料外，不銹鋼材料已列為競賽必備之材料。

(7) 除氣銲、電銲、電阻銲外，MIG銲接、TIG銲接已列為必測之技能項目。

(8) 重視競賽場的安全措施與選手安全衛生習慣。

參考文獻

1. 李懿逢（1999）。**綜合性向測驗較度概化之研究**。國立臺灣師範大學教育心理與輔導研究所碩士論文，未出版。

2. 梁定澎（1997）。資訊**管理研究方法總論**。資訊管理學報──資訊管理實證研究方法研討會特刊，4(1)，4～6。

3. 梁定澎、洪新原（1997）。**資訊管理之彙總研究方法**。資訊管理學報──資訊管理實證研究方法研討會特刊，4(1)，4～6。

4. 許俊傑、陳慧霞、藍守仁（1995）。**統合分析的概念與方法**。公共衛生，22(1)，41～49。

5. 張紹勳（2001）。**研究方法**。臺北：滄海。

6. 賀德潤（1997）。**領導行為與工作滿足的整合分析──以國內博碩士論文為例**。高雄醫學院行為科學研究所，碩士論文（未出版）。

7. 鍾燕宜（1986）。**我國工作滿足研究的整合分析**。東海大學企業管理研究所，碩士論文（未出版）。

8. Aldag, M. & Stearns, T.M.（1988）. **Issue in research methodology**. Journal of Management, Vol.14, No.2, PP.253-276.

9. Cooper, H, M.（1984）. **The integrative research review: A systematic approach**. Sage Publication.

10. Glass, G.（1976）. **Primary, secondary, and meta-analysis of research**. Education Research, 5(10)，3-8.

11. Glass, G., McGaw, B. & Smith, M. L.（1981）. **Meta-analysis in social research**. Sage Publications.

12. Johnson, B. T.（1989）. **DSTAT: Software for the meta-analytic review of research literature**. Lawrence Erlbaum Associates.

13. Rosenthal, R.（1979）. **The file drawer problem tolerance for null results**. Psychology Bulletin, 86, 638-341.

14. Rosenthal, R.（1984）. **Meta-analysis procedure for social research**. Beverly Hill, CA: Sage.

國家圖書出版品預行編目資料

設計研究方法 / 管倖生等編著. -- 四版. --
新北市：全華圖書, 2018.08
　面；　公分
ISBN 978-986-463-924-3　　（平裝）

1.社會科學 2.研究方法
501.2　　　　　　　　　　107014375

設計研究方法（第四版）
Design Research Methods

作　　者 / 管倖生 阮綠茵 王明堂 王藍亭 李佩玲 高新發 黃鈴池 黃瑞菘 陳思聰
　　　　　陳雍正 張文山 郭辰嘉 楊基昌 楊清田 董皇志 童鼎鈞 鄭建華 盧麗淑
執行編輯 / 葉容君、林聖凱
封面設計 / 楊昭琅、曾霈宗
發行人 / 陳本源
出版者 / 全華圖書股份有限公司
郵政帳號 / 0100836-1號
印刷者 / 宏懋打字印刷股份有限公司
圖書編號 / 0566203
四版一刷 / 2018年9月
定價 / 新臺幣500元
ISBN / 978-986-463-924-3
全華圖書 / www.chwa.com.tw
全華科技網Open Tech / www.opentech.com.tw
若您對書籍內容、排版印刷有任何問題，歡迎來信指導book@chwa.com.tw

臺北總公司（北區營業處）
地址：23671新北市土城區市忠義路21號
電話：(02) 2262-5666
傳真：(02) 6637-3695、6637-3696

南區營業處
地址：80769高雄市三民區應安街12號
電話：(07) 381-1377
傳真：(07) 862-5562

中區營業處
地址：40256臺中市南區樹義一巷26號
電話：(04) 2261-8485
傳真：(04) 3600-9806

歡迎加入

全華會員

● 會員享優

會員專屬購書折扣、紅利積點、生日禮金、不定期優惠活動⋯等。

● 如何加入會員

填妥讀者回函卡直接傳真 (02) 2262-0900 或寄回，將由專人協助登入會員資料，待收到 E-MAIL 通知後即可成為會員。

如何購書

● 全華門市 · 全省書局

1. 網路購書

全華網路書店「http://www.opentech.com.tw」，加入會員購書更便利，並享有紅利積點回饋等各式優惠。

2. 全華門市 · 全省書局

歡迎至全華門市（新北市土城區忠義路 21 號）或全省各大書局、連鎖書店選購。

3. 來電訂購

(1) 訂購專線：(02) 2262-5666 轉 321-324
(2) 傳真專線：(02) 6637-3696
(3) 郵局劃撥（帳號：0100836-1　戶名：全華圖書股份有限公司）
※ 購書未滿一千元者，酌收運費 70 元。

OpenTech 全華網路書店 .com.tw

全華網路書店 www.opentech.com.tw
E-mail: service@chwa.com.tw

※ 本會員制如有變更則以最新修訂制度為準，造成不便請見諒。

讀者回函卡

填寫日期： ／ ／

姓名： 生日：西元 年 月 日 性別：□男 □女

電話：（ ） 傳真：（ ） 手機：

e-mail：（必填）

註：數字零，請用 Φ 表示，數字1與英文L請另註明並書寫端正，謝謝。

通訊處：□□□□□

學歷：□博士 □碩士 □大學 □專科 □高中・職

職業：□工程師 □教師 □學生 □軍・公 □其他

學校/公司： 科系/部門：

・需求書類：

□A. 電子 □B. 電機 □C. 計算機工程 □D. 資訊 □E. 機械 □F. 汽車 □I. 工管 □J. 土木

□K. 化工 □L. 設計 □M. 商管 □N. 日文 □O. 美容 □P. 休閒 □Q. 餐飲 □B. 其他

・本次購買圖書為： 書號：

・您對本書的評價：

封面設計：□非常滿意 □滿意 □尚可 □需改善，請說明

內容表達：□非常滿意 □滿意 □尚可 □需改善，請說明

版面編排：□非常滿意 □滿意 □尚可 □需改善，請說明

印刷品質：□非常滿意 □滿意 □尚可 □需改善，請說明

書籍定價：□非常滿意 □滿意 □尚可 □需改善，請說明

整體評價：請說明

・您在何處購買本書？

□書局 □網路書店 □書展 □團購 □其他

・您購買本書的原因？（可複選）

□個人需要 □幫公司採購 □親友推薦 □老師指定之課本 □其他

・您希望全華以何種方式提供出版訊息及特惠活動？

□電子報 □DM □廣告 （媒體名稱 ）

・您是否上過全華網路書店？ (www.opentech.com.tw)

□是 □否 您的建議

・您希望全華出版那方面書籍？

・您希望全華加強那些服務？

~感謝您提供寶貴意見，全華將秉持服務的熱忱，出版更多好書，以饗讀者。

全華網路書店 http://www.opentech.com.tw 客服信箱 service@chwa.com.tw

2011.03 修訂

親愛的讀者：

感謝您對全華圖書的支持與愛護，雖然我們很慎重的處理每一本書，但恐仍有疏漏之處，若您發現本書有任何錯誤，請填寫於勘誤表內寄回，我們將於再版時修正，您的批評與指教是我們進步的原動力，謝謝！

全華圖書 敬上

勘 誤 表

書 號				
頁 數	行 數	書 名		作 者
		錯誤或不當之詞句		建議修改之詞句

我有話要說： （其它之批評與建議，如封面、編排、內容、印刷品質等……）